나쁜 보스는 되고 싶지 않지만

직원들이 잘했으면
좋겠어요

나쁜 보스는 되고 싶지 않지만
직원들이 잘했으면
좋겠어요

배려와 존중의 HR

이기대 지음

동료들의 성장과 회사의 성장은 함께 가야 한다

신입사원 시절의 나는 조직 부적응자였다. 그 시절의 대기업 조직 문화는 거칠었다. 매일 야근에다 주말 저녁에 시작하는 살벌한 주간 회의, 욕설과 주먹질이 오가는 험악한 사무실, 밤늦게 몰려가 새벽까지 퍼마시는 회식, 승진 심사 후보에게 인사고과 A를 몰아주기 위해 신입은 무조건 C라는 부조리까지 말이 안 되는 상황의 연속이었다.

함박눈이 소담지게 내리던 크리스마스 날, 조용한 사무실에서 사표를 썼다. '이런 거지 같은 회사는 다니지 않겠다.'는 생각과 '변명할 여지 없이 내가 졌다.'는 생각이 동시에 들었던 것 같다. 그 무렵 많이 울었다. 길에서도 울고 집에서도 울고 딱히 슬프지 않아도 눈물이 나는 일종의 외상후스트레스장애PTSD 상태였다. 자기연민에서 시나브로 벗어나 다시 취업문을 두드릴 용기를 낼 때까지 20개월이 걸렸다.

회사 생활이란 직원에게만 힘든 게 아니다. 경영진도 사람 관리가 가장 어렵다. 그런 상황을 만드는 것은 각 개인의 무지와 욕심도 있겠으나 회사의 작동 방식에서 오는 환경 요인도 크다. 이 요인들이 단독 또는 집단으로 작용하여 회사 구성원들을 갈등에 빠뜨린다. 구조적 모순을 야기하는 이 요인들을 하나씩 살펴보자.

첫째 요인은 경합성rivalry in consumption으로 자원을 공유하는 이들 사이에 발생하는 경쟁이다. 급여나 보너스 같은 금전적 자원과 직급에 따르는 영향력은 제로섬 게임이다. 같은 층위의 동료와는 단기 경쟁관계이고 상하관계 동료들과는 장기 경쟁관계가 된다.

둘째 요인은 시너지 협업synergistic collaboration 의무의 방기이다. 회사 구성원들은 협력을 통해 생존하고 발전해야 한다. 신입사원 연수원 시절 "우리는 개인이 할 수 없는 일을 모여서 한다."라고 명쾌하게 설명했던 지도선배가 계셨다. 좋은 동료의 기본은 좋은 성격이 아니라 맡은 역할을 잘하는 것이다. 경쟁자와도 당연히 협업관계이다.

셋째 요인은 불완전한 거래다. 회사 내의 모든 결정은 정보의 비대칭성에 기반한 불완전한 거래다. 일을 잘할 것처럼 '보이니까' 채용이 되고 노력한 만큼 보상을 줄 것 '같으니까' 일을 한다. 이런 종류의 신뢰는 종종 거래 참가자들을 실망시킨다. 하지만 그렇다고 신입사원에게 일하는 거 봐가면서 급여를 정하자고 할 수는 없다. 직원 또한 대표의 식언에 매번 항의하기도 어렵다.

넷째 요인은 회사의 인력 운용 방식과 개인의 경력 관리가 종종 충돌한다는 것이다. 조직 구성원은 회사의 성공을 위해 뛰는 동시에 개인의 평판을 지켜야 하고 경력에 맞는 실력도 길러야 한다. 그러나 이 세 조건을 동시에 충족할 수 있는 보직은 드물다. 한 우물을 파던 이가 중년 재취업이 안 되는 것은 나이 문제보다도 실력 부족과 평판 결여일 가능성이 더 크다. 반면에 조직보다 더 유명해지는 것은 불화를 일으킨다.

창업할 때의 초심은 신뢰와 협력으로 성장하는 조직을 꿈꾼다. 하지만 그럴 역량과 마음의 여유를 지닌 경영자는 많지 않다. 결국 이전 직장에서 보고 배운 위계적 지시, 통제, 감독으로 회귀한다. 그러지 않아도 삶 자체가 혼란스러운 시기인 젊은 근로자들은 그런 회사에 정을 떼게 된다. "스타트업은 좀 다를 줄 알았는데……."

이 책은 남에게 싫은 소리 못 하는 창업자를 위해 썼다. 모진 소리를 안 해도 된다는 것은 아니고 모진 소리를 하는 상황이 오더라도 마음에 앙금이 남지 않는 방식을 골라야 한다. 운이 좋으면 사업적으로 성공을 할 것이고 그렇지 않으면 성공하지 못하겠지만 어느 경우든 동료들의 마음을 잃지 않는 것이 중요하다. 동료들의 성장과 회사의 성장은 함께 가야 한다. 인생은 길고 동지들이 곁에 남아 있다면 언제나 다음 기회가 있다.

다시 내 이야기로 돌아오면, 커리어 초반의 방황이 약이 됐는지 이후 30여 년간 창업자와 전문경영인으로서 수십에서 수백 명이 되는 조직을 맡았다. 현재 재직 중인 스타트업얼라이언스도 7년 근무 후 이직을 했다. 그런데 CEO 자리가 공석이 되면서 예전 동료들의 요청을 받아들여 이사회에서 복귀 기회를 주었다. 나는 이 부분이 참 자랑스럽다. 경영 스타일은 사람마다 다 다르겠지만 내 나름대로 동료들을 격려하며 일하는 방법 한 가지쯤은 마스터한 셈이다.

2025. 1.

이기대

■ 목차 ■

4장 | 채용에서 의사결정 기준들 • 133

7장 | 관계에서의 갈등 관리 • 251

1. 직원 이해하기 • 253

2. 면담 • 266

3. 해고와 퇴사

1장

창업자가 직면하는 문제

1

사람 문제 다루기

HR을 놓친다면 성공은 없다

톨스토이의 장편소설 『안나 카레니나』는 "행복한 가정은 모두 비슷하지만, 불행한 가정은 모두 제각각의 이유로 불행하다."라는 유명한 문장으로 시작한다. 『안나 카레니나』가 나온 지 120년 뒤 재레드 다이아몬드Jared Diamond는 인류 문명의 발달에 환경 요인이 끼친 영향을 담아 『총 균 쇠』라는 베스트셀러를 내놓게 된다. 재레드는 명성과 퓰리처상을 안겨준 이 작품에서 톨스토이의 문장을 뒤집고 마사지해서 안나 카레니나 원칙Anna Karenina principle을 제안했다. 이 원칙에 따르면 성공하기 위해서는 필수 요소들이 다 충족돼야 하며 단 하나라도 놓치면 불가능하다.

그 대목을 읽으면서 안나 카레니나 원칙이 고등학교 생물 시간에 배웠던 리비히의 최소량의 법칙Liebig's Law of the Minimum과 비슷하다는 생각이 들었다. 식물의 성장을 결정하는 것은 가장 풍족한 영양소가 아니라 가장 부족한 영양소라는 이론 말이다. 초보 창업자들은 본인의 아이디어가 시장에 맞을까, 적시에 투자금 조달이 가능할까에 대해서 고민을 많이 한다. 그러나 어떻게 하면 구성원들이 반목하지 않고 서로 도와가며 성장할지에 대해서는 별생각이 없고 생각을 한다 해도 각론으로 들어가면 잘 모른다. 사실 창업자가 고민하는 빈도로 보면 아이디어의 중요성은 초반에 잠깐이고 투자 유치도 2년에 한 번 정도이다. 그러나 사람 고민은 매일 겪는 일상이다. 기업의 성패와 창업자의 정신건강 여부가 사람 문제를 얼마나 잘 다루는가에 달려 있다. 이것은 HR의 영역이다.

창업자가 사람 문제에 할애하는 시간은 절대적으로 길다. 큰 회사의 최고경영자CEO가 일과 시간의 반 정도를 할애한다고 알려져 있으니 초보 창업자들은 아마 더할 것이다. 시간도 시간이지만 경영자로서의 경험치 부족으로 스트레스도 크게 받는다. HR에는 제한된 자원을 소수에게 배분하는 과정에서 다수를 섭섭하게 만드는 제로섬 게임 측면이 있다. 부서장 진급이나 보너스 같은 것들이 그렇다. 그리고 일정 시간이 지나면 그 선택됐던 소수마저도 감사하는 마음이 사라진다. 1970년대에 필립 브릭먼Philip Brickman이라는 학자가 명명한 쾌락 적응Hedonic Adaptation 현상은 인간이 처음에는 기뻐했던 상황에 대해서 바로 익숙해지고 얼마 지나지 않아 심드렁해지는 존재임을 밝혔다. 이렇듯 인간의 본성은 외적동기라는 일회성 자극의 효과가 장기간 지속될 수 없기에 본원적 동기를 찾아줘야만 지속적인 수행을 보인다는 점을 이 책 「6장 평가와 공정한 보상」에서 자세히 설명한다.

자연성, 가연성, 불연성으로 나뉜다

지금은 작고하셨으나 우장춘 박사의 사위로도 유명한 이나모리 가즈오 회장이라는 분이 계셨다. 시총 25조 원쯤 되는 교세라그룹을 만든 대단한 분이다. 2010년 일본항공JAL이 파산 신청을 하자 은퇴했던 이나모리 회장이 77세의 나이로 경영을 맡아 3년 만에 다시 공개시장에 올려놓는 괴력을 보여준 적도 있었다. 그는 인생 말년에 이미지 관리를 위해 고사할 수 있었겠지만 도전을 소명으로 받아들였다.

이나모리 회장은 세상에 타는 물질과 안 타는 물질이 있듯이 직원도 자연성自燃性, 가연성可燃性, 불연성不燃性으로 나뉜다고 설명했다. 자연성은 '스스로 불붙는다.'라는 의미 그대로 윗사람이 관리하든 말든 주도적으로 업무를 챙기는 사람이다. 매사에 책임감이 높고 추진력이 있어서 초기 스타트업에 꼭 필요한 사람이고 나도 동료로 가장 선호하는 유형이다. 자연성인 사람들은 기본적으로 누가 시키는 걸 하는 데는 별 관심이 없지만 일단 자기 일이라 생각하면 그다음부터는 자율적으로 작동한다.

가연성인 사람은 스스로는 불이 안 붙는다. 하지만 상사가 어떻게 행동하는가에 따라 타기도 하고 안 타기도 한다. 처음에는 별로 내키지 않더라도 "팀장이 저렇게 열심히 하시니……."라며 눈치 보아 참여하는 사람들이다. 분위기 보며 한 박자 늦게 반응하는 이들은 "모난 돌이 정 맞는다."라는 우리 속담과 "튀어나온 말뚝은 두들겨 맞는다."라는 일본 속담이 길러낸 가장 보편적 유형이다. 창업자나 부서장들이 솔선수범의 리더십을 갖춰야 하는 이유가 이들

가연성 성향 직원들의 마음에 불을 붙이기 위해서이다.

불연성은 몸과 마음이 게으르고 성장 마인드가 부재하며 세상에 냉소적인 이들이다. 뭘 해보자고 하면 "그거 안 돼요." "팀장님은 왜 다른 팀장님들이 다 쳐내는 일을 받아오세요?" "저 바쁘니까 사람 뽑아주세요."라고 반응한다. 이나모리 회장은 말하는 사람의 일할 의욕마저 끌어내리니 불연성 직원과 상대하지 말라고 하셨다.

직원의 마인드셋에 따라 대응한다

회사에서 마인드셋mindset이란 업무를 대하는 태도와 행동으로 표현되는 각 개인의 사고방식을 말한다. 인간의 능력은 고정된 것이 아니라 업무와 학습을 통해 성장한다고 믿는 열린 자세를 성장 마인드라 한다. 가장 바람직한 마인드셋이다. 성장 마인드가 없는 사람들은 스타트업이 빡세다는 소문에 잘 지원하지 않는다. 그런데 간혹 커리어가 망가진 경력자들이 생계 수단 삼아 합류할 때가 있어서 창업자를 애먹인다.

가연성 마인드셋은 행동 개선이 가능하다. 그렇지만 관리자들이 주로 시도하는 지적과 훈화 말씀 방식으로는 변하기 어렵다. 리더의 솔선수범은 기본이며 의사결정 과정에 참여시켜 다른 시각에서 문제를 보게 하고 그들의 목소리를 경청하는 진솔한 대화가 필요하다. 성공할 만한 작은 과제로 시삭해 영역을 점점 키워가면서 자신감과 조직에 대한 신뢰를 쌓도록 기다려줘야 한다.

예를 들어 9시가 출근 시각인 회사에서 상습적으로 지각하는 직원이 있다. 상식을 갖춘 사람이라면 문제를 일으킨 자신을 부끄러워하고 걱정을 끼친 데 대한 미안함을 표현한다. 그러나 불연성은 타인이나 상황에 원인을 돌린다. 그래서 불연성 직원과 면담 시에는 코칭 모드로 접근하지 않는다. 아이를 유치원에 데려다주느라 늦었다는 변명을 듣고 어쭙잖게 친정어머니에게 부탁하면 어떻겠냐고 조언했다가는 다음번부터 "대표님 조언대로 했는데도 친정어머니가 편찮으셔서……"라는 식으로 공동 책임을 지우려 들 것이다. 그래서 불연성에게는 회사 규정에 지각은 이러저러한 벌칙이 있으니 그렇게 진행하겠다고 통보하고 코칭은 가연성 또는 자연성 직원과만 하는 것이다.

불연성 마인드셋 직원과는 토론도 하지 않는다. 규정과 기존 약속에 기반해 실적과 개선을 요구할 뿐이다. 인사고과 시즌에 어느 대표님이 정량 목표를 달성하지 못한 심사역에게 물었다. "올해 목표가 3개 기업 발굴 투자였는데 1개밖에 못한 이유가 있습니까?" "경기가 안 좋아서 리스크가 큰 기업에 투자하기보다는 안 하는 것이 나을 것 같아서 1개만 했습니다."

이때 "그건 아니죠. 아무리 경기가 안 좋아도 평소에 투자해야……"라는 식으로 토론이 벌어지면 불연성의 의도대로 견해 차이가 있다는 것으로 끝난다. 직원이 시도하는 철학적 토론은 연초 목표 설정 시점에 했어야 한다는 점을 지적하고 "합의한 목표를 달성하지 못했으니 최저 고과입니다."라고 고지한 다음 7장에 기술한 방식으로 헤어질 준비를 한다.

불연성 마인드셋을 고치는 것은 어렵거나 불가능하다. 선발에서 걸러냈어야 했다. 그러나 이미 들어왔으니 그로 인한 데미지를 최소화하는 게 중요하다. 문제 행동을 보이면 현장에서 지적하고 그런 언행을 중단하도록 이메일로 한 번 더 요구한다. 이때 추가로 개선되지 않았을 시 입게 될 불이익을 예고한다. 그리고 창업자도 그에게 들이는 시간과 감정을 최소화함으로써 스트레스를 덜 받도록 한다.

일을 못하는 것은 스킬셋과 툴셋 문제다

흔히 말하는 일머리 있는 직원, 그러니까 일하는 방식을 아는 직원은 절차적 지식과 스킬셋skillset을 갖추고 있다. 글로벌 사업 담당자라면 외국어 구사는 물론이고 비즈니스 이메일을 쓸 줄 알아야 한다. 마케터라면 그로스해킹 방법 정도는 익히고 있어야 한다. 맞춤법에 취약하거나 문장 구성 방식을 몰라 주술 호응이 안 된다면 보도자료를 쓸 수 없다. 글 좀 쓴다고 PR을 맡겼을 때 언론사의 문법에서 허용하지 않는 미사여구를 슬쩍슬쩍 끼워 넣는다면 처음부터 다시 배워야 한다. 기자의 질문에 과장되거나 사실과 다른 대답을 할 정도의 도덕성이라면 홍보 담당으로서 자격 미달이다. 이런 역량, 기본 기술, 그리고 과제의 각 단계에서 어떤 것을 할지 아는 절차적 지식 등이 스킬셋이다.

툴셋toolset은 최근에 등장한 용어이다. 사무직 근로자가 다루는 소프트웨어 프로그램이 MS 오피스 스위트 하나였던 과거에는 스킬셋 안에 포함돼 있었다. 그런데 온갖 인공지능과 협업툴, 서비스형 소프트웨어SaaS가 사무직 근로자의 기본 스펙으로 자리 잡으면서 툴셋이라는 용어로 독립했다. 서비스형 소프트웨어의 숙련도 수준은 채용과 업무 평가는 물론 개인의 커리어 개발에도 영향을 끼친다. 회사가 적절한 시기에 업무시스템을 업그레이드하지 않는다면 뒤처지기 싫어하는 고성과자들에게는 이것이 이직 동기로 작용한다.

직원들이 일을 못하는 것은 조직의 성공을 위협하는 심각한 문제이다. 성과가 부진한 원인은 과제의 수행 절차를 정확히 이해하지 못했거나 아니라면 수행에 필요한 스킬셋과 툴셋이 부족해서다. 따라서 업무 지시 단계에서 어떻게 진행할 건지를 반드시 물어봐야 한다. 스킬셋과 툴셋은 커리어 전반에 걸쳐 꾸준히 발전시켜야 하는 학습 과제이다. 불연성 마인드셋의 경우 헌신의 자세가 없기 때문에 그것이 불가능하다. 가연성 마인드셋일 경우에는 불이 붙은 상태일 때만 학습이 가능하니 외부 교육이라는 큰 투자를 하기 전에 마음 상태를 확인하고 보낸다.

스킬셋과 툴셋이 뛰어나도 마인드셋이 회사 조직문화나 방향과 일치하지 않다면 부서장을 시킬 수 없다. 이런 이들은 과제 단위로 활용하는 용병에 머문다. 만약 어떤 직원이 일을 못하는지 안 하는지 판단하기 어려울 정도로 수행이 부실하면 마인드셋과 스킬셋이 다 망가진 상태라 추정한다. 수습을 위해서는 먼저 마인드셋부터 정립한다. 마인드셋이 안 잡힌 직원에게 들이는 스킬셋 교육 훈련 기회는 투자가 아니라 회수 불가 비용이다.

초기 스타트업 조직에서 가장 공을 들여야 할 대상은 마인드셋은 좋은데 스킬셋과 툴셋이 부족한 중간성과자이다. 이들에게 교육 훈련 기회를 제공해서 고성과자로 끌어 올려야 한다. 그리고 스킬셋과 툴셋 활용에 능한 고성과자들에게는 시장에 새로 나오는 각종 인공지능 같은 툴셋을 활용하도록 권유하는 것이 근속 동기와 생산성 증가에 기여한다.

마인드셋, 스킬셋, 툴셋을 확인해야 한다

일을 잘하는 직원은 주어진 과제를 '왜(마인드셋)' 하며 '어떻게(스킬셋)' 접근해서 어떤 단계를 밟아 풀어나갈지 정확히 인지하고 가장 '효율적인 툴이나 방식(툴셋)'을 활용한다. 만약 이 직원이 잘되든 잘 안 되든 틈틈이 중간보고를 해가며 책임감 있게 진행한다면 성장 마인드가 있는 귀한 자원이니 보상과 승진으로 잡아둬야 한다. 물론 대부분의 직원은 그렇게 훌륭하지 않다. 그래서 과제를 부여할 때 어떤 결과물을 원한다고 지시만 하면 진행이 안 되기에 위 세 가지를 단계적으로 확인한다. '왜'는 눈을 마주친 상태에서 설명한다. '어떻게' 할 건지는 물어봐서 확인하며 혹시 일하면서 효과적으로 개선할 아이디어가 떠오르면 말해달라고 요청한다.

세간의 통념은 주니어들이 일하는 방법을 모르리라 생각하지만 스킬셋 부족 문제는 오히려 사소하다. 주니어에게 주어지는 업무가 아주 어려울 리도 없고 모를 경우라도 가르치면 금방 배운다. 오히려 문제는 대부분의 업무가 단순 반복이거나 중간 블록 만들기라서 보람을 얻기 어렵다는 데 있다. 흥미 저하로 열심히 할 필요를 못 느끼고 그 결과 몰입도가 낮아진다. 그러다 보니 마인드셋을 잡아주는 대화가 필요하다.

40대 중간관리자들은 이직 욕구도 적고 기본적으로 월급 받은 만큼은 성과를 내야 한다는 것을 알기에 마인드셋 문제는 적다. 반면에 스타트업 업무 처리 방식의 기본이라 할 단독 프로젝트 매니저로서 주도적으로 일하는 방법을 몰라 성과를 못 낼 가능성이 크다. 업무도 관계성으로 푸는 예전 방식에 머물러 있어서 안목이 부족하고 툴셋 활용 능력이 떨어진다. 열심히 배워야 하는데 오히려 젊은 직원들에게 선배 흉내를 내려다가 외톨이가 되기도 한다. 혹시 스타트업 경력이 없는 40대를 경력자로 채용했는데 성과를 못 낸다면 "알만한 사람이 왜 저럴까?"라고 예단하지 말고 일정 기간 신입에게 하듯이 "이거 해보셨죠? 그때는 어떻게 하셨어요?" "아, 안 해보셨어요? 그럼 어떻게 하실 건지 한번 설명해주세요."라고 확인하며 일을 시킨다.

고관여 저성과자를 편애하면 고성과자가 떠난다

직관적으로 설명하면 우리 회사에서 퇴사해도 더 좋은 회사로 얼마든지 갈 수 있는 사람이 고성과자이고 현 직급으로 우리 회사에 재입사가 어려운 사람이 저성과자이다. 본인 업무에만 집중하며 타인의 업무 영역을 침범하지 않는 이가 저관여(이런 표현은 잘 안 쓰지만)라면, 자기 부서 일도 아닌데 무시로 끼어들고 대표에게 일러바치며 정치적 영향력 확장에 몰입하는 이가 고관여자이다. 이들은 대표 말이라면 껌뻑 죽는시늉까지 하지만 동료들을 돕거나 존경받을 언행은 하지 않는다. 문제는 많은 대표가 이들의 높은 조직 관여도를 충성심으로 오해하고 곁에 두며 술친구나 대화 상대로 삼는다는 점이다.

고관여 저성과자는 회사를 사랑하고 자기 업무도 사랑한다. 그리고 그 사실을 자랑스럽게 여기고 회식 자리 등에서 종종 표현한다. 성과를 못 내다 보니 평가 때 수행 능력 부족을 지적받는다. 이때는 자기가 현업을 얼마나 좋아하며 열심히 하는지 설명하는 식으로 방어한다. 답답해진 상사가 칭찬이라도 해주면 좀 나아질까 싶어 가끔 격려해주는 것조차 독으로 작용해서 현실 인식 능력을 더 떨어뜨린다. 고관여 저성과자가 얼마나 조직에 해가 되는지 본인은 모른다.

저성과자가 상사에게 혼나지도 않고 일을 못해도 책임지지 않는 것을 보며 묵묵히 자기 업무하던 고성과자는 이직을 생각한다. 사실 고성과자란 이직 가능한 오퍼가 항상 주머니에 들어 있는 사람이다. 돈 많이 주고 데려온 고성과자에 대해서는 기대치가 높다 보니 윗사람의 칭찬이 박하다. 일 잘한다고 칭찬해도 이미 많이 들어오던 이야기라 그다지 감동받지 않는다. 고성과자를 동기부여하기란 여러 가지 이유로 어렵다.

현장에서 고성과자는 저성과자가 싸질러놓은 X을 치워야 하는 일이 많다. 오래 다닌 저성과자가 정치력마저 뛰어나면 가끔 수습하느라 고생한 고성과자에게 독박을 씌우기도 한다. 고성과자들이 특히 실망하는 부분은 보스가 고관여 저성과자에 온정적일 때이다. 저성과자가 간부 회의 시간에 온갖 이슈에 끼어들어 적극적으로 발언하는데 주로 누군가를 저격하거나 도움 안 되는 영양가 없는 소리만 늘어놓는다. 그럼에도 대표가 제지하지 않으면 경력직으로 영입된 고성과자 부서장은 회사에 미련을 접는다.

고관여 저성과자의 가장 큰 해악은 최고경영자가 고성과자와 생산적 미팅에 써야 할 시간과 에너지를 빼앗아 간다는 점이다. 그러지 않아도 바쁜 최고경영자를 물귀신처럼 끌고 가서 감정 노동을 요구한다. 회사를 떠나고 싶어도 갈 곳이 없다 보니 이직은 안 하면서 요구사항이 많다. 윗사람에게도 그러니 아랫사람에게는 오죽하겠는가. 회사가 20~50명 사이일 때 초기 멤버와 영입된 선수 사이에 파워 싸움이 시작된다. 일 못하는 고참들로부터 고성과자 젊은 이들을 지켜주지 않으면 회사가 고인 물 비중이 높아져 정체된다.

스타트업과 프로세스는 충돌하는 개념이 아니다

회사에 직원이 창업자 한 명만 있을 때부터 프로세스는 필요하다. 프로세스란 일하는 순서, 담당자, 의사결정 방식, 예외 사항들에 대해 정리한 가이드북이며 공략집이다. 프로세스가 없는 상황에서 수행되는 과제는 누군가의 경험과 임기응변으로 진행되다가 벽을 만나는 순간에 회의가 소집되어 결정하게 된다. 그 시점에서야 상황을 파악한 유관부서들은 사전 커뮤니케이션 부족을 지적하게 된다. 이는 구성원의 불만을 불러온다. 그렇다고 처음부터 끝까지 전체 회의로 진행하는 것은 규모가 커지면 가능하지도 않을 뿐 아니라 비효율적이다.

스타트업은 직원들이 주도적이고 선제적으로 대응하는 조직문화를 지향하기에 직원 관리 규정을 만들지 않는 문화가 존재한다. 이런 흐름에는 넷플릭스가 가장 유명하고 국내에는 핑크퐁이 있으며 고유의 컬처덱Culture Deck을 만들어 자율성을 강조하는 스타트업은 그 외에도 많다. 그러나 프로세스는 직원의 행동을 규율하는 규정을 말하는 것이 아니고 일하는 방식을 사전에 합의하는 것이다. 모든 스타트업에 필요하다. 특히 신입사원 교육, 신임 팀장 교육 등 필수적인 프로그램조차 아직 준비하지 못한 초기 스타트업은 학교 졸업 후 바로 현업에 투입되는 직원이 다수라 반드시 프로세스를 갖춰나가야 한다.

하버드대학교의 리처드 해크먼Richard Hackman 교수의 연구에 따르면 전문가 집단의 경우에 적절한 프로세스 개입이 없다면 일반인 팀보다 더 형편없는 성과를 낸다. 그 말은 사업의 극초기에 각 분야에서 나름대로 명성이 있는 공동창업자들을 모으는 과정에서부터 프로세스가 필요하다는 의미이다. 일례로 공동창업자 초빙 절차에서 기존 멤버의 역할과 권한을 정하지 않고 최고경영자 독단으로 진행이 가능하다면 초장에 판이 깨질 가능성이 크다. 우리는 프로세스 대신 팀워크가 좋으면 문제가 사라진다고 생각한다. 하지만 해크먼 교수의 연구에 따르면 팀이 화목하다고 좋은 성과를 내는 것도 아니다.

상대방을 존중하되 잘못된 표현 행동을 개선한다

스티븐 호킹Stephen Hawking 박사는 "우주의 기본 법칙 가운데 하나는 완벽한 것은 없다는 것이다. 그냥 존재하지 않는다. 불완전함이 없었다면 너랑 나는 존재하지 않는다."라고 말했다. HR 관점에서 윗사람이 지녀야 할 중요한 자세이다. 꿈 많은 창업자에게 그걸 뒷받침해 주지 못하는 동료들은 늘 부족하게 느껴진다. 장점보다 단점이 눈에 띄고 지적하고 싶은 게 한둘이 아니다. 그런데 그런 생각을 하는 당신은 과연 훌륭하고 대단한 사람인가? 자유경쟁 시장경제 체제인 대한민국에서 당신의 회사만 불공정하게 월급 많고 일 못하는 직원들로 구성되어 있을 리는 없지 않겠는가. 따라서 어느 회사든 그에 걸맞은 수준의 직원이 재직 중이라고 추정하는 게 합리적이다. 직원들이 모두 월급 루팡으로 느껴지는 창업자일수록 본인의 성공을 위해 우선 직원을 존중해야 한다.

그 첫 번째 이유는 직원들의 기를 살려놓지 않으면 그들이 성장하지 않기 때문이다. 상사에게 혼나거나 무시당하는 게 일상이 되면 능력이 있는 직원부터 퇴사할 가능성이 크다. 그런 상황을 참고 다니는 사람의 특징은 자신감이 낮고 사회적으로 위축돼 있다. 대표가 기대하는 결점 극복은 이들 입장에서는 우선순위에 들어 있지 않고 무서운 보스의 눈치를 보며 방어적으로 된다. 그러니까 '아, 나도 할 수 있구나.' 정도까지 자존감을 끌어올리지 않는다면 발전은 없다. 심리학에는 피그말리온 효과Pygmalion effect라 불리는 타인의 기대에 부응하려 하는 긍정 사이클과 보스의 기대치가 낮은 직원은 그 수준을 벗어나지 못한다는 필패 증후군Set-up-to-fail

Syndrome이 있다.

두 번째 이유는 창업자 자신의 성장을 위해서이다. 창업 이유는 각자 다르겠으나 대부분 사람들의 삶을 더 낫게 만들겠다는 이타적 사고를 갖고 시작한다. 그게 안 된다면 고객은 편익을 인정하기 어려워 지갑을 열지 않을 것이다. 취약한 비즈니스 모델은 성공 가능성을 낮춘다. 누군가의 불편한 지점pain point을 해결한다는 고매한 목적을 달성하는 과정이 허접한 부하직원들을 감시 관리해 가며 잔소리를 퍼부어 이뤄질 리는 없다.

세 번째 이유는 창업자와 동료의 상호 존중하는 관계가 평생의 동지로 발전하기 때문이다. 내담자 중심 상담이론으로 유명한 칼 로저스Carl Rogers는 공감이란 타인의 내면세계를 정확히 인식하는 것이라 설명했다. 창업자의 목표는 물론 사업의 성공이겠으나 동료를 도구로 여기지 않고 그의 입장에서 고민하고 조언하는 관계를 유지한다면, 그 동료 또한 창업자를 마음이 연결된 동지적 관계라 여기게 된다. 사업은 성공할 수도, 실패할 수도 있으나 그 과정에서 좋은 동료를 얻는다면 기회는 다시 만들 수 있다.

창업자는 동료를 대할 때 회사에서 필요로 하는 스킬셋, 마인드셋, 툴셋의 기본은 갖추었으나 계속 성장하는 과정에 있다고 간주하는 게 바람직하다. 따라서 "너는 개발자로서 실력이 부족하다."라고 말하는 것보다 "우리가 하고자 하는 프로젝트는 이러지러한 툴을 활용해야 하니 언제까지 업무에 필요한 수준으로 실력을 올려놓아라."라고 주문한다. 동료의 인성에 문제가 있다고 단정하지 말고 간혹 바람직하지 않은 행동을 할 때가 있다고 받아들인다. 물론 용인할 수준을 넘기는 이상행동은 묵인하지 않고 재발 방지를 요청하고 그 이후에도 개선이 되지 않으면 규정에 따라 불이익이 갈 수 있다고 통보하며 실제 집행한다.

2
고금리 시대의 창업생태계

고금리 시대 스타트업 경영은 내핍 모드다

"대표님, 투자금 아끼지 말고 목표 달성에 집중하세요. 다 쓰시면 돈은 또 드릴 거예요." 어느 컨설팅 현장에서 내 옆에 있던 벤처캐피털vc 심사역이 말했다. 스타트업은 다음 라운드까지 도달해야 할 목표 숫자들이 있고 그것만 달성한다면 추가 펀딩은 어렵지 않을 것이다. 잘나가는 스타트업들은 벤처캐피털을 줄 세운다는 이야기도 돌았고 돈 말고 뭘 더 해줄 수 있는지를 물어도 이상하게 여겨지지 않았다. 이 책의 초판이 나왔던 2022년까지의 스타트업 업계 상황이 그랬다.

2022년 3월 미국의 연방준비제도Fed는 기준금리를 0.25%에서 0.5%로 25bp 인상했고 이후 회의가 열릴 때마다 꾸준히 올려 2023년 7월에는 5.5%에 도달했다. 그리고 인플레이션이 진정됐다는 시장의 합의가 형성된 2024년 9월 19일에서야 50bp를 인하했다. 글로벌 3위 경제권인 유럽연합 상황을 조절하는 유럽중앙은행ECB도 미국과 비슷한 시기에 약간 순한맛으로 금리를 조정했다. 미국보다 조금 늦은 2022년 7월에 0% 제로금리를 50bp 올리는 것으로 시작했다. 그리고 미국보다 100bp 낮은 4.5%까지만 올린 뒤 2024년 6월에 25bp를 인하했다. 참고로 우리나라는 2021년 8월부터 이어져 온 인상 기조로 기준금리가 2023년 1월에 3.5%까지 올랐다가 38개월 만인 2024년 10월 11일 방향이 전환되어 3.25%로 인하됐다.

글로벌 고금리 추세는 국내 스타트업 투자에 심각한 영향을 미쳤다. 물론 우리나라 벤처투자의 큰손인 모태펀드는 정부 예산으로 운영되는 곳이라 금리가 오른다고 갑자기 펀드 결성을 중단하거나 감축하지 않는다. 대신 모태펀드가 요구하는 매칭 자금을 민간 유한책임투자자LP로부터 구하기 어려워졌다. 설사 매칭 자금을 제공할 의사가 있는 기업이나 기관을 찾았다고 해도 요구하는 기준수익률이 천정부지로 올라와 있기 때문에 펀드 구성부터 신중해졌다. 글로벌 고금리는 또한 펀딩 라운드 시리즈 C나 D쯤에 주로 참여하는 글로벌 벤처캐피털들을 사라지게 했다. 그러니까 공공투자 비중이 높은 초기 창업자들이 상대적으로 덜 어려웠다면 후기 스타트업들, 특히 수익 구조가 자리 잡지 못한 플랫폼 기업들에 고금리란 저승사자 느낌이었을 것이다.

글로벌 스타트업 붐의 시작이 2007년에 첫선을 보인 아이폰과 그로 인해 시작된 스마트폰 모바일 생태계라면 2008년 서브프라임 경제 위기를 수습하기 위해 7년간 펼쳐졌던 제로 금리 정책은 스타트업 생태계 성장의 1등 공신이었다. 경제학자들은 이제 그런 저금리 시대가 다시 오지 않을 것으로 본다. 하지만 뉴노멀New Nomal 이라는 용어로 포장된 비정상 시대를 살다 보니 어떤 것도 단정적으로 말하긴 어렵다. 저금리 시대에는 가장 귀한 것이 최고기술책임자CTO였고 투자금은 가장 흔한 자원이었다. 고금리를 살고 있는 2024년이라면 이익까지는 기대 안 하더라도 매출을 일으키는 데 실패한 창업자는 투자 유치가 불가능하다. 투자금을 부어 넣어가며 달리던 적자 경영 플랫폼 기업의 시대는 종언을 고하고 천천히 성장하지만 꾸준히 매출을 만들어내는 B2B 기술기업이 주목받는 시대이다. 한때 스타트업 업계를 한때 기웃거렸던 고스펙 경력직 중 상당수가 대기업이나 보다 안정된 직장으로 복귀했다. 스타트업 연봉에서 거품이 사라졌다. 많은 스타트업이 정리해고를 했고 거의 모든 기업이 자연 감소분은 충원을 안 하는 추세이다. 개발자조차도 인공지능을 어떤 수준으로 활용할지 답이 나오기 전에는 덜컥 채용하기 어려운 분위기이다. 다들 가난을 견디는 내핍 모드이다.

조용한 퇴사는 엔데믹 시대의 사회 현상이다

'조용한 퇴사Quiet Quitting'는 2022년에 등장한 시사용어이다. 주로 Z세대들이 공식적으로 주어진 과제만 수행하고 시간 외 근무 등을 하지 않는 현상을 말한다. 2022년 초에 정점을 찍었던 미국 근로자들의 급여 수준이 이후 정체 내지 하락하면서 경력이 짧은 Z세대들이 가장 피해를 보았고 그러면서 표출된 소극적 저항 현상을 말한다. HR 관점에서 '조용한 퇴사' 상태란 근로자가 직무 몰입에 실패해 생긴 것이다. 이는 리더그룹의 책임이다. 삼성그룹 출신의 리더십 전문가 임태조 박사의 「밀레니얼 세대의 직무몰입 영향요인 연구」에서도 '상사와의 상대적 관계의 질과 개인-직무 적합성이 직무 몰입 수준에 유의한 영향을 미친다.'라는 결론을 냈다.

2024년 3월 모 리크루팅 업체는 국내 직장인의 반 이상이 '조용한 퇴사' 상태라는 설문조사 결과를 내놓았다. 비슷한 현상에 대해 과거에는 '잠재적 이직자'라는 표현을 썼다. 기사를 검색해보면 모 구직 포털 사이트의 2020년 설문조사에도 응답자의 56.9%가 본인을 잠재적 이직자로 인식한다고 발표했다. 문제는 나머지 43%의 응답자다. 적극 구직이 28.6%이고 이직 의향이 없다는 응답은 14.4%에 지나지 않는다. 아무리 구직 사이트 주도로 이뤄진 조사지만 우리 근무 환경에 직무 몰입을 방해하는 요소가 많은 것이 사실로 보인다.

2년의 짧은 경험이지만 직접 겪어본 공공기관의 '조용한 퇴사' 이유는 스타트업 동네와 아주 다르다. 공공은 근거 규정 또는 선례 여부를 따져보고서야 의사결정을 내리는 지시 통제형 조직이라 임직원이 창의적이거나 주도적으로 근무하다가는 불이익을 받을 가능성이 크다. 여기서 불이익이란 일하다 보면 문제가 발생할 수도 있고 민원이 들어오기도 하는데 이런 잡음들이 평가와 승진에 부정적 영향을 끼친다는 뜻이다. 또한 진급과 보상이 성과에 연동되어 있지 않고 장기근속자에게 유리하도록 규정되어 있다. 결국 새로운 것을 배우는 과정에서 성장하는 느낌을 받기란 매우 어렵다.

따라서 대부분의 근로자들은 매년 반복되는 안전한 업무를 비슷한 방식으로 수행한다. 이들 직장은 정년 고용이 보장되고 보상 수준이 나쁘지 않으며 워라밸이 좋다는 장점이 있다. 상황을 종합하면 최소한의 직무 개입은 구성원 개인으로서는 합리적인 판단이고, 납세자 시각에서 보면 한심하다.

스타트업의 '조용한 퇴사'는 업무량 과다로 '번아웃'됐을 때, 회사가 투자 유치에 실패했을 때, 사업이 성장하지 못하면서 재무적 보상 기대가 무너졌을 때, 열심히 노력해서 좋은 결과를 만들어냈으나 칭찬이나 보상 대신 경력자를 채용해서 그 사람 밑으로 배치했을 때, 그리고 이런 여러 어려움을 겪으면서 진솔하게 대화를 나눌 수 없는 위계적 조직문화 또는 문제적 인간이 C레벨에 있을 때 등의 상황에서 발생한다.

스타트업은 '조용한 퇴사'를 용인할 여유가 없다. 그래서 조용한 퇴사의 원인 요인을 적극적으로 제거함과 동시에 예방에 필수적인 일대일 면담 방법을 7장 아래 여러 꼭지에 녹여 넣었다. 물론 '조용한 퇴사' 방지법이라고 적혀 있지는 않고 '직무 몰입' 또는 '조직문화'라 표현했다. 자발성이 있고 직무 몰입이 되는 임직원은 '조용한 퇴사'라는 늪에 빠질 가능성이 작을 뿐 아니라 그런 정서의 영향권 내 있다면 일대일 면담으로 파악이 가능하다.

한편으로 이 시대에 Z세대가 '조용한 퇴사' 성향을 보이는 것은 스타트업들에 좋은 기회일 수 있다. 스타트업의 활기찬 조직문화가 Z세대에 잘 어필할 가능성이 크기 때문이다. 그것은 우리나라 스타트업의 뿌리를 찾아 들어가면 더 이해가 쉽다.

스타트업 문화는 미국 기업을 벤치마킹했다

2010년경 스타트업이라는 개념을 국내에 처음 소개한 이들은 쿠팡과 티몬으로 대표되는 미국 유학생 그룹이었다. 배경을 이해하려면 2000년대 초반의 조기유학 붐을 기억해야 한다. 한국교육개발원의 통계를 보면 초등학생 유학생 숫자는 2000년의 705명에서 2006년에는 1만 3,814명으로 급격히 증가한다. 영어는 어릴 때 가르쳐야 한다며 그렇게들 많이 내보냈다. 중학생은 2006년 기준 9,201명, 고등학생은 6,451명이다. 이는 부모와 함께 이민을 갔거나 부모의 해외 파견근무 동행이 포함되지 않은 순수 유학생 통계이다.

미국 연방이민국USCIS의 데이터로 본 대한민국의 교육열도 대단하다. 우리나라는 2002년에 미국 유학생 비자 F-1 신규 발급 기준으로 당시 1등이던 일본을 제치고 전 세계에서 최다 국가가 됐다. 그 기록은 대한민국보다 인구가 24배나 많은 중국이 우리를 추월하는 2008년까지 6년이나 유지됐다. 이 꿈나무들이 졸업하고 사회에 진출할 무렵 스마트폰 앱 생태계로 촉발된 스타트업 붐이 미국에서 폭발했다. 새로운 세상을 본 이 유학생 출신들은 한국으로 돌아와 소셜커머스 비즈니스 모델로 쿠팡과 티몬을 창업했다. 하버드와 와튼이라는 명문대 출신이 가져온 후광효과는 스타트업을 애들이나 하는 소꿉장난에서 미래의 네이버 위상으로 끌어올렸다. 유학생 출신들은 비자 문제로 미국 취업이 어려웠고, 국내 대기업은 뽑아주지도 않겠지만 문화가 안 맞을 거라는 생각에 대거 스타트업 업계로 유입됐다. 한 다리만 건너면 다 친구이거나 아는 형인 젊은 코호트로 구성된 스타트업에 수평적 소통과 조직문화가 자리

잡게 된 계기이다.

우리는 직장 동료를 직급이나 직책으로 부르는 순간 직급의 본질인 위계가 만들어낸 상하관계 프레임에 갇힌다. 센터장의 의견과 직원의 의견이 부딪쳤을 때 대등하게 겨루기란 어렵지만 스타트업답게 기대 님과 혜림 님으로 모자를 바꿔쓴다면 다퉈볼 만하다. 한 사람이 세상을 이해하는 방법과 행동은 그가 쓰는 언어 체계와 관련이 있다는 '사피어-워프 가설Sapir–Whorf hypothesis'이 있다. 우리가 쓰는 언어 표현과 자유도는 조직문화에 바로 반영된다. 스타트업에서 수평적 사고를 가져오는 3대 장치는 님 호칭, 타운홀 미팅, 그리고 일대일 면담이다. 이것이 대체하려는 과거 질서의 상징적인 모습은 무소불위의 부서장이 주간회의 시간에 한 명씩 돌아가며 창피하게 하거나 박살 내는 장면이다. 이 땅에서 신분제도가 폐지된 것이 130년 전인 1894년 갑오개혁 때다. 그런데 아직도 자아와 역할이 분리되지 않는 이들이 너무도 많다. 능력 있고 똑똑한 젊은이들일수록 그런 구습과의 타협을 거부한다. 스타트업은 대기업보다 훨씬 낮은 급여를 주면서도 그들을 채용할 수 있고 더 신나게 일하도록 만든다.

신나게 일하지 않는 직원들도 이끌어가야 한다

허즈버그의 동기위생이론Herzberg's Motivation-Hygiene theory은 열심히 일하고 싶게 만드는 동기부여 요인과 없으면 불만이 생기는 위생요인이 각자 다르게 작동한다고 설명한다. 월급이 적어서 일을 안 하나 싶어 올려줘 봐야 더 열심히 하기보다는 당연하게 여기고 오히려 좀 늦은 감이 있다고 생각할 수도 있다. 그러나 급여가 적으면 불만을 품고 그 정도가 심하면 퇴사할 것이다. 금전적 보상은 동기부여 요인이 아니라 위생요인이라 그렇다. 평소 관심 있는 분야에 취업해서 해보고 싶던 과제에 도전하는 것은 분명 동기부여 요인이다. 그런데 스타트업 생태계 전체가 투자 유치의 어려움으로 내핍 모드라면 그렇게 신나는 일을 할 가능성이 낮아진다. 따라서 요즘은 일이 별로 신나지 않아도 '회사가 원래 그렇지 뭐. 하고 싶은 거 다 하고 살 수 있나.'라고 체념하고 지낸다. 이직은 별로 대안이 아니다. 우리 회사만의 문제가 아니라 생태계 전반의 문제니까 채용하는 곳도 많지 않고 조건도 별로이다.

구직자 선호도 기준으로 스타트업은 대기업과 중소기업의 중간에 있다. 창업하기 위해 대기업이나 매니지먼트 컨설팅, 교수, 의사 등 우리 사회의 정상에서 제 발로 걸어 나와 가시밭길을 가는 이들은 꾸준히 있다. 하지만 스타트업의 근로자가 되려고 대기업을 나오는 이는 아마 없을 것이다. 고금리 시대에는 그런 현상이 더욱 심해진다. 창업자와 근로자 사이에 스펙은 물론 생각의 간극도 가장 심하게 벌어진다. 다른 삶을 살았고 다른 지향점을 향하는 이들이 서로를 이해하기란 어려운 일이다.

특히 정리해고라도 하고 나면 경쟁력 있는 친구들이 먼저 떠나기 때문에 남은 직원들과의 커뮤니케이션이 더 어려워진다. 일을 안 하기도 하고 못하기도 하다 보니 시간이 두 배 걸린다. 일 잘하는 친구들이었다면 통으로 넘기고 믿어도 될 일을 토막 쳐서 조금씩 주면서 계속 확인하면서 가느라 그렇다. 지난 2년 그리고 현재도 창업자는 어두운 터널을 혼자 걸어가는 중이다.

창업자는 오리지널은 아니어도 철학이 필요하다

D캠프의 HR 멘토링 세션에서 질문을 받았다. "소통이 중요하다는 게 무슨 말씀이신지는 알겠는데 그러면 직원들이 기어오르지 않나요?" 질문자는 외모와 구사하는 단어가 공히 약간 거친 대표님이었다. "지금 제가 기어 먹을지 아닐지는 판단하기 어렵지만, 순종하는 직원들만 데리고 대표님이 바라는 수준의 성공이 가능할까요?" 그 대표님이 어느 업종에 있는지 모른다. 그래서 지금도 직원들이 대표 지시에 복종하는 것이 얼마나 중요한 의미를 지니는지는 모른다. 상황상 이 책에서 제안하는 방법들을 그분이 적용하지 못할 가능성도 크다. 나는 직원들이 나를 이겨 먹더라도 사업이 성공하고 함께 달렸던 친구들이 보상받는 게 중요하다.

창업하면 답 모르는 질문에 둘러싸여 내심 당황스러운데 주변 사람들이 다 내 입을 쳐다보는 경험을 하게 된다. 어떻게든 결정해야 하는데 이런 순간에는 최소한의 원칙과 방향성이 필요하다. 이 책을 읽고 동의가 되는 분들은 내 책을 나침반 삼아 어둠 속을 헤쳐 나갈 테고, 읽어도 동의가 안 되면 다른 책을 보시거나 공감되는 말을 하는 유튜버를 고르시면 된다. 팁을 하나 드리면 지금 선택한 사람을 붙들고 계속 가지 않아도 된다. 시간이 흐르며 창업자도 성장한다. 그때 다음 단계의 답을 제시하는 사람을 찾아 옮긴다.

작가는 자신이 경험한 것 이상을 쓰지 못한다. 나도 공부와 독서로 'If A then B'를 배우고 현장에서 A를 했더니 B가 나오는 것을 확인한 다음 그 경험을 공유하기 위해 책을 쓴다. 리더로서 나의 페르소나는 아빠, 선생님, 코치가 섞여 있는 상태였다. 이 책을 쓰는 과정에서 기준이 된 나의 관점들은 이런 것들이다. 부정적인 가치관을 가졌거나 성장 의지가 없는 사람과 일하는 방법을 나는 아직 알지 못한다. 그래서 채용 과정에서 성장 지향의 마인드셋이 있는가를 중요하게 확인한다.

창업은 수많은 가설을 검증하는 과정이다. 사업 아이디어, 채용, 보상 구조, 내외부 파트너와의 거래 조건 등이 주요 요소이다. 가장 성공 가능성이 큰 방법을 택할지, 가장 실패 확률이 낮은 선택을 고를지 아니면 제3의 선택을 할지는 창업자의 철학에 달려 있다. 이 책은 스마트한 사람들과 즐겁게 일하면서 세상에 변화를 주고 싶은 사람을 염두에 두고 썼다. 스마트한 사람들은 불합리한 의사결정을 싫어한다. 기여도가 3배 차이 나는데 보상 차이는 30%밖에 안 난다면, 그리고 그 이유를 '형평성'이라 설명하면 이해하지 못한다. 에이스 임직원의 퇴사는 어떤 비용을 치르더라도 예방해야 한다. 무능하거나 조직에 부정적 영향을 끼치는 작용하는 부서장의 존재는 경영진이 불합리하다는 증거이다.

창업자는 중간에 망하지 않는다면 최소 10년 이상을 조직의 정점에서 외로운 결정을 내려야 한다. 본인이 선택한 결정보다 더 나은 대안이 있다고 믿는다면 피로도가 너무 높아지기에 그런 갈등에 빠지지 않도록 한다. 일종의 기본 설정pre-set 선택 기준을 갖고 있으면 유용하다. 커리어를 35~40년 정도라 보면 한탕으로 끝낼수 없는 긴 기간이다. 대부분의 스타트업 창업자는 직장인에서 출발해 작은 성공 또는 실패를 겪고 중소기업의 관리자가 되며 일부는 다시 창업한다. 어떤 이들은 전문경영인이 되지만 대부분은 중간관리자로 커리어를 마감한다. 커리어의 목표는 부자가 되는 것이 아니라 사람과의 인연을 소중히 여기며 역할에 성실하게 최선을 다하는 것이다.

모든 인간은 쾌락 적응 현상으로 인해 주어진 행운에 감사하는 마음이 쉽게 사라지고 해결할 문제만 부정적으로 느끼게 된다. 자신도 그런 편향bias의 영향권 아래에 있기 때문에 현실에 감사하며 함께 상황을 개선하는 것이 본인의 존재 이유라는 각성을 정기적으로 해야 한다.

회사에 월급 루팡을 하러 오는 직원은 없다. 열심히 일해서 인정받고 성장하고 싶어 한다. 원인이 게으름이든 능력 부족이든 목표 달성에 실패했을 때 부끄러워하며 더 나은 사람이 되고 싶어 한다. 대표가 직원을 보는 관점이 부정적이면 사람도 잃고 사업도 지지부진하다.

개인의 자아와 대표라는 페르소나는 서로 다르다

누구나 자신이 어떤 사람이라고 의식하는 이미지가 있다. 그걸 '자아'라 한다. 나의 자아는 소심하고 게으르지만 남들이 보는 곳에서는 성실하다. 그런데 그 성실함 또한 타인의 혹평을 두려워하는 소심함에 유래한다. 페르소나는 삶을 영위하며 쓰게 되는 마스크 같은 것이다. 나도 마스크가 여러 개 있는데 그중 하나는 춘천 집에서 강남 사무실까지 itx청춘 열차로 통근하는 회사원이다. 자아와 페르소나는 서로 연결되어 있으나 동일하지 않다. 회사가 성장하면 투자도 잘 받고 어디 가나 능력 있는 대표님 대접받는다. 기업가라는 페르소나의 성공이 자기효능감으로 연결되어 자신감이 팽창할 수 있다. 하지만 자아 관점에서 보면 이 또한 부분의 성공이다. 만약 사업에 전념하느라 가족에 등한했다면 아빠 역할을 못 했다는 인식이 평생 갈 수도 있다.

지난 2년 투자 시장이 얼어붙었고 런웨이의 끝단에 도달한 창업자들은 회사를 접거나 직원을 내보내고 동면에 들어갔다. '성공을 목전에 둔 기업가'가 이제 '시련을 견디는 창업자'로 페르소나가 바뀌었다. 그렇다고 그의 자아가 스스로를 실패자로 인식해야 하는가? 전혀 아니다. 글로벌 경제의 흐름을 못 읽어 더 적극적으로 미리 펀딩을 해놓지 못했다거나 구조조정 타이밍을 놓쳤던 불운한 에피소드가 있을 뿐이다. 이 타이밍에서 상황을 나쁘게 만드는 것은 직원들에게 충분히 사전 설명을 안 했거나 이해를 구하는 과정을 건너뛰려는 비겁함이다. 어떻게 설명하든 어차피 내보내야 하는 결과는 똑같지 않냐고 반문할 수 있다. 그건 대표님이 아직 사람에 대한 이해가 많이 부족한 것이다. 현실에서 겪는 어려움도 각자의 믿음 체계에서 해석하는 과정에 따라 희석되거나 증폭된다. "대표님도 어떻게든 함께 가려고 최선을 다했고 끝까지 직원에 대한 존중을 잃지 않으셨다."라고 기억하는 것과 "나쁜 XX! 끝까지 아니라고 잡아떼다가 메일 한 통 보내고 숨어버렸어."라고 기억하는 것은 하늘과 땅 차이다.

정리해고(레이오프)가 아니라도 대표가 특히 직면하기 싫은 대화나 결정들이 있다. 남들이 인정하기 싫어하는 약점이나 잘못한 부분을 지적하고 개선을 요구하는 순간도 발생한다. '내가 이런 일까지 해야 하나?'라는 생각이 든다면 세 가지를 생각하자. 첫째, 이 과제는 당신의 자아 영역에 속한 게 아니고 대표라는 페르소나의 역할이라고 생각한다. 둘째, 이런 결정은 당신이 누군가를 선제공격하는 게 아니라 상황이 더 나빠지지 않도록 수습하는 결정이라고 생각한다. 그러니까 원인 제공자는 한번 눈감아주면 될 걸 지적하는 당신이 아니라 본인의 역할을 제대로 하지 못한 부서장이다. 그리고 마지막 셋째, 내가 이걸 안 했을 때 장기적으로 조직과 구성원에게 어떤 피해가 있을지 생각한다. 요점은 너무 심각하게 받아들이지 말라는 거다. 다 페르소나에게 주어진 배역이니까.

스타트업 제대로 알기

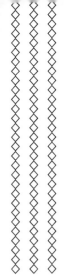

1

스타트업의 정의와 이해

이번 장은 스타트업을 잘 모르는 분들을 위한 개념 잡기 세션이다. HR 책이라며 누가 보내주었기에 바쁜 일과에도 짬을 냈을 스타트업 창업자라면 이번 장을 건너뛰어도 된다. 오랜만에 쓰는 책이라 손도 풀 겸 가볍게 동네 이야기로 시작한다.

모든 창업이 스타트업은 아니다

스타트업start-up이라는 영어 단어의 사전적 의미는 '새로 시작한 사업'이다. 그러나 이 책에서 스타트업은 '신설법인'을 통칭하는 단어가 아니라 1990년대 말에 있었던 1차 글로벌 창업 붐dot-com boom과 2010년경부터 시작된 2차 창업 붐의 주역인 'IT 기반의 초고속 성장 모델을 지닌 신생기업'을 뜻한다.

　스타트업을 일반 신설법인과 구별 짓는 기준은 '이미 투자를 받

았거나, 아니면 받을 가능성이 있는 비즈니스 모델'인지 여부다. 각
종 투자기관에서 받은 투자금은 신설기업을 스타트업으로 만드는
충분조건이다. 스타트업의 특징으로 꼽히는 IT 기반, 파괴적 혁신,
수평적 조직문화 등은 스타트업의 필요조건이지 충분조건은 아니
다. 스타트업이란 이런 것이라고 자격을 부여하는 기관이 없기에
스타트업 통계를 내는 공공기관들도 투자유치 시점부터 스타트업
으로 분류한다.

　스타트업얼라이언스에서는 액셀러레이터accelerator*나 벤처캐피
털**의 투자를 받았거나 받을 목적으로 사업을 영위하는 회사를 스
타트업으로 간주한다. 실력 있는 창업팀이 운까지 좋아 주식시장
에 상장IPO되거나 다른 기업에 인수M&A되면 더 이상 스타트업으
로 부르지 않는다. 이를 엑시트exit라 부르는데 크게는 조 단위에서
적게는 몇십억 원에 회사가 거래된다. 수익에 연연하지 않고 투자
자의 도움으로 빠른 성장을 꾀하는 스타트업 모델이 미국에서 건
너온 사업 형태이다 보니 업계 용어 대부분이 영어에서 기원한 외
래어다.

---

*　중기벤처부에서 '창업기획자'라는 이상한 명칭으로 분류한 초기 투자회사로 몇천만 원에서 5억
　원 이내로 투자한다. 국내에 300여 개가 있다.

**　모험자본을 운용하는 투자전문회사로 중소기업창업투자회사(창투사), 신기술사업금융업자
　(신기사), 각 기업의 부서나 자회사 형태로 존재하는 기업주도형 벤처캐피털(CVC, Corpo-
　rate Venture Capital), 대학 기술지주회사 등을 망라한다. 투자 규모는 몇십억 원에서 몇천억
　원대까지 다양하다.

왜 한국에서 스타트업을 벤처라고 부르는가

스타트업과 벤처는 동의어가 아님에도 우리나라와 일본에서는 호환되어 쓰였다. 잠깐 옛날이야기를 하자면, 미국 육군이 개발해서 한동안 대학과 연구기관에만 허용됐던 인터넷이 1993년 4월 30일에 월드와이드웹www 형태로 민간에 개방됐다. 이때 새로운 기술을 활용하는 스타트업이 우후죽순으로 생기면서 실리콘밸리에 닷컴 붐이 일었다. 우리나라도 IMF 경제위기 시절인 1998~1999년에 인터넷 관련 창업 열풍이 불었다. 이때 용어를 미국에서 직접 들여왔으면 스타트업이라 불렀겠지만, 하필 일본인들이 만든 신조어인 '벤처기업ベンチャー企業'이라는 단어가 먼저 들어왔다. 각종 공문서, 언론 기사, 심지어 관련법 조항에까지 그 표현이 들어갔다. 우리는 전 세계에서 스타트업을 벤처라고 부르는 딱 두 나라 가운데 하나가 됐다.

그리고 10년 뒤인 2007년에 아이폰이 등장하면서 전 세계적으로 앱 기반 창업 바람이 불었다. 이번에는 한국과 일본 모두 스타트업이라는 글로벌 표현을 받아들였다. 잘못 끼운 첫 단추인 벤처기업이라는 표현은 이제 일본에서도 반도체나 PCB 같은 하드웨어 기반 창업 기업 또는 기존 기업체가 영역을 확장하며 신사업을 키우는 경우를 뜻하는 말이 됐다. 벤처라는 단어를 꼭 쓰고 싶다면 엉터리 영어인 '벤처기업venture company' 말고 '벤처자본이 투자한 기업venture-backed company'이 글로벌하게 통하니 이를 활용해보자.

스타트업은 투자금으로 초고속 성장을 꾀한다

스타트업의 특징이라며 학자나 저명한 투자자들이 설명하는 내용
도 대부분 투자금으로 초고속 성장을 꾀하는 스타트업 모델의 특
수성에 기인한다. 다 돈의 힘이다.

예를 들어 스타트업은 이익도 못 내면서 평가 가치만 터무니없
이 높다는 따가운 시선이 있다. 비교 대상은 대기업의 시가총액이
다. 처음에는 다들 그게 맞는 말인 줄 알았다. 쿠팡은 2020년에 13
조 3,000억 원 매출에 5,842억 원의 적자를 냈다. 2018년에는 매
출 4조 4,000억 원에 적자 1조 1,000억 원으로 로켓 적자라는 놀
림을 받았다. 그리고 2021년 3월 미국 뉴욕 증시에 상장했고 한때
시가총액이 100조 원을 넘겼다. 2024년 10월 기준 시가총액은 64
조 원 수준이다.

창업 초기 쿠팡은 약 3조 6,000억 원가량의 적자를 내면서 매년
두 배 가까운 성장을 이뤘다. 소프트뱅크의 3조 3,000억 원 투자가
없었다면 불가능한 실적이다. 다들 쿠팡이 물류센터 짓다가 적자를
감당하지 못해 망할 거라 했다. 하지만 지나고 보니 너나 나나 모
두 무식해서 못 알아본 거였다. 제프 베이조스가 1994년 아마존 창
업 후 10년간 적자를 내며 성장에 집중했던 것처럼 쿠팡과 소프트
뱅크는 온라인 커머스라는 거대 시장에 뛰어든 후 우리가 이해하
지도 못하는 큰 그림을 그렸고 필요할 때마다 돈을 쏟아 넣어 끝내
성공시켰다.

스타트업을 "반복적repeatable이고 확장 가능한scalable 비즈니스
모델을 찾기 위해 만들어진 조직"이라 정의한 이는 실리콘밸리의

유명 인사 스티브 블랭크Steve Blank 교수다. 비즈니스 모델이 구글의 키워드 광고나 게임 회사의 유료 아이템처럼 '반복적'으로 파는 방식이라면 마진이 좋아 성장 속도가 빠르다. 벤처캐피털도 남의 돈을 운영하는 대리인이라 펀드가 만기 되기 전에 승부가 나기를 희망하고 빠른 성장 속도를 선호한다.

피자 가게처럼 주문이 몰리면 직원도 뽑아야 하고, 밀가루랑 치즈도 사야 하고, 어느 순간에는 오븐까지 더 들여놓아야 한다면 반복적이라 보기 어렵다. 피자 가게가 문제가 있다는 게 아니라 청산 시기가 정해진 남의 돈을 얻어다가 투자해야 하는 벤처캐피털은 그런 저성장 모델을 선호하지 않는다는 의미다. 그런 면에서 고피자 임재원 대표는 대단한 분 같다. 벤처캐피털 심사역들이 임 대표에게 "회사는 좋아도 산업이 내키지 않는다."라고 한 말이 투자자들의 기본적인 정서다.

'확장 가능한'이라는 요건도 투자자가 없었다면 굳이 등장할 이유가 없다. 확장 가능한이라는 말은 시장이 크다는 뜻인데 중박 말고 대박을 원하는 투자자의 바람이 녹아 있다. 투자자들은 높은 수익과 낮은 성공 가능성, 중간 수익과 중간 성공 가능성 등을 골고루 섞은 포트폴리오를 구축해서 위험을 분산한다. 그런데 시장이 너무 작으면 흥미를 잃는다. 그 작은 시장에서 먹어봐야 얼마나 먹을 것이며 포화점에 근접한 시장점유율을 높이는 것이 상대적으로 어렵고 비용이 많이 든다는 점에서 부정적이다. 창업자 중에 몇천억 원까지 안 필요하고 그냥 몇십억 원만 벌어도 된다는 사람이 있다. 지향하는 시장이 작으면 기관에 투자받지 말고 돈 좀 있는 선배들과 함께 창업하는 것도 방법이다.

스타트업의 속성을 와이콤비네이터Y Combinator의 폴 그레이엄 Paul Graham은 "매우 빠르게 성장하는 기업"이라고 했고 클레이튼 크리스텐슨Clayton Christensen 교수는 기존 시장을 흔들면서 판을 새로 짜는 "파괴적 혁신"이라고 했다. 둘의 의견을 합쳐보면 파괴적 혁신 아이디어를 찾아낸 창업자가 과감한 투자자들 덕택에 수익에 연연하지 않고 외부 자금으로 좋은 선수들을 규합해 빠르게 성장하는 것이 스타트업이다.

망할 가능성과 대박 가능성만 있는 것은 아니다

스타트업의 성공 가능성을 누가 묻는다면 굿 뉴스와 배드 뉴스가 있다고 말한다. 배드 뉴스는 스타트업이 망할 가능성이 너무 커서 열에 하나나 성공할까 싶다는 것이다. 그리고 굿 뉴스는 네이버, 셀트리온, 미국의 빅테크 기업들(메타, 아마존, 애플, 넷플릭스, 구글, 엔비디아)처럼 요즘 잘나가는 세계적 기업들이 모두 스타트업 출신이라는 것이다.

긍정적인 면부터 들여다보자. 과거 1980년대에는 일본 대기업들이, 2000년대에는 중국 공기업들이 시가총액 기준으로 세계 기업 순위의 선두권을 차지했다. 그러다가 10년 전부터 업력이 십수년에 불과한 미국과 중국의 스타트업 출신 기업들이 그 자리를 꿰찼다. 우리나라도 사정이 비슷해서 2020년 기업 순위 상위 10위권 내에 스타트업 출신인 네이버, 카카오, 셀트리온이 진입했다. 뉴욕 증시로 방향을 튼 쿠팡이 국내 상장을 했다면 2024년 11월 말 기준으로 5위권이다. 넥슨과 배달의민족도 국내 상장을 했다면 크래프톤, 하이브와 함께 시총 20~50위 반열에 올랐을 것이다. 디지털 기술 기반의 신산업 스타트업들이 제조업 기반의 전통적인 대기업을 밀어내는 현상은 우리나라에서도 진행 중이다.

'스타트업은 열 개 중에 하나 살아남는다.'라는 도시 전설을 만든 곳은 미국의 중소기업협회SBA, Small Business Association라는 공공기관 같다. 우리나라로 치면 중소벤처기업부랑 비슷하다던데 예산이 8,000억 원이라니 우리보다 20분에 1밖에 안 된다. 미국의 중소기업협회는 우리의 기술보증기금이나 신용보증기금처럼 대출 보증도 해준다. 예전에 미국에서 호텔 사업을 할 때 미국의 중소기업협회 대출을 받은 적이 있었다. 금리가 좀 높았지만 까다롭게 안 굴고 웬만하면 해주는 너그럽던 곳으로 기억한다.

2019년 미국 중소기업협회는 500인 이하 소기업의 경우, 창업 첫해에 21.5%, 2년 차에 30%, 5년 차에 50%, 10년 차에 70%가 망해서 결국 10년 뒤에 8.2%만 남는다는 통계를 발표했다. 리포트를 찾아 읽어보니 미국 중소기업협회가 소상공인을 주로 지원하는 곳이고 망한 업종으로 식료품 가게, 트럭 회사, 배관 에어컨 업체, 투자 자문회사를 드는 것으로 보건대 일반 창업 통계를 스타트업 자료로 쓰는 것은 적절하지 않은 것 같다. 소상공인의 삶은 미국도 팍팍해 보인다.

미국 벤처캐피털 협회의 자료를 인용한 2012년 9월 20일자 『월스트리트저널』 기사는 투자유치에 성공했던 스타트업의 30~40%

가 투자자 몫을 전혀 못 돌려줄 정도로 쫄딱 망한다고 썼다. 투자 원금이라도 갚는 스타트업은 30~40%가량 된단다. 그러니까 투자자들이 고르고 골라 투자한다고 해도 열 개 가운데 한두 개의 대박으로 나머지 투자의 손실을 메우는 셈이다. 그래서 투자자 관점에서 스타트업 투자 성공이 열에 두 곳이라 말하는 것 같다.

그러나 일반 창업자 관점에서는 투자금조차 못 돌려준 30~40%만 망했다. 투자 원금이라도 반납한 회사들은 대박의 꿈은 어려워도 중소기업으로서 명맥을 유지하며 사업을 계속 이어나간다고 볼 수 있다. 그래서 일단 벤처캐피털 투자를 받은 스타트업이라면 망할 확률이 40% 이하로 낮아진다.

세상이 빠르게 변할 때 작은 신생기업에 기회가 있다

자기계발서 저자들이 뭐라고 약을 팔든 솔직히 삶의 질을 결정하는 요인들은 개인의 후천적 노력과 큰 관련이 없다. 인종, 성별, 성정체성, 장애, 외모, 사회적 신분 등 태어난 순간에 큰 줄기가 정해진다. 선진국에서 '차별금지법'으로 소수자의 인권을 지키는 이유는 태어날 때 뽑기 운이 없었던 이들을 보호하기 위해서다.

태어날 때 신분이 정해지는 과거와 달리 요즘 같은 세상에는 무엇이든 될 수 있다고 말하는 사람도 있다. 그런데 그런 글을 쓰는 사람도 글을 쓸 만한 높은 지능과 좋은 교육 환경을 물려받은 덕택에 책이라도 쓰고 강의로 먹고산다. 부모의 학력과 자녀의 성취 사이에 높은 상관관계가 '있었었다'고 말하면 좋겠으나 현실은 '있어왔고 앞으로도 그럴 것이다'가 더 정직한 진술이다.

개인 차원의 노력이 무의미하다는 뜻은 전혀 아니다. 노력은 여전히 성공과 높은 상관관계를 지녔다. 일단 태어난 이후에 시도할 수 있는 몇 안 되는 선택 가운데 하나다. 그런데 노력보다 더 중요한 것은 삶의 방향성을 찾는 작업이다. 세상의 변화를 읽어서 유망하거나 유망까지는 안 되더라도 사양길에 접어들지 않을 직종과 업종을 골라야 한다. 게다가 당신이 살아야 할 인생이니까 본인의 장단점을 살펴서 정해야 한다. 부모나 텔레비전에 나오는 방송인들에게 맡기면 안 된다. 지금 젊은 세대들에게 주어진 기회는 스타트업이다. 여러분의 부모 세대라 할 베이비붐 세대는 안정된 직장과 부동산 가격의 상승이 있었다. 할아버지 세대들에게는 전쟁으로 산업 기반이 망가져 뭐든지 만들면 팔리던 제조업의 기회가 있었다. 세상이 아날로그에서 디지털로, 디지털에서 인공지능으로 재편되는 시대를 사는 2030이라면 스타트업에서 기회를 찾아야 한다.

스마트폰이 촉발한 디지털 혁명은 전 산업 분야에서 디지털 트랜스포메이션을 가져왔고 현재 진행 중이다. 기존 사업자의 저항이 미미했던 유통 커머스와 물류가 먼저 변했고 완강하게 버티는 자동차, 의료, 법률 산업은 천천히 변할 것이다. 사회 경제 구조를 인공지능과 빅데이터, 고속 인터넷망 그리고 디지털 기술을 이용해 편리하게, 저렴하게, 또는 아름답게 바꾸는 작업이 진행 중이며 그 작업을 스타트업이 주도하고 있다.

세상이 어수선하고 빠르게 변할 때 작은 신생기업에 기회가 있다. 지금은 생산수단으로써 인간 능력이 경쟁력을 잃었고 그 자리를 인공지능이 대체하는 큰 변화의 시기다. 당신이 스타트업 업계에 종사하고 있다면 시대에 맞게 살고 있는 것이다. 재무적으로 어려운 회사에 있다면 탄탄한 회사로 옮기면 되고, 창업할 동지를 찾는다면 공동창업자가 된다. 아니면 공동창업자를 하는 선배를 따라 초기 멤버로 옮기는 선택지도 있다. 모든 사람이 무리해서 창업자가 될 수도 없고 그럴 필요도 없다. 스타트업에는 다양한 직군과 역할이 있기에 좋은 평판을 유지하고 성과를 내고 있으면 기회가 올 것이다.

스타트업 HR의 작은 차이가 몇조 원짜리 회사를 만든다

2030에게 스타트업을 권하는 데는 크게 다섯 가지 이유를 꼽을 수 있다.

첫째는 성공해서 부자가 될 가능성이 크다. 성공한 로켓에 탔던 순서에 따라 큰 부자, 작은 부자, 배는 안 곯는 정도 등으로 나뉠 것이다. 하지만 적어도 자기가 아는 사람 가운데 큰 부자들이 많으면 2차, 3차 기회가 계속 주어지기 때문에 이 업계에 머물면 가능성이 늘 열려 있다.

둘째는 자기 주도적인 삶이 가능하다. 공채로 뽑아 HR에서 임의 배치하는 대기업 직원이 자기가 원하는 일을 받게 될 가능성보다 스타트업 임직원이 자기가 원하는 직무를 수행할 가능성이 당연히 크다. 더 중요한 것은 직무 수행 과정에서 이래라저래라 잔소리를 들을 가능성도 스타트업에서는 별로 높지 않다.

셋째로 창업가의 삶은 힘들지만 파워풀하다. 사람들의 관심을 받고 직원들을 지휘할 수 있다. 창업자 중에는 이런 '사장 놀이'를 너무 즐긴다는 혹평을 받는 이들까지 있다.

넷째로 스타트업은 성공과 실패의 승부가 다른 어느 곳보다 빠르게 나기 때문에 하루하루가 다이내믹하고 재미있다. 일을 많이 하니까 결과와 무관히 많이 배울 수 있어서 스타트업 영역에서 재취업이 쉽고 성과를 냈다면 대기업으로 전직도 가능하다.

다섯째가 이 책을 쓰게 된 계기인데 스타트업은 조직문화가 기존 회사의 수직적 위계 체제를 답습하지 않아 직원을 존중한다. 대한민국의 재벌 계열 대기업들은 정부가 산업구조라는 큰 틀을 짤 때 사장단이나 대주주 차원에서 얻어내는 허가 사업을 주로 했다. 과거에 불경기가 심하면 산업구조 조정을 명분으로 정부가 대기업의 사업권을 빼앗아다 다른 기업에 넘기는 일도 있었다. 대기업은 위에서 중요한 역할을 하고 직원들을 주로 손과 발로 쓰기 때문에 누구를 뽑아도 별 차이가 없다. 대졸자 공채를 몇천 명씩 한다는 말은 일정 기준만 통과하면 개인 간의 차이는 무시할 수준이라는 의미다.

반면 스타트업은 직원들의 아이디어와 직무몰입에 사활이 걸려 있다. 좋은 조직문화를 제공하지 않는다면 아무 자원도 없는 스타트업에 누구도 붙어 있지 않기에 사람을 대하는 태도에 진심이 들어 있다. 이 작은 차이가 '스타트업 HR'을 기존 산업사회 시절의 대기업 HR과 구별 짓는다. 그 작은 차이 덕택에 청년들이 모여 몇 조 원짜리 회사를 만들어낸다.

2

창업자가 넘어야 할 고개들

"창업가를 가장 힘들게 하는 것은 무엇일까?"

이 질문에 쉽게 떠오르는 답은 자금 부족이다. 돈이 돌지 않으면 회사를 접어야 하니 돈은 확실히 중요하다. 코로나19 직후 버블시기에는 성공적인 엑시트 경력이 있는 선수들이 팀을 만들면 무슨 '바닥 권리금'처럼 초기 가치평가가 100억~200억 원에 달했다. 하지만 그건 일반적이지 않은 사람들이 잠깐 예외적인 상황을 만든 것이고 창업자라면 누구나 돈 구하러 다니는 스트레스를 겪는다. 투자회사도 은행과 비슷해서 돈이 당장 간절히 필요한 회사보다는 필요하지 않은 사람에게 주고 싶어 한다. 그래서 펀딩하기에 가장 좋은 시기는 돈이 당장 필요하지 않을 때다.

경쟁력을 지닌 비즈니스 모델을 구축하는 것도 큰 도전이다. 설문조사를 해보면 스타트업이 망하는 원인 1위가 시장이 원하지 않는 제품(서비스)을 만들었기 때문이다. 아이디어 수준일 때 물어보면 다들 괜찮다고 해서 창업했는데 돈 내고 살 고객을 만나지 못하는 경우다. 처음 생각했던 아이디어를 제품화하는 데 실패했을 수도 있고 포커스그룹을 잘못 만들었을 수도 있다. 고객의 문제를 해결하는 게 스타트업인데 해법이 있으면 좋고 없어도 크게 아쉽지 않은 '가짜 문제'에 낚이는 경우가 가장 일반적이다.

마케팅이나 영업력이 부족해서 실패하기도 한다. 제휴할 사업 파트너를 찾으면 쉽게 풀릴 일인데 다들 너무 젊다 보니 인적 네트워크가 부족하고 그것이 원인이 돼 힘들게 힘들게 가다가 주저앉기도 한다. 때로는 개발자를 못 구해 한 1년 하다가 접는 팀들도 있다. 외주를 줘서 만든 사이트를 들고 각종 경진대회 같은 곳에 나와 발표하는 팀들이다. 그런데 투자자들은 개발자가 없으면 아예 만나주질 않는다. 그 결과로 자금 유치가 안 돼 흐지부지되는 경우가 많다.

학생 때와 달라서 사회에서 문제를 푸는 방법은 문제를 장시간 깊게 들여다보는 것이 아니다. 잘하는 집들은 어떻게 하는지 찾아가 물어보고 아이디어를 얻는 게 빠르다. 만약 문제가 처음부터 있던 게 아니라면 문제가 없던 시절은 어땠는지를 떠올리거나 문제가 시작된 시점에 무슨 사건이 일어났는지를 돌아본다. 특히 사람과 관련된 일이라면 그 친구는 '원래 그런 애'라고 생각하지 말고 어떨 때 안 그런지 '예외 상황'을 떠올려보는 것이 도움이 된다. 갑자기 투구 동작이 흐트러지면서 제구력을 잃게 된 투수라면 예전에 잘 던지던 시절에 찍어둔 동영상을 봐야지 지금 망가진 동작을 아무리 들여다본다고 해서 답을 찾지는 못한다.

비즈니스 문제는 다양해도 답은 항상 사람이다

창업자가 겪는 다양한 문제들이 원인은 다 달랐겠지만 해법은 '사람'에 있다. 다양한 문제에 대응 가능한 역량을 지닌 선수들로 팀을 짜고 주도하게 하면 된다. 모든 창업자는 리더다. 리더는 구성원들을 한 방향으로 이끌면서 각자 혼자서는 하지 못했을 일들을 함께 모여 이루어내도록 만드는 사람이다. 만약 창업자가 자금 유치를 주도할 자신이 없다면 공동대표로 최고재무책임자CFO 재목을 영입한다. 그럴 능력이 있는 사람을 알고 있지만 초기 스타트업이라 안 올 것 같으면 주주나 파트너, 멘토, 고문 뭐 호칭이야 뭐라고 부르든 적절하게 보상할 요량으로 확보한다. 스타트업은 본질적으로 사업이고 사업은 돈을 벌기 위해 하는 것이니 우선 부탁하고 나중에 보상하면 된다.

직장 경력이 있는 창업자 가운데 다양한 직종을 경험해서 웬만한 일은 본인이 직접 처리하는 사람도 있다. 그렇다고 해도 회사를 막 시작하는 단계를 제외하고, 창업자가 회사 내에서 그 업무를 가장 잘하는 사람이어서는 곤란하다. 창업한 뒤에는 초창기부터 본인의 전문 분야를 더 강화하는 데 시간을 들이려 하지 말고 리더가 되는 연습을 먼저 해야 한다. 인간에 대한 이해도가 낮은 창업자는 스타트업을 성공시키지 못한다. 성공이 주는 보상을 동료들과 나누겠다는 마음이 있는 창업자도 있고 없는 창업자도 있다. 그건 가치관의 차이라기보다는 지능의 문제 같다. 어떻게 해야 직원들이 자발적으로 문제 해결에 나설지 이해하지 못한다면 성공할 기회는 없다.

'상사를 신뢰한다'가 모든 선순환의 첫 단추다

직장 상사를 신뢰한다trust는 것은 어떤 의미일까? 직원 입장에서 본 신뢰의 정의는 상사가 본인의 이해관계를 떠나 직원에게 도움 되는 방식으로 행동할 거라는 믿음이다. 실제 상황에서는 상사가 주는 '단기적 불이익'을 어느 정도까지 감당할 수 있는가로 측정할 수 있다. 그러니까 보상이라든가 직무 배정 시 하급자가 달가워하지 않는 상황을 만들었을 때 상사에 대한 신뢰가 있다면 견디는 것이다. 그 신뢰가 없다면 떠나든지 들이받든지 아니면 뒷말을 할 것이다.

조직심리학 관점에서 보는 상사에 대한 신뢰는 선순환을 불러오는 첫 단추다. 학자들은 상사에 대한 신뢰가 직접적으로 또는 분배공정성이나 절차공정성 같은 중간 과정을 통해 구성원들의 직무만족에 기여한다고 본다. 상사에 대한 신뢰는 또한 조직몰입과 구성원의 직무성과에도 영향을 끼치는 중요한 요인이다. 상사에 대한 신뢰를 측정하는 표준 설문은 일곱 가지 질문으로 구성되며 '능력' '정직' '온정' '공정' 등을 본다. 이 가운데 '정직'과 '공정' 같은 도덕적 가치가 점점 중요해지고 있다. 이는 사회가 더 투명해지기를 요구하는 MZ세대의 사회 진출과 관련이 있다. 창업자 대표가 회사의 최종 의사결정권자라는 면에서 상사에 대한 신뢰 요인과 함께 조직공정성을 갖추는 방법도 알아볼 필요가 있다.

직무만족에 영향을 끼치는 조직공정성은 크게 분배공정성과 절차공정성으로 나눌 수 있다. 분배공정성은 말 뜻 그대로 내가 다른 사람과 비교해 제대로 보상을 받는가의 인식이다. 절차공정성은 보상의 룰을 정하는 과정이 공정한가를 논하는 것이다. 둘을 비교하면 연봉제 아래에서 동료가 얼마를 받는지 공식적으로 모르게 돼 있고, 누구의 기여도가 더 큰가를 따지는 것이 모호한 점이 있기에 분배공정성의 영향은 제한적이다. 대신 절차공정성은 공개된 제도를 논하는 것이라 따지기도 좋고 결과적으로 조직몰입에 영향을 끼친다. IT 스타트업들이 굳이 타운홀 미팅을 해가며 예전 같으면 임원들끼리 뚝딱 정하고 벽보에 붙이면 끝날 일들을 시시콜콜 설명하고 의견을 청취하는 이유가 절차적 공정성과 관련이 있다.

참고로 미국 예일대학교 로스쿨의 톰 타일러Tom Tyler 교수는 법률적 절차공정성의 요소를 아래 일곱 가지로 정리했다.

1. 조직이 공정하려는 자세를 보이는지 여부
2. 조직의 정직성
3. 조직의 윤리규정 준수 수준
4. 직원들에게 주어지는 기회
5. 조직이 내린 결정의 질적 수준
6. 오류를 바로잡는 기회
7. 편향되지 않는 태도

기업은 법을 집행하는 기관이 아니니 이 일곱 가지 요소를 다 적용할 것은 아니다. 하지만 질차공정성을 확보하는 확실한 기준을 먼저 알고 구현 가능한 것부터 도입하라는 의미로 옮겨본다.

지혜로운 창업자는 불확실성을 다룰 줄 안다

직원 입장에서 최고의 리더는 함께하는 동안 많이 배울 수 있고 재무적으로 풍족하게 해주면서 스마트하게 일해서 삽질을 안 하게 만드는 사람이다. 이런 부류를 지혜로운 리더라 볼 수 있다. 인간성이나 개인적인 감정은 다 필요 없고 합리적이고 공정해 동료의 존경을 받는다. 이 책을 읽어나가다 보면 일 잘하는 사람을 뽑는 요령이나 직원들이 장기 근속하도록 보상 체계를 짜는 법 같은 기술적인 내용이 있는데 솔직히 다 부차적인 이야기다. 스타트업에서 가장 중요한 존재는 창업자다. 창업자가 누구인가, 어떤 사람인가가 거의 모든 것을 결정한다. 초기 스타트업에는 그 정도로 매력적인 뛰어난 창업자가 드무니까 HR 실무에서 여러 장치를 준비하고 매력적인 조직문화를 만들어 홍보하는 것이다.

지혜 연구로 유명한 막스플랑크연구소의 책임자였던 파울 발테스Paul Baltes는 지혜를 '삶의 근본적인 실천 방식에 관한 전문 지식'으로 정의했다. 동양에서 지혜는 고령자의 전유물처럼 받아들여진다. 이와 달리 서양에서 지혜는 '전문지식'으로 나이가 들수록 축적에 유리하지만 나이가 든다고 저절로 지혜로워지지 않는다. 내가 이 서양식 지혜를 배운 곳은 캘리포니아주립대학원 롱비치 캠퍼스의 '노인학' 수업이었다. 그때 이미 40대 후반이었고 한국과 미국에서 두 번 창업했다. 큰돈은 못 벌었어도 망하지 않고 잘 매각한 경험이 있어서 나름 세상의 어려움은 대충 알 만한 나이였다. 창업자에게 지혜를 권하는 자기계발서를 읽은 적은 없지만 내가 보기에 창업자만큼 지혜가 요구되는 직업이 없다. 회사원 시절의 앙상한 멘탈과 세상에 대한 낮은 이해도만 가지고 창업자가 된다면 동료들에게도 민폐고 본인도 매우 힘들기 때문이다.

막스플랑크연구소의 '베를린 지혜 패러다임BWP, Berlin Wisdom Paradigm'은 지혜를 다섯 가지 항목으로 나눈다. 그리고 이 다섯 가지 항목을 갖춘 사람이 지혜롭다고 말한다.

베를린 지혜 패러다임

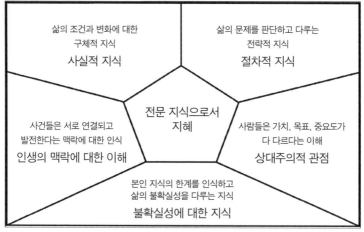

지혜롭게 되려면 기본적으로 지식도 많아야 할 것 같기에 앞의 두 항목은 상식적이다. 그런데 일반인들이 사실적 지식에 편향된 데 비해 지혜의 영역에서는 절차적 지식을 따로 분리해내어 강조한다. 대표라면 협업툴, 아이디어 사업화, 그로스해킹, 펀딩, 면담, 직원 코칭에 대한 지식도 필요하지만 갈등 상황에 놓인 C레벨 동료들을 협업하게 만드는 방법도 알아야 하고 투자자가 원하는 방식의 언어와 피칭 방법도 익혀야 한다.

인생이 맥락으로 연결되어 길게 가는 거라는 걸 안다면 사업을 핑계로 가정 대소사를 등한시하거나 무리하게 인맥 관리에 집중하지 않는다. 가정의 지지를 잃으면 사업도 흔들린다. 인맥은 인위적으로 만드는 게 아니라 본인 주변 사람을 배려하며 살다 보면 그 결과로 생겨난다. 좋은 사람을 채용하려면 다양한 채널로 알려야 하고, 회사 이미지도 좋아야 하고, 면접관들도 프로페셔널하게 보여야 한다. 대표 마음이 급해 대충 준비하고 쉽게 뽑으면 나중에 어려움이 찾아온다는 것도 맥락과 관련된 교훈이다. 상대주의를 이해하지 못한다면 왜 직원들은 대표만큼 열심히 일하지 않는지 섭섭한 마음이 든다.

지혜의 다섯 가지 항목 가운데 스타트업 창업자와 가장 관계가 높은 것은 불확실성을 다루는 방법을 익히는 것이다. 인간은 불확실한 상황을 제어하지 못한다. 제어할 수 있다면 불확실성이라는 단어를 쓸 필요가 없을 것이다. 불확실성을 다루는 방법은 그 생각을 하지 않는 것이다. 불확실성을 놓고 인지와 시간을 낭비하는 단적인 예가 월드컵 조별 리그에서 골 득실을 계산하는 기사 같은 것이다. 스포츠는 자기와의 싸움이다. 최선을 다하고 결과를 받아들이고 다시 기회가 온다면 또 최선을 다하는 것이다. 사업도 그런 면에서 같다. 세상 부질없는 자들이 골 득실 계산하는 인간들이다. 그들은 어차피 구경꾼이니까 시간이 남아서 그러는 것이고 경기를 뛰는 선수인 창업자들은 그런 거 안 해야 한다.

사업성이 있을지, 타이밍에 맞춰 펀딩이 될지, 합류하겠다고 말했던 옛 동료가 정말 할지 누가 알 것인가? 캐묻는다고 바뀌는 것도 아니고 안달하는 모습을 보이면 더 가능성이 낮아지는 카타스트로피 이론Catastrophe theory, 종말과 파국의 이론 영역이다. 더구나 우리나라는 예측 불가능한 상황을 견디는 정도를 보여주는 호프스테드의 불확실성 회피 지수Hofstede's Uncertainty Avoidance에서 불안 수준이 높은 사회에 속한다. 우리가 매사에 바쁘고 공격적이며 사람을 만나면 학번부터 캐묻는 것은 불확실성을 못 견디는 높은 불안 수준이 원인이다. 스타트업은 창업을 모의하러 모인 순간인 A부터 매각해서 돈이 들어오는 Z까지 불확실성의 연속이다. 최종 의사결정권자인 리더가 불확실성을 다루지 못해 불안해하면 조직이 흔들리고 부서장들이 이탈한다.

지혜는 인간을 성숙하게 만들고 주변인들은 물론 창업자 본인의 스트레스도 낮춘다. 창업자들에게 지혜를 권하는 까닭은 내공을 쌓아 동료들 앞에서 감정의 동요를 보이지 않는 흰 수염의 도사가 되라는 뜻이 아니다. 세상을 굴리는 알고리즘을 이해하라는 뜻이다. 어떤 시도든 결과를 100% 보장한다는 것은 인간계의 이치가 아니다. 성공과 실패에는 동료들의 노력보다 타이밍이나 상대방 의사결정권자의 사정이 더 크게 작용할 때가 많다. 그 의사결정권자 또한 그만의 사정이 있다. 그러니까 앞에서 설명한 지혜의 각 영역을 이해하고 동료들을 대한다면 무리한 요구를 하지 않게 된다. 관계란 서로에게 바라는 게 많으면 쉽게 섭섭해지고 작은 사건에도 쉽게 망가진다. 스타트업은 단기전이 아니기 때문에 그래서는 좋은 결과를 얻지 못한다. 최선을 다하되 결과에 흔쾌히 승복하며 다시 새로운 방식으로 도전하는 팀이 돼야 한다. 그렇게 성장하면서 미래에 더 나은 결과를 가져올 수도 있다는 희망을 품는다.

한 조직의 리더가 삶을 바라보는 철학이 빈곤하고 지혜가 얇다면 그의 삶은 앙상할 것이고 사소한 일에 휘둘리게 된다. 그런 사람을 보스로 믿고 따를 사람이 있을지 모르겠다. 보스의 행동을 보며 그가 어떤 수준의 사람일지 파악하는 것은 그리 어렵지 않기 때문이다.

3

스타트업 HR의 특징

스타트업은 업력이 짧을지라도 엄연한 회사다. 제품이나 서비스를 만들어 매출을 일으키고 세금을 내는 등 일반 기업과 유사하게 운영되는 부분이 있다. 그러나 인사관리 면에서는 기존 기업과 다른 부분이 두드러지는데 그 차이점을 이해하지 못하면 인재 확보 경쟁에서 밀리게 된다. 이는 낮은 생산성으로 이어져 결국 기업의 경쟁우위를 상실한다.

스타트업 HR이 다른 것은 우리나라만의 현상이 아니다. 스타트업의 산실인 미국 서부의 IT 업계를 봐도 기존 미국 대기업들과 매우 다르다. 전 세계의 제조기업들이 서로 비슷하듯이 스타트업도 국적을 불문하고 유사성을 띤다. 스타트업이 기존 기업과 다르다는 것이 가장 잘 드러나는 분야가 채용 전략, 보상체계, 의사결성 방식 같은 HR 부문이다. 그 이유는 스타트업이 직원의 창의성과 역량 활용에 기반하여 시장 변화를 추구하기 때문이다.

직무 역량을 갖춘 상태로 들어가야 한다

대기업에 입사하는 직원을 상상해보자. 신입이든 경력직이든 새로 들어오는 직원에게 시킬 직무가 무엇인지 최소한 해당 부서원들은 모두 알고 있다. 그 직원의 직무훈련을 도와줄 선배 사원을 구하는 것도 어렵지 않다. 그 업무를 해본 선배들이 여럿 있기 때문이다. 기존 기업들은 매년 하던 사업을 올해도 반복할 가능성이 크며 직원들의 역할도 오퍼레이터operator에 가깝지 새로 무엇인가를 만들어내는 크리에이터creator로 보기 어렵다. 최근 변화의 바람이 불기는 하지만 전통적으로 대기업은 매년 수만 명을 공채로 뽑아 다양한 부서에 임의 배치해왔다. 그래도 별문제가 안 생기는 이유가 대부분 매뉴얼만 익히면 할 수 있는 업무이기 때문이다.

초기 스타트업에도 새로 온 직원을 가르쳐주기로 지정된 이가 있기는 하다. 그러나 어느 폴더에 어떤 정보가 있다든가 협업 방식 정도를 가르쳐줄 뿐이다. 일을 어떻게 풀어나갈지 설명해줄 선배가 없는 경우가 더 많다. 기존 직원들 가운데 아무도 해본 사람이 없어서 새로 뽑은 것이다. 스타트업에는 직무 역량을 갖춘 상태로 들어가야 한다. 만약 경력자로 입사해놓고 몇 달 뒤에 어떻게 일을 풀어나가야 할지 모르겠다고 하면 다들 난감해진다. 회사 내에 담당자보다 해당 직무를 더 잘 아는 사람이 없으니까 그런 거다. 하지만 만약 누군가 있었다면 그 또한 인력배치 차원에서는 중복된 자원으로 생기는 낭비일 수 있다.

스타트업의 채용은 신규 인력에게 입사 후 6개월 동안 어떤 업무를 맡길지 정한 상태에서 그 업무를 정확하게 할 줄 아는 사람을 뽑는 과정이다. 6개월 이후에 그가 뭘 하게 될지 장담할 사람은 아무도 없다. 혼자 공부해서 성장할 수 있는 사람을 뽑아야 하니 호기심과 학습 능력을 가장 중요하게 본다.

스타트업에서는 특정 직군을 채용할 때 기존 구성원 가운데 아무도 그 직무를 이해하지 못하는 때도 있다. 대학원 연구실 선후배가 의기투합해 창업했는데 인사, 영업, 마케팅, 사용자경험ux, 디자인, 고객서비스cs 담당을 무슨 기준으로 채용하겠는가? 한 가지 팁을 주자면 이렇다. 선후배 회사의 담당 부서장을 화상 실무 면접관으로 모시고 그가 하는 질문들을 녹화해서 다시 보며 연습하는 것이다.

스타트업에서는 새로운 것을 만들어볼 수 있다

펀딩에 성공한 어느 스타트업의 직원 숫자가 연초 20명에서 연말에 50명으로 증가하는 것은 그리 놀랄 일이 아니다. 부서장들이 요청했던 숫자를 다 뽑았다면 80명이어야 하는데 적임자를 찾지 못해 재직 중인 50명을 갈아 넣고 있을지도 모른다. 그런 상황이라면 직원의 연초 업무량과 연말 업무량이 같을 리가 없고 업무 범위도 확대되어 있을 것이다. 스타트업의 1년은 신규 사업이 두 번 엎어지고 세 번째 성공하는 것을 볼 수 있을 정도로 긴 시간이다.

성장 동력을 잃어 추락하는 일도 자주 그리고 빠르게 진행된다. 초중기 스타트업은 매출이 아예 없거나 있다 해도 미미하다. 대표가 정기적으로 자금 유치 활동을 해야 한다. 그런데 지난번 투자유치 과정에서 투자자들에게 했던 약속을 투자금을 다 소진할 때까지 달성하지 못했을 때가 문제다.

예를 들어 기존 고객이 급격히 빠져나가는데 신규 고객을 불러들일 다음 서비스 개발이 지연되거나, 다음 서비스를 개발했다고 해도 고객 유입이 기대에 못 미치거나, 내분이 일어나 공동창업자가 퇴사하는 상황이 발생했다고 하자. 상황이 너무 안 좋으면 투자자와 상의하고 정리 수순으로 들어간다. 이 바닥을 완전히 떠날 건 아니고 다시 모여 후일을 도모해야 하니 선후배를 찾아가서 직원 채용을 부탁하고 핵심 인재 몇 명에게는 "형이 돈 구해올 테니 잠시 쉬고 있어."라고 말하며 사재라도 풀어 챙긴다.

초기 스타트업의 재무적 불안정성은 신규 인력이 스타트업 업계로 유입되는 데 장애가 된다. HR에서는 이들에게 두 가지 메시지를 제시한다. 첫째는 스타트업 업계는 새로운 직장을 찾는 것이 어렵지 않다는 메시지다. 실제로 스타트업 업계는 언제나 특정 분야 인력에 대해 구인난을 겪고 있다. 현재는 인공지능 활용 능력을 지닌 인력이고 한때는 그로스해킹 전문가를 구하기 어려웠다. 따라서 비록 당신이 선택했던 특정 스타트업이 어려워진다고 해도 새로운 직장을 찾는 것은 전혀 어렵지 않다. 그때는 업계에 대한 지식과 경험이 쌓인 다음이라 성공 가능성이 더 큰 스타트업을 잡을 수 있다. 둘째는 시키는 일만 하는 대기업보다 스타트업에서 새로운 걸 만드는 재미를 느껴보라는 메시지다.

스타트업에서 "나중에 잘해줄게"는 통하지 않는다

오래된 회사들을 보면 근로자들의 기여도와 보상이 일치하지 않는 것이 일종의 관행처럼 이어졌다. 평생을 다녔다면 총 기여도와 총 보상이 대충 맞는데 시기별로 보면 균형을 잃을 정도로 안 맞는 경우가 많다. 기여도와 보상의 불일치가 생기게 된 뿌리는 근속기간에 비례해 급여가 올라가는 연공급 제도다. 이제는 거의 모든 민간 기업들이 직무급과 성과급이 혼합된 연봉제로 바뀌었음에도 여전히 나이가 많으면 보상도 같이 올라간다. 근속기간이 길면 조직에 대한 충성심이나 숙련도 같은 장점이 있지만 일 처리 속도처럼 감소하는 것도 있다. 나이가 많으면 지출도 늘어나니 더 줘야 하지 않을까 싶은 생계급 관점의 보상 체계는 스타트업에는 해당하지 않는다.

대기업 신입의 성장 과정을 보자. 좀 빠른 친구들은 3개월, 늦되면 9개월, 평균 잡아 반년가량은 교육 훈련 비용이 조직 기여도보다 더 든다. 그리고 2년 차 정도부터 5년 차 사이에 조직의 에이스로 성장할 유망주가 등장하고 그렇지 않다고 해도 다들 실력이 빠르게 다져진다. 급여를 매년 10~20%씩 올려줘도 이 무렵의 성장 속도에 비하면 아무것도 아니다. 졸업 후 10년 차쯤 되면 비슷한 연배라 해도 두 배 이상의 성과 차이가 난다. 그러나 그만큼 급여를 차별해서 주는 일반 기업은 없을 것이다. 그래도 언젠가 임원도 될 수 있고 대기업 직원이라는 자부심도 있다 보니 일 못하는 선배들 수발을 들어가면서 견디는 것이 일반적이다. 즉 일반 기업의 보상은 길게 보았을 때 회사가 손해 볼 때도 있고 개인이 손해 보기도 하면서 대충 맞추는 구조였다.

초기 스타트업에서 그렇게 장기 계획을 세우고 사는 직원은 거의 없다. 스타트업 직원은 젊었을 때 열심히 일해서 잘되면 스톡옵션(주식 매수 선택권)으로 목돈을 만지고 안 되면 좋은 사람들을 만나 창업팀을 꾸리고 싶어서 온다. 그러니까 "나중에 잘해줄게."라는 흰소리는 통하지 않는다. 회사에 꼭 필요한 사람이라면 펀딩할 때마다 옵션을 챙겨주고 월급도 섭섭지 않게 올려줘야 한다. 용병부대에서 만난 사이에 나이나 직급을 들먹이며 형평성 운운하는 것은 옹색한 변명이며 더 나아가 직무몰입도를 떨어뜨리는 원인이다. 회사 차원에서도 인맥을 관리해가며 장기전을 펴는 직원보다는 맡은 역할을 잘해 내고 회사의 성장에 발맞춰 성장하는 직원이 필요하다.

부서의 벽이 낮고 수시로 변경하여 효율을 높인다

스타트업을 정의하는 기준은 투자 여부이지만 직원들이 갖는 정체성에는 기업의 빠른 성장 속도나 업에 대한 접근 방식이 들어 있다. 기존 대기업에는 부서 사이에 견고한 벽이 존재한다. 대기업에서 새로 부여되는 직무가 누구의 일인지 위에서 아직 정리를 안 해주고 모호한 상태일 때 손 들고 얼른 집어가는 행동은 눈총을 부른다. 그러나 초기 스타트업이라면 누구도 문제시하지 않을 뿐 아니라 권장될 가능성이 크다. 회사 입장에서 보면 주도적인 누군가가 문제를 집어가서 해결하면 되는 거지, 특정 부서장이 자기 업무 영역을 사수하는 데서는 어떤 실익도 발생하지 않는다. 이런 문제로 최고운영책임자COO에게 따져봐야 "그럼 당신이 빨리 집어가든가." 라는 핀잔밖에는 돌아오지 않을 것이다.

스타트업에도 부서라는 구별은 있으나 벽돌로 쌓은 것이 아니고 짚으로 얼기설기 엮은 것이다. 직원이 20명만 넘어가도 1인 2역은 면하고 50명 정도 되면 한 번 맡은 직무가 최소 6개월은 유지된다. 그러나 15인 이하의 초기 스타트업이라면 누구라도 1인다역을 해야 하기에 본인의 직책이 무엇인지 제대로 규정할 수 있는 사람은 몇 안 되고 부서의 벽도 낮으며 프로젝트 중심 또는 교차기능cross function 방식으로 일한다.

그러다 보니 회사가 성장하면서 일반 기업처럼 유사 업무를 하는 직원들을 한 부서에 모아놓고 부서장이 지휘하는 전통적인 방법을 추구하기도 하겠지만 스포티파이나 비바리퍼블리카처럼 각 사업 단위 내 모든 기능을 모아놓음으로써 자기 완결성을 추구하기도 한다. 과거 대기업들은 '태스크포스task force'라는 한시적인 조직을 구성해 신상품을 기획하거나 영업망을 구축한 뒤 기존 조직에 넘기는 방식을 썼다면 스타트업들은 늘 새로운 서비스와 상품을 만들어야 하므로 애자일 조직을 영구적으로 또는 한시적으로 고려한다.

어느 유명 콘텐츠 스타트업은 신규 서비스 개발과 안정화가 필요할 때는 교차기능팀을 유지하다가 급한 불을 끄고 나면 개발자들을 다시 개발팀으로 복귀시켜 소속감도 회복하고 개발 방법도 공유하도록 돕는다. 회사는 빠른 서비스 출시라는 목표를 달성하고 동시에 직원들의 이탈도 막는 두 가지 목표를 달성했다. HR 부서의 업무는 일반 기능 조직을 운영할 때보다 두 배로 증가했다.

초기 스타트업의 가치는 공동창업자들이 만든다

회사의 가치는 주로 어떤 유형의 자산에 들어 있을까? 기업회계 용어 가운데 청산가치와 존속가치가 있다. 이름만으로도 뜻이 와닿을 것이다. 청산가치가 높은 회사는 부동산이나 타 기업의 주식을 보유한 경우다. 존속가치가 높은 기업은 팔아서 빚잔치할 자산은 적지만 고객의 신뢰와 제품의 경쟁우위가 있기에 꾸준한 매출이 있고 이익이 나는 경우다. 청산가치보다 존속가치가 높다면 황금알을 낳는 거위처럼 계속 살려야 한다.

초기 스타트업의 가치는 공동창업자들이다. 초기에 펀딩 실패 등으로 어려움을 겪는 회사가 뛰어난 공동창업자와 개발자들을 확보하고 있다면 '인재인수acquihire' 대상이 된다. 진퇴양난에 빠진 창업자에게 회사를 깨버리고 개인적으로 입사하라는 얌체 기업도 흔하니 인재인수를 하는 회사는 훌륭한 셈이다. 스타트업 제품이 시장의 인정을 받아 그래프의 우상향 곡선을 타기 시작하면 투자금이 들어오고 고객, 거래 데이터베이스DB, 구축한 시스템이 있을 것이다. 고객의 선택을 받은 서비스라도 개발하고 운영하는 팀과 함께 거래될 때 제값을 받는다.

대기업도 인재를 중요시한다고 말은 한다. 그러나 그들의 사업 영역이 대부분 정부의 인허가와 관련 있고 사업자금도 정부의 입김이 좌지우지되는 은행 대출이다. 정부에 미운털이 박히거나 경제위기가 오면 '빅딜'이라며 사업권을 다른 재벌에 넘기는 구조조정을 당하기도 한다. 회사의 존망에 직원들의 기여가 결정적이지 않다 보니 극소수를 제외하고는 소모품 신세를 면하기 어렵다.

직원 개개인의 자유와 복지를 최대한 보장해준다

미국 IT 기업 직원들이 누리는 복지와 자유는 놀라운 수준이다. 구글은 직원이 50명일 때 전속 요리사를 고용했다. 시애틀 도심에 위치한 아마존 본사 로비에는 직원과 함께 출근하는 개를 위한 간식통이 늘 비치되어 있다. 워싱턴호수 건너편 마이크로소프트 본사에는 개를 데리고 출근하는 직원은 없지만 아이들과 함께 출근하는 경우가 많다. 개든 아이든 혼자 두고 오면 직원의 마음이 불편할 테니 근심거리를 하나라도 줄여주려는 취지다. 우리나라 스타트업들도 일반적으로 출퇴근 시간이라든가 근무 장소를 제한하지 않는다. 회사 인근 커피숍에서 부서 회의를 하기도 하고 내키면 종일 그곳에서 근무해도 된다. 코로나19로 생긴 현상이 아니라 그 이전부터 와이파이만 연결되면 어디서든 근무가 가능한 것이 스타트업 문화이다.

미국 IT 기업 임직원의 복장은 자유롭다. 스타트업 시절에만 그런 게 아니고 글로벌 랭킹에 올랐어도 여전히 자유롭다. 그들의 핵심 역량이 고객과의 관계가 아니라 첨단 기술임을 드러내는 것이다. 아래위를 같은 옷감으로 만든 정장single suit은 이제 변호사, 컨설턴트, 은행원, B2B 영업사원처럼 고객 앞에 나서야 하는 이들만 입는다. 팀이 함께 모여 결정하지만 나눠 맡은 부분은 본인 주도로 만든다는 자부심과 누구에게도 잘 보일 필요 없다는 자유로움이 구시대의 복장과 근태 개념을 폐기했다.

이러한 새로운 시도들의 목표는 직원들의 창의성이 발휘될 수 있는 환경을 제공하는 것이다. 직원들은 본인의 노력이 좋은 결과를 만들어내면서 보람을 느낌과 동시에 선수로 인정받아 몸값이 올라간다. 반대로 좋은 결과를 내기에 부적합한 제도나 문화를 고수하는 회사에 다닌다는 것은 직원들에게 사기 저하 수준 정도가 아니라 장기적으로 커리어를 망치는 피해를 준다. 일하기 좋은 직장이 몸값 관리에도 도움이 되는 직장이기에 인재 확보 차원에서 자율과 복지를 등한시할 수 없는 것이다.

HR 규정과 문서가 없더라도 투명하게 하면 된다

배달의민족 서비스를 운영하는 우아한형제들에 HR 담당 임원이 입사한 것은 직원 숫자가 600여 명에 달하던 창업 후 7년 차 때다. 그동안 인사부서를 두지 않았던 것은 김봉진 창업자의 철학이 반영된 결정이었고 HR 대신 '피플팀'이 엄마처럼 직원들을 잘 챙겨서 화목하게 운영됐다. 아마 처음부터 피플팀과 HR이 같이 있었어도 나쁘지 않았을 것 같다.

초기 스타트업에 HR 전담자가 채용되는 시점은 대개 투자를 받은 다음이다. 운영지원팀은 급여와 채용 지원 정도만 할 뿐이고 인사관리, 평가와 보상, 교육, 훈련, 징계, 이직, 각종 사규, 임직원 행동강령 등 대기업이라면 당연히 존재했을 어떤 것도 없을 것이다. 그러니까 초기 스타트업을 집으로 본다면 기둥 한두 개 세우고 대충 지붕 얹어 비만 피하는 위태위태한 모습이다. 그렇다 보니 모든 인력 관련 문제들이 최고경영자나 공동창업자를 향하게 된다.

처음부터 HR을 뽑고 규정부터 만들라고 주문할 생각은 없다. 초기 스타트업의 최고운영책임자 역할을 해본 내 경험에 비추어 그보다 더 시급한 일들이 너무 많음을 안다. 현실적으로 회계, 인사, 총무, 피플팀 역할을 모두 하는 분이 한 명 있어서 급한 서류들만 형식에 맞춰 꾸려나가고 창업자가 직원들에게 비전과 가치를 계속 전달하며 투명한 의사결정으로 모범을 보이는 수밖에 없다.

HR은 약간 경찰 같은 역할이라 그들이 일상에 개입하기를 원하는 직원은 많지 않다. HR은 공정성에 문제가 생기고 임직원들이 서로 비난하는 상황일 때 등장한다. 따라서 규정과 문서가 없더라도 리더들이 투명하게 의사결정을 하면서 운영한다면 규정의 부재가 불안 요소로 작용하지 않는다. 규정이 없어 불편하다는 의견이 들어오면 전체 미팅에서 안건으로 부쳐 정하면 된다. 직원들이 원하는 것은 규정의 완비가 아니라 예측 가능한 환경이 주는 안도감이다. 따라서 없는 것을 굳이 무리해서 초기에 갖추려 애쓰거나 빌려다 쓰지 말고 일단은 합리적이고 투명한 의사결정 과정으로 시간을 버는 것이 스타트업 정신에 더 잘 맞는다.

3장

창업 초기 필요한 작업들

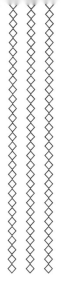

1

공동창업자

10년쯤 전에 '돛단배'라는 랜덤 채팅앱이 있었다. 당시 나는 그 앱에 광고를 싣던 스타트업에서 일했다. 금액을 밝히기는 어렵지만 '돛단배'가 챙겨간 광고 수입이 내 월급의 몇 배는 됐다. 우리 회사도 플랫폼 수수료를 챙기니 고맙기는 한데 돛단배 제작사와의 커뮤니케이션이 어렵다고 개발팀이 늘 툴툴거렸다. 뭐 하는 회사이기에 고객서비스cs 대응이 그렇게 늦냐고 물었더니 회사가 아니고 개인이란다. '로쓰'라는 아이디를 쓰는 '돛단배' 개발자는 모 IT 대기업 직원이라 낮에는 앱을 들여다볼 시간이 없었다.

창업은 개인이 아니라 팀이 성공시키는 것이다

이제 '로쓰'와 같은 1인 창업은 거의 찾아볼 수 없다. 제대로 투자를 받으며 스타트업답게 가려면 3인은 모여야 한다는 점에서 국민

오락이라는 고스톱과 비슷해졌다. 한 명 더 있으면 연이어 달리는 부담이 줄어들어 좋다는 점도 같다. 우리나라는 지난 10년 사이에 회사 가치 1,000억 원 이상의 스타트업과 인수합병이 성사된 스타트업이 각각 수백 개 나올 정도로 선진화된 생태계다. 공동창업자 덕택에 높아지는 성공 가능성이 중요하지, 한 명 더 들어옴으로써 발생하는 지분 희석을 고려하는 것은 무의미하다.

창업은 개인이 아니라 팀이 성공시키는 것이라는 가설은 실리콘밸리에서 먼저 검증됐다. 실리콘밸리의 스타트업 전문 로펌으로 유명한 '윌슨 손시니Wilson Sonsini'를 스타트업들과 방문한 적이 있다. 그때 윌슨 손시니는 공동창업자가 세 명 미만이라면 아예 협업을 안 한다는 말까지 했다. 이런 로펌은 스타트업이 성공해야 서비스 비용을 청구할 수 있는 후불 조건이라 특히 성공 여부에 예민하다. 그런 그들에게 공동창업은 선택이 아니라 필수 조건이다.

공동창업자가 많으면 많을수록 장점도 많아진다

공동창업자가 많을 때의 첫 번째 장점은 창업 초기 헐값에 투자받지 않아도 된다는 점이다. 자기들끼리 십시일반으로 자본금을 마련하기도 하고 급여를 안 주거나 조금 주니 비용이 절약된다.

두 번째 장점은 공동창업자는 직원으로는 채용이 불가능한 실력 있는 선수들이라는 점이다. 어차피 엊그제 만들어져서 상품도 없고 매출도 없는 회사에 경쟁력을 지닌 직원들은 잘 안 들어온다. 벤처캐피털 투자를 받아 새로 입사하는 직원들의 이전 직장 급여를 맞춰줄 수 있을 때까지 걸리는 2년 남짓한 기간은 공동창업자들이 각자 역할을 나눠 신입이나 인턴을 뽑아가며 하드캐리hard carry* 해야 한다.

세 번째 장점은 초기 구성원이 많고 경력이 화려할수록 각종 공모전에 뽑힐 가능성이 크고 정부 지원 프로그램도 잘 받는다. 심사 기준에 인원 가점을 주는 경우가 많아서 그렇다.

네 번째는 서로 의지하고 도우면 데스밸리death valley** 의 고통도 덜 힘들다. 창업은 힘들고 외로운 길이라 중간에 포기하고 가는 사람이 생긴다. 공동창업자라도 부족한 것보다 여유 있게 시작하는 편이 유리하다.

다섯째, 여럿이 함께하면 아는 사람도 다양해져서 네트워크가 확장된다. 직원이 부탁하는 것과 공동창업자가 직접 말하는 것은 받아들이는 입장에서 큰 차이가 있다. 언젠가는 떠날 직원과 회사의 주인인 공동창업자는 말의 무게가 다르다.

여섯째, 의사결정자가 여럿이면 큰 실수를 하게 될 가능성이 작아진다. 생각이 다른 여럿이 모여 각자의 의견을 내놓고 반론을 듣는 과정에서 큰 오류가 걸러지는 것이다.

---

* 게임 용어에서 파생된 말로 실력 또는 역량이 월등하게 뛰어난 사람이 팀을 승리로 이끄는 행위를 말한다.

** 스타트업이 매출은 아직 못 내는데 운영자금은 계속 투입해 적자를 보는 기간을 말하며 만약 장기화되면 사업 실패로 이어진다.

채용이 즉흥적으로 이루어지면 문제가 생긴다

공동창업자의 역할이 중요한 것은 알지만 사회 경험이 많은 중년은 단독창업이 많다. 동업의 어려움을 알 만한 나이도 됐고 자금여유가 있다는 것이 오히려 독이 되는 순간이다. 우선 직원 채용 단계부터 실수 가능성이 크다. 창업 아이디어가 머릿속을 가득 채웠으니 마음은 급하고 혼자 결정하니 진도는 빠르게 나가는데 점검해주는 사람이 없다.

아직 뽑지도 않은 직원의 입사 날짜부터 마음에 정하고 채용 과정을 시작한다. 혼자 하는 일이라 접근 가능한 인재풀도 적다. 뛰어난 사람보다는 그동안 여러 가지 이유로 취업이 안 돼 시장에 적체되어 있던 이들이 뽑힐 가능성이 크다. 마치 요리사가 음식을 만들면서 신선하고 좋은 식자재를 구하기 위해 발품을 파는 대신 집 앞 가게에서 대충 구하는 셈이다. 대파가 필요한데 내일이나 들어온다니 그냥 며칠 묵은 쪽파나 실파를 사 간다. 식당이 그 마을에 하나밖에 없다면 모르겠지만 널린 게 식당이다. 맛없는 음식을 파는 식당에 손님의 발길이 끊어지듯 대충 일하는 직원과 만든 서비스로 고객의 마음을 얻기는 불가능하다.

자신감이 넘치거나 마음이 급하면 즉흥적으로 채용하게 된다. 스타트업에서만 일어나는 현상은 아니지만 스타트업이고 초기이기에 더욱 문제가 두드러진다. "시켜만 주세요." "후회하지 않으실 겁니다."라고 하며 손을 드는 사람은 일을 더 잘하는 사람이 아니고 그냥 손을 드는 데 주저함이 없는 사람일 뿐이다. 그리고 번드레하게 말을 잘하는 이가 실력으로 보답할 가능성은 그리 크지 않다.

비저너리 창업자에게는 오퍼레이터가 필요하다

자기에게 정말 괜찮은 아이디어가 있으니 같이 사업하자며 주변에 바람을 잡는 친구가 있다. 나중에 최고경영자 역할을 맡게 될 이런 비저너리visionary의 특징은 낙천적인 아이디어뱅크다. 아이디어만 좋으면 성공이 제 발로 따라온다고 생각한다. 과정의 난관은 그의 관심 사항 밖이다. 좀 어려운 일이 있더라도 사람들이 돈을 들고 달려와 도와주리라 생각하기도 한다. 비저너리 창업자의 허당 끼를 안 좋아하는 이들은 요즘 들어 기획통인 경영 컨설턴트 출신을 최고경영자로 세우기도 한다.

비저너리의 비현실 아이디어를 돈이 되는 사업으로 정리하는 이가 운영 전반을 책임지는 오퍼레이터다. 오퍼레이터는 비저너리가 마구 던지는 아이디어 가운데 가장 성공 확률이 높은 것을 골라 현실로 만드는 사람이다. 그들은 굴러가는 사업을 경영하는 것도 잘한다. 우리 시대의 최고 비저너리라 할 스티브 잡스의 최고운영책임자를 맡아 놀라운 성과를 보여준 오퍼레이터 팀 쿡은 최고경영자가 된 후 애플을 초대형 달러 인쇄기로 바꾸었다. 팀 쿡 재위 10년 만에 애플의 주가는 12배로 뛰었다.

흔히 스타트업은 최고기술책임자를 구하는 게 가장 어렵다고 하지만 최고기술책임자보다 먼저 확보해야 하는 것이 오퍼레이터다. 그 이유는 두 가지다. 첫째는 비저너리보다 오퍼레이터가 인재 채용에 훨씬 특화되어 있어서다. 둘째는 최고기술책임자 후보에게 대박의 꿈을 심어주는 것은 비저너리가 맡더라도 동업 조건을 짜는 것은 오퍼레이터가 적임자여서다.

만약 창업자가 오퍼레이터 성향이라면 응원단장 역할을 할 비저너리가 필요하다. 오퍼레이터도 창업 아이디어가 있겠지만 실현 가능한 것 위주로 사고하는 오퍼레이터의 두뇌 구조의 한계로 인해 규모가 작을 가능성이 크다. 소상공인에게나 적합한 그림을 그리면 투자자의 흥미를 끌기 어렵다. 일반적으로 비저너리 최고경영자와 오퍼레이터 최고운영책임자 편제로 출발한다. 하지만 창업자가 오퍼레이터라면 본인이 최고경영자와 최고운영책임자를 겸하면서 최고전략책임자를 비저너리로 채우고 초기 사업 아이디어와 신사업 발굴을 맡기는 것이 좋다.

비저너리와 오퍼레이터의 업무상 충돌은 불가피하다

창업팀의 최소 단위는 이렇게 정반대 성향의 두 명이다. 둘이 워낙 다르다 보니 상대방의 약점이 늘 거슬린다. 비저너리의 최대 약점은 현실의 벽을 넘을 추진력이나 끈기가 부족하다는 점이다. 본인의 아이디어가 잘 안 통하는 순간에 이르면 잠깐 괴로워하다가 다른 아이디어를 내면서 옮겨간다.

성장 컨설팅 업체의 창립자인 레스 매케온Les McKeown은 저서 『예측 가능한 성공: 문제는 프로세스이다 변화의 타이밍을 잡아라』에서 네 성향의 리더십을 분류하며 비저너리의 현실 도피성 아이디어를 '반짝거리는 파란 볼 증후군shiny blue ball syndrome'이라 불렀다.

누구나 장단점이 있는데 이는 동전의 앞뒷면처럼 본디 한몸이다.

상대의 단점을 고치려 하지 말고 이해하려 노력해야 한다. 여담이지만 인간의 단점이란 본인이 못 고쳐서 그렇게 사는 게 아니고 아직 숨길 여유가 부족해서 드러나 보일 뿐이다. 외부 요청으로 무리해서 단점을 고치면 단점에 페어링돼 있던 장점도 함께 사라진다. 무례함을 고치랬더니 돌파력까지 함께 사라져버리는 것이다.

비저너리와 오퍼레이터의 업무상 충돌은 불가피하다. 초기 스타트업에서는 완전히 구현되지 않은 기능도 마케팅 브로슈어에 넣거나 영업 발표 중에 다음 주부터 작동된다고 지른다. 비저너리 최고경영자에게 그 정도는 영업하는 과정에서 불가피한 허풍이다. 고객이 필요하다고 말하면 그 자리에서 새로운 기능의 추가도 약속한다.

오퍼레이터 최고운영책임자는 그 기능이 개발될 때까지 누군가 수작업으로 때워야 하며 그 누군가가 아직 채용되지 않은 사실에 스트레스를 받는다. 세계적 기업이 된 우아한형제들도 초기에는 앱으로 들어온 음식 주문이 식당에 자동 연결이 돼 있지 않아서 운영단에서 직원이 식당에 전화를 걸어 주문 내용을 전했다.

오퍼레이터는 책임감이 강한 성향이라 약속한 것은 모두 마쳐야 한다는 부담감에 방어적인 태도를 지닌다. 비저너리는 한 아이디어가 안 통하면 다른 아이디어를 시도하는 걸 당연히 여기는 반면에 진지하고 보수적인 오퍼레이터는 잦은 노선 변경에서 오는 피로도가 벅차다. 비저너리는 오퍼레이터와 수시로 대화해서 그가 어떤 부담을 지녔는지 확인하고 필요한 부담감이라면 격려하고 과도한 부분이면 덜어줘야 한다.

비저너리와 오퍼레이터 사이에 모더레이터가 필요하다

정반대 역할을 맡은 두 공동창업자의 갈등이 조직에 끼치는 부정적 영향을 감쇄하려면 제3의 성향을 가진 공동창업자가 필요하다. 레스 매케온은 이 역할을 시너지스트synergist라고 불렀는데 거품이 낀 느낌이라 이 책에서는 모더레이터moderator라 부르겠다.

모더레이터는 공동창업자 사이의 갈등으로 회사 성장이 정체되거나 심할 경우 팀이 깨지는 불상사를 사전에 막는다. 높은 스트레스를 받는 초기에 서로 공격하지 않도록 감싸 안아주며 팀워크를 유지하는 분위기 메이커다. 모더레이터는 특정 직무에 편중되지 않고 최고기술책임자, 최고마케팅책임자CMO, HR 등 다양한 역할을 맡는다. 이는 모더레이터 역할이 특정 보직자만이 수행 가능한 직무가 아니고 특정인에게 힘이 쏠리거나 누군가 곤경에 빠지는 상황을 완화하는 비공식 역할이기 때문이다. 그룹 내 연장자나 창업 경험이 많은 이가 주로 맡지만 젊어도 권위가 있다면 가능하다.

긴장관계가 적절히 해소되지 않고 특정인의 인내를 요구하는 방식으로 억압될 경우 작은 충격에도 팀이 해체되기 쉽다. '창업팀의 붕괴'는 '시장이 원하지 않는 비즈니스 모델'과 '자금 부족'에 이어 스타트업이 망하는 이유 3위에 올라 있는 주요 이슈다.

실리콘밸리에서는 공동창업자에게 더 많이 투자한다

클라우드 방식의 저장 공간인 드롭박스의 창업자 드류 휴스턴Drew Houston이 2007년 와이콤비네이터에 지원했을 때 폴 그레이엄이

했던 조언은 업계에 유명하다. "아이디어는 훌륭한데 공동창업자가 없으면 투자 못 해. 찾은 다음에 다시 와." 휴스턴은 MIT 전산과 후배인 아라샤 페르도시Arasha Ferdowsi를 최고기술책임자로 추가한 뒤에야 투자를 받았다.

요즘은 와이콤비네이터가 정액으로 투자하지만, 그 무렵에는 공동창업자 한 명당 5,000달러씩 더 주었다. 창업자가 두 명이면 1만 5,000달러고 세 명이면 2만 달러를 받는 식이다. 와이콤비네이터가 1인 창업자에게 투자를 전혀 안 하는 것은 아니지만 창업자가 해결하려는 문제가 개인적인 사안이거나 그 분야의 전문가일 경우에 한해서만 예외적으로 적용한다. 2024년 12월 기준 드롭박스의 시가총액은 89억 달러 근처다.

실리콘밸리의 역사를 만든 빌 휼렛Bill Hewlett과 데이비드 패커드David Packard는 스탠퍼드대학교 전기공학과 동창이고 마이크로소프트의 공동창업자 빌 게이츠Bill Gates와 폴 앨런Paul Allen은 모두 뛰어난 소프트웨어 개발자였다. IT 스타트업의 공동창업자 상당수가 전산이나 IT 전공자인 것은 창업 초기에 경쟁력 있는 제품 설계와 출시에 전력을 다해야 함을 보여준다. 2019년 미국의 코그넥스Cognex가 2,300억 원에 인수한 수아랩도 임직원 80명의 65%가 엔지니어였다.

2024년 12월 기준 시총이 약 84조 원인 핀테크 기업 스퀘어Square[*]의 공동창업자인 짐 매켈비Jim McKelvey와 잭 도시Jack Dorsey가 처

---

[*] 2021년 12월 1일자로 스퀘어는 블록으로 사명을 변경했다. 그 이틀 전인 11월 29일에 잭 도시는 트위터 대표직에서 물러나 현재는 블록의 경영만 맡고 있다. 트위터는 2023년 7월에 X로 개명했다.

음 만나던 상황은 영화의 한 장면 같다. 어느 날 도시의 엄마인 마샤Marcia가 운영하는 커피숍에 손님으로 들른 매켈비의 회사 직원들이 마샤 아들이 컴퓨터광이라는 이야기를 듣고 인턴을 권했다. 도시는 엄마 말을 듣고 회사에 찾아갔다가 그날 집에 못 가고 다음 날 새벽 5시까지 회사의 오래된 숙제를 해결해주었다. 그 일로 매켈비와 도시는 마샤에게 엄청나게 혼났다고 한다. 그리고 20년쯤 뒤에 매켈비와 도시는 스퀘어를 공동 창업했고 도시는 트위터와 스퀘어 대표를 겸직해왔다.

공동창업자의 가장 중요한 기준은 역량과 인간적 신뢰다

공동창업자를 구하는 가장 중요한 기준은 전문가로서의 역량과 인간적 신뢰 두 가지다. 각각의 실력이 뛰어나지 않아도 오래 합을 맞춰본 친구끼리 창업해 유니콘이 된 회사도 여럿 있다. 공동창업자의 팀워크가 좋다면 투자유치 이후 전문가들을 영입하면서 회사가 성장한다.

B2C 모델은 마니아 기질이 있는 개발팀보다는 적당한 수준의 클라이언트, 서버 개발자, 감각 있는 사용자경험 기획자, 그로스해킹에 특화된 마케터, 미디어가 좋아하는 스타성 있는 젊은 창업자 등으로 팀을 구성한다. 기술 의존도가 심하게 높지 않은 경우라면 최고기술책임자도 전문성보다는 인간적 신뢰에 방점을 찍어 팀을 꾸린다.

2015년 컨설턴트 출신인 이복기는 역할 위주로 공동창업자 팀을 꾸렸다. 지인의 소개로 알게 된 개발자 두 명과 디자인 전공의 젊은 마케터까지 네 명이 머리를 맞대 정한 아이템은 리크루팅 사이트인 원티드랩이었다. 2021년 여름에 상장에 성공했고 한 명의 개발자를 제외한 세 명이 남았다. IT 대기업 출신이 아니라면 지인으로만 창업팀 멤버를 꾸미기는 어렵다. 기왕 추천받아 짜는 팀이라면 당연히 전문성을 기준으로 삼는다.

스타트업이 기술 기반인가 소비자 서비스인가에 따라 약간의 차이는 있겠으나 실력과 인성을 갖춘 최고기술책임자를 찾는 작업이 가장 어렵다. 높은 경쟁률을 이기려면 적임자를 찾는 채널을 다각화하고 제시할 패키지를 더 매력적으로 만드는 작업을 동시에 진행한다. 시간을 넉넉하게 잡고 지인들에게 최대한 알린다. 찜한 대상에게는 진척 상황을 업데이트해서 그를 향한 마음이 진심이라는 것을 보여야 함은 누구나 알지만 실천에 옮기는 이는 소수다.

공동창업자 후보에게는 계속 발전하는 모습을 보여주자

공동창업자 후보가 등장했을 때 입사를 재촉하지 않는다. 창업은 타인과 그의 가족 인생까지 바뀌는 중요한 결정이다. 누가 권하고 말고 할 사안이 아니니 정확한 정보와 팀원들의 입장을 전달하는 수준에서 멈춘다. 상대방도 주변 사람을 파수병으로 보내보고 상황을 보고 입사할지를 판단하는 데 시간이 걸린다.

후보자가 의사는 있지만 합류할 상황이 아니라면 일단 최소기능제품MVP 수준의 서비스를 만들 개발팀장을 선발하는 데 도움을 받는다. 추천부터 면접까지 함께하면서 양다리를 걸고 가는 것이다. 모호한 상태를 유지하는 것이 불편하겠지만 시간은 회사 편이다. 공동창업자가 됐든 아니면 그가 대리인proxy으로 추천한 주니어 개발자가 됐든 개발팀이 꾸려지면 일단 서비스를 만든 회사 반열에 오른다.

네이버나 카카오에서 10여 년 근무하고 창업을 선언하자 후배들이 우르르 따라 나오는 스타 플레이어가 아니라면 누구나 조금씩 성장한다. 서비스가 나왔다는 걸 확인하면 그동안 간을 보던 영업팀장 후보가 들어오고 그가 전해주는 고객 반응을 반영해 완성도 높은 다음 버전이 개발된다.

Q&A

Q: 스타트업 공동창업자가 기업 성장 속도를 따라오지 못할 때는 어떤 방식으로 개선해야 할까요? 더 적합한 인재를 임원으로 스카우트하고 공동창업자의 직급을 낮추는 대신 보상을 높여주는 것도 괜찮을까요? 아니면 여러 문제가 생길 수 있으니 최대한 보상을 해주고 퇴사를 논의하는 게 좋을까요?

A: 공동창업자는 설립 초기 어려운 시절에 기여한 대가로 지분을 받았을 것입니다. 돈을 내고 샀다고 볼 수도 있겠지만 인수 가격이 낮을 테니 별 차이 없는 이야기고요. 이 시점에서 그분의 이익이 극대화되려면 회사가 잘되어 성공적인 엑시트를 해야겠죠. 조직의 성장에 맞춰 공동창업자가 성장했어야 하는데 그러지 못했기에 직급을 낮추는 것은 합리적인 판단

입니다. 개인적으로 씁쓸할 수 있지만 회사가 성장하면 본인에게도 이익이고요. 보상을 올리는 것을 고려하셨다는데, 기여 없이 보상을 높이면 이치에도 안 맞지만 조직에 잘못된 신호를 줍니다.

저라면 그분과 회사가 기대하는 그 포지션의 역할에 관해 대화를 나누고 의견을 물어볼 것 같습니다. 그분이 합리적인 분이라면 자신의 권한을 줄이고(급여까지 줄이기는 어려울 테니 동결하겠죠) 더 역량 있는 분을 모시는 데 동의하리라 믿습니다. 그런데 이렇게 잘 안 풀릴 것 같으니까 질문을 하신 것 같은데 단독 면담에서 결과가 안 나오면 이사회 구성원이나 공동 창업자들이 도와야 할 것입니다. 그분들도 이해당사자이고 어떤 이유로든 임원이 경영에 짐이 된다는 것은 있을 수가 없는 일이지요.

그분이 굳이 지분을 팔고 퇴직을 하겠다고 하면 인수할 분을 찾는 것도 좋습니다. 하지만 대표님이 먼저 제안할 일은 아닌 것 같습니다. 우리는 '모두에게 바람직한 결과를 찾는다.'라는 것이 대화의 기본 틀이니까요.

2

스타트업 초기 HR

공동창업자 셋이 창업을 했다. 이제 회사가 돌아가는 데 필요한 업무를 1인다역으로 수행하든지 아니면 아웃소싱하게 된다. 핵심 업무라 할 서비스 기획, 제안서 작성, 고객 관리를 아웃소싱하지는 않겠으나 한 번 하고 말 법인 설립이나 관청 허가 관련 내용은 행정사 사무소에 맡길 것이다. 내부에서 수행할 직무라 해도 공동창업자들이 직접 관여해서 경험치를 축적할지 아니면 직원을 뽑아 위임할지 여부도 창업 초기에는 잘 모른다.

HR은 그 성격이 너무도 광범위해 회사 설립 이전에 시작해 법인이 청산된 이후까지 이어진다. 회사의 직무 가운데 가장 광범위한 영역이며 창업자가 시간을 가장 많이 쓰는 게 HR 이슈, 즉 사람과 관련된 고민이다. 이번 장은 스타트업 초기에 창업자가 직면할 문제들을 들여다본다. 회사가 확장되어 HR 전문가를 뽑은 뒤에도 상당 기간은 공동창업자들이 관여해야 할 업무다.

HR은 근로기준법 등 법과 규제의 영역이다

인사와 관련된 규제는 생각보다 많다. 창업 전 근로자 시절에는 솔직히 노동법이 뭔지 몰라도 그만이었다. 대기업이나 중견기업을 다녔다면 회사에서 알아서 챙겨주었다. 간혹 악덕 기업주를 만나 부당한 대우를 받았을 수도 있겠지만 문제 삼기로 마음먹으면 고용노동부, 지자체, 법원 모두 근로자 편에서 도움을 주면 주었지 벌금을 매기거나 하지 않는다. 그런데 이제 처지가 바뀌었다. 창업자 편이 돼 조언해주거나 도움을 줄 사람은 노무사나 변호사 정도가 될 것이다. 그것도 실력 있는 사람을 잘 골라야 하고 비용을 아끼지 않아야 제대로 된 도움을 받는다.

근로기준법은 상시근로자 10인 이상일 경우 '취업규칙'을 노동부에 신고할 의무와 사내에 게시 또는 비치할 의무를 부여한다. '취업규칙'을 만들 때는 공동창업자 한두 명이 조금 고민하고 만들었겠지만 나중에 직원을 뽑은 뒤에 고치려 들면 쉽지 않다. 비현실적인 조항을 수정하는 것이라 해도 만약 근로자에게 불리할 방향으로 수정한다면 직원 과반의 동의를 구해야 한다.

어느 사회적기업에서 안식년 조항이 문제가 된 적이 있었다. 5년 재직하면 1개월 보내주던 안식월은 경영에 큰 부담이 아니었다. 하지만 10년 근속 시 1년의 안식년을 쓸 수 있던 조항은 큰 부담이었다. 창립 10주년 무렵이 되자 본부장급과 고참 팀장급들의 상당수가 안식년 대상자였다. 안식년 휴가를 떠난 책임자들의 공백기를 견뎌낼지, 또 그들이 돌아온 뒤 다시 옛 보직을 줘야 하는지 등의 난제로 혼란스러웠다. 결국 전 직원들의 투표를 거쳐 2개월로 단축하는 내규 개정안이 통과됐다. 직원들의 실망은 컸으나 멋진 약속을 남겼던 창업자는 이미 퇴사한 뒤였고 후임 경영진만 수습하느라 애를 먹었다.

근로기준법 제93조에서 정한 상시 근로자 10인이 되려면 좀 시간이 남았다고 생각하겠지만 취업규칙에 들어가는 휴가, 휴일 가산 수당은 5인 이상 사업주의 의무 사항이라 실제로는 여유가 없다. 사실 창업 초기라 인사 규정을 만들 시간이 없겠지만, 직원이 단 1인이 있더라도 '근로계약서' 작성 의무는 발생한다. 그리고 그 안에 임금과 근로시간, 휴일, 연차, 휴가에 관한 내용이 필수 기재 항목이다.

현행 근로기준법은 5인 이하 사업장의 경우 휴가를 안 줘도 되고 추가 근무를 시킬 때 수당을 안 줘도 처벌을 받지는 않는 등 고용주에게 부담을 덜 주려 예외 조항을 많이 만들어두었다. 그래도 근로계약서는 교부해야 하며 서면으로 체결한 뒤 교부하는 절차를 거르면 500만 원 이하의 벌금이나 과태료가 처분된다. 고용노동부나 노무사 웹사이트를 뒤져보면 '표준근로계약서' 서식이 있다.

스타트업 조직문화는 엄격한 근태 관리보다 자율을 우선시한다. 그러나 자율적으로 일을 많이 하는 스타트업의 업무 관행은 문재인 정부에서 도입한 소위 '주 52시간 상한제'와 충돌하는 면이 있다. 그래서 출퇴근 관리를 하지 않고 자유롭게 재택근무를 했던 스타트업들도 52시간 제도 시행 후 출퇴근 시각을 선산으로 관리한다. 후일을 대비해 정돈된 근무 기록을 남겨야 하며 직원들이 직접 입력하는 방식이 바람직하지만 그럴 상황이 아니라면 운영팀에서 정리한 문서에 확인 서명이라도 받아둔다.

근로기준법 제58조는 '근로시간 계산의 특례' 사항을 담고 있는데 스타트업과 관련 높은 것이 두 가지 있다. 우선 재택근무는 근로시간 산정이 불가능하니 당일 8시간 근무한 것으로 간주한다. 출장이나 외근도 시간 관리의 어려움을 인정받아 소정의 시간을 근무한 것으로 간주한다. 그리고 재량 근로 대상으로 인정해주는 연구개발직은 아예 출퇴근 관리를 전혀 하지 않는 완전 자율 근무 채택이 가능하다. 그러면 합의된 시간만 근무하는 것으로 간주한다. 현재 52시간 제도는 5인 이상 사업장의 의무 사항이다. 취업규칙 작성 전에 시프티Shiftee 사이트의 '주 52시간제 백서' 일독을 추천한다.

법정 교육 제도도 있다. 현행법에는 직원이 1인만 있어도 '성희롱 예방 교육' 대상이다. 사무직 근로자만 있는 회사에 다녔다면 처음 듣는 용어겠지만 '산업안전 보건교육'은 5인 이상 도소매 제조 사업장의 의무 사항이다. 스타트업들은 개인정보와 관련이 높은 회원 기반 서비스를 하기에 법정 교육인 '개인정보 보호 교육'을 시행할 의무가 있다. 과태료 조항은 없어서 대부분 해당 업무를 설계하는 임원 정도가 혼자 온라인으로 듣는다. 이렇게 사업 업종마다 의무 교육이 다수 있다.

스타트업 지원기관과 교육기관의 프로그램을 활용하자

스타트업 창업자를 위한 정부의 지원 프로그램은 크게 사무 공간

수도권 지하철 노선도로 살펴본 서울시 창업 인프라지도

수도권 지하철 노선도로 살펴본
서울시 창업 인프라지도

제공과 자금 지원 두 가지로 나뉜다. 창업사관학교처럼 공간, 사업화 자금, 교육이 패키지로 돌아가는 경우도 있다. 사무 공간은 지자체별로 다양하게 있는데 서울시에는 공덕동의 창업허브를 비롯해 수십 곳이 있다. 공간을 제공하는 각종 센터는 입주사 또는 회원사들을 위해 인사, 회계, 홍보 등 각종 교육 프로그램을 운영한다. 그리고 변호사, 변리사, 노무사 같은 전문가들의 오피스아워 무료 자문 프로그램을 갖춘 곳이 많다.

공공뿐만 아니라 민간이 운영하는 지원센터도 있다. 민간 지원센터들은 주로 강남 지역에 몰려 있는데 선정릉역 근처의 디캠프, 디캠프가 운영하는 공덕동의 프론트원, 역삼동에 있는 아산나눔재단의 마루180과 마루360, 삼성역의 구글 캠퍼스서울 등이 유명하다. 내가 대표로 있는 스타트업얼라이언스는 '트렌드클럽'이라는 실무 교육 프로그램을 운영하는데 2024년 하반기에는 인공지능 실무 사례를 5회에 걸쳐 개최했다.

지방에 거주하는 창업자가 도움을 받을 만한 곳은 창조경제혁신 센터, 테크노파크, 각 시군 지자체가 운영하는 창업지원센터들, 그리고 인근 대학이 보유한 창업지원단 프로그램이다. 고용노동부 산하의 직업훈련포털*에서는 인사노무 교육을 온라인으로 제공한다. 중소기업 근로자의 수강료 자부담 비율은 20% 이하다. 세무회계 교육 같은 실무 온라인 강의는 검색하면 다수 발견된다.

적다 보니 정말 많은 프로그램이 떠오른다. 이 많은 프로그램을 다 꿰고 있는 이도 없고 다 알 필요도 없다. 순서를 굳이 적자면, 우선 주변의 지원기관 홈페이지를 가끔 들여다보고 뉴스레터나 페이스북 계정을 팔로우한다. 그러다가 관심 생기는 프로그램이 뜨면 찾아가서 듣고 다른 창업자를 만나 정보를 교환하면서 범위를 넓혀나간다. 서울창업허브, 창조경제혁신센터, 디캠프, 스타트업얼라이언스, 이벤터스 사이트처럼 프로그램이 많은 곳이 정보 맛집이니 놓치지 않도록 한다.

한 가지 주의 사항은 공공 영역에 있는 분들은 자기 영역 외에는 잘 모른다. 서울시가 만든 지도에는 서울시 프로그램만 있고 각 구청이 만든 자료에는 자기 구 자료만 있다. 창조경제혁신센터는 전국에 흩어져 있는 자기 센터 프로그램만 안내한다. 그래서 사업장이 위치할 지역과 업종의 2차원 검색으로 자료를 찾는다. 액셀러

---

* hrd.go.kr

레이터나 각종 커뮤니티 매니저들은 창업 프로그램 전반에 대한 이해도가 높은 편이나 포트폴리오 회사들 뒷바라지만으로도 바빠서 외부인에게 친절히 설명하기는 어려운 상황이다.

창업자는 스트레스 관리를 하고 전문가 도움도 받아라

초기 스타트업에서 가장 소중한 사람은 자기 몫을 해내는 공동창업자다. 그가 매일 회의실에서 음식을 시켜 먹거나 며칠에 한 번 머리를 감는 사람이라 해도 감정을 상하게 하면 안 된다. 우리는 더 큰 것을 이루려 모인 사람들이기 때문이다. 다른 동료들이 견딜 수 있다면 당신도 견뎌야 한다. 공동창업자 멤버들이 인수합병이 성사될 때까지 완전체로 유지됐던 어느 스타트업 대표에게 들은 표현이다. '함께 가려면 많은 것을 내려놔야 한다.'

그러나 창업자도 사람이다 보니 스트레스를 풀 자리가 필요하다. 가장 생산적이고 도움이 되는 사람은 선배 창업자들이다. 최소한 한 달에 한 번은 선배 창업자를 만나서 어려운 부분에 대해 토로를 하고 조언을 듣는다. 실질적으로 도움이 된다고 느껴지면 이사회 멤버나 소액투자자로 영입해 관계를 확실하게 만든다.

선배와의 대화로 해결이 안 되면 멘토, 코치, 또는 전문가의 도움을 받는다. 멘토 후보는 그동안 관계를 이어와서 본인을 잘 아는 분 가운데 합리적이고 도움이 되는 분으로 찾는다. 한 명은 부족하고 영역별로 두세 명 두는 게 좋다. 비용을 내고 받는 코칭은 모르는 분이라도 상관없는데 가능하면 스타트업 창업자를 코칭해본 경험자를 찾는다. 그리고 힘들 때는 심리상담실이나 신경정신 과를 찾는 것도 주저할 이유가 없다. 창업자의 스트레스는 급여노 동자들이 상상하기 어려울 정도로 큰데 '멘탈이 탈탈 털릴' 정도로 힘든 이도 있다. 체중이 빠지거나 삶의 리듬이 깨질 정도로 상황이 안 좋으면 주변의 반응을 신경 쓸 필요 없이 동원 가능한 모든 선 택지에서 도움을 찾는다.

초기 구성원들이 섭섭한 마음을 갖지 않도록 해야 한다

바로 앞 장에서 공동창업자의 역량과 팀워크가 초기 스타트업의 성패를 가른다며 어떤 성향의 사람을 공들여 데려와야 하는지 설 명했다. 그렇게 해서 일단 합류했다면 수단과 방법을 가리지 않고 제 역할을 해내야 공동창업자 자격이 있다. 그러나 세상일이 뜻대 로 되는가. 막상 함께하니 역량이 부족한 공동창업자도 얼마든지 있다.

　어느 스타트업이라도 초기에 입사한 직원들의 역량은 그리 뛰 어나기 어렵다. 워낙 손이 모자라다 보니 가르쳐 쓸 요량으로 뽑은 신입이 많고 경력직이라 해도 이름을 처음 들어보는 대학을 다닌 친구들도 들어온다. 잘하는 이들도 있겠지만 전반적으로 회사가 성장한 뒤에 입사하는 직원들에 비해 여러모로 부족하다. 회사의 인지도가 낮던 시절의 불가피한 선택이지만 아무튼 운이 좋아 성 공하는 회사의 일원이 됐다. 회사의 어렵던 시절을 함께한 초창기 동지들은 '회사의 기둥'이 되기도 하지만 '아픈 손가락'으로도 남는다. 대부분은 그 사이 어딘가에 속하게 된다.

공동창업자든 직원이든 낮은 수행으로 회사의 성장 속도를 못 따라가는 초기 멤버가 생긴다. 해본 일은 그럭저럭하는데 규모가 커지면 해법을 못 찾는다. 공격적으로 일을 만들어서 하지 못하고 프로젝트 시간 관리가 안 돼 흐름에 뒤처진다. 이 초기 구성원이 사원이라면 매니지먼트를 잘하는 부서장 밑에 넣어준다. 그런데 그가 부서장이라면 상황을 절대 방치하지 말고 대표가 직접 챙기면서 대치할 경력자 채용을 진행한다. 채용 타이밍은 펀딩 유치 직후 대대적으로 역량 있는 선수들을 영입하는 모양새가 자연스럽다.

요즘 나오는 중형 세단은 300마력 내외의 엔진을 장착한다. 그러나 처음 엔진을 돌려주는 시동 모터는 1.5마력을 넘지 않는다. 억대가 넘는 대형 트럭도 시동 모터는 10만 원도 안 한다. 운전자가 스타트 버튼을 누르면 시동 모터는 엔진의 플라이휠을 돌리는데 엔진이 자기 힘으로 돌기 시작하면 즉시 엔진에서 분리된다. 시동이 걸린 후에도 시동 모터가 계속 물려 있으면 엔진 속도를 못 견뎌 모터가 타버린다.

초창기 공헌도가 컸던 구성원에게는 두 가지 선택이 놓여 있다. 회사의 성장에 맞춰 개인도 함께 성장하면 부서장 직급을 유지할 수 있지만 그러지 못하면 팀원으로 내려온다. 공동창업자들은 이들이 불만 세력이 되는 것을 막고 회사 내에서 긍정적인 선배 역할을 할 수 있도록 감정 케어에 들어간다. 주요부서의 장을 맡을 정도는 못 되지만 후배들이 따르고 애사심도 있다면 회사가 성장하면서 만들어지는 고객서비스cs나 운영팀처럼 궂은일을 하는 부서를 맡긴다. 물론 초기 멤버들이 유의미한 수준의 스톡옵션이나 주식을 갖고 있어서 회사의 성공이 본인의 경제적 안정에 기여한다는 확실한 믿음이 있을 때 이야기다.

이런 선택은 한 번만 생기는 게 아니고 회사가 펀딩 라운드를 거칠 때마다 발생한다. 따라서 직원이 20명인 시리즈A 때는 잘 살아남았어도 직원이 50명인 시리즈B 때 다른 스타트업에서 엑시트를 경험해본 부서장이 영입되면 그 사람 밑으로 들어가는 상황도 얼마든지 생긴다. 초창기 구성원이 C레벨이나 부서장을 내려놓고도 섭섭한 마음을 갖지 않도록 하려면 그런 상황이 본인에게 일어날 거라는 것을 미리 알려야 한다.

스타트업 초기에는 간이라도 빼줄 것처럼 굴다가 어느 날 갑자기 물러나라고 하면 누구라도 상심한다. 최고경영자의 결정은 언제나 전 직원들에게 하나의 메시지로 다가오기에 지켜보는 눈들을 이해시켜야 한다. 명분과 과정의 정당성 못지않게 그 구성원의 흔쾌한 승복 절차도 중요하다. 그래서 크든 작든 지분을 가진 공동창업자와 초기 구성원들은 본인의 이익보다 회사의 이익을 먼저 한다는 대의를 공유해야 한다. 이런 신념은 회사가 어느 정도 성장하고 나면 새로 만들기 어렵고 직원이 10명도 안 되는 초기에 회식이나 워크숍 등 비공식적인 자리에서 나누는 대화를 통해 형성된다. 누구라도 회사의 발전을 위해서는 자신의 보직에 연연하지 않는다는 문화를 창업 초기에 만든다.

경영상 발생하는 대부분의 문제는 매출이 성장하면 묻힌다. 수면 위로 올라온다 해도 돈으로 해결이 가능하다. 그러나 사람과 사람 사이의 갈등은 회사가 성장하면서 더 자주 발생한다. 중간에 들어온 사람이라면 회사가 불만스러워 떠난다 해도 조직과 창업자 그룹에 크게 영향을 주지 않는다. 그러나 초기 구성원들은 서로 정서적으로 연결된 부분이 많아서 일반 직원들과 다르게 대할 필요가 있다. 공정함을 포기하라는 뜻은 전혀 아니다. 회사를 위하는 가장 합리적인 결정을 내리되 커뮤니케이션 과정에서 충분히 대화를 나누고 초기에 위험을 감수하고도 보상을 제대로 못 받은 부분에 대해 재무적으로 배려해야 한다는 의미다.

3

조직문화

스타트업에는 사람만 관리하는 전업 관리자People Manager가 없다. 부서장들이 있으나 부서원 관리보다는 본인 고유 업무에 훨씬 더 많은 시간을 쓴다. 과거 전지적 시점에서 모든 것을 결정하던 관리자가 스타트업에서 사라진 계기는 근태, 휴가, 프로젝트의 대소사 결정 등을 구성원들이 각자 알아서 하면서부터다. 권한의 위임은 바람직한 인재상도 바꾸었다. 이제 시키는 일만 잘하는 정도로는 안 되고 주도적으로 결과를 만들어내야 한다. 직원들이 높은 자율성을 갖게 되면서 스스로 관리하기 시작했다. 회식을 따라가 봐야 몸만 상하니 그 시간에 운동한다. 라인을 타기보다 실력을 기른다. 과업 관리뿐 아니라 건강 관리와 컨디션 관리까지 각자에게 부여된 중요 과제로 넘어왔다.

조직문화는 삶을 대하는 철학의 문제다

옛날이야기를 잠깐 하면, 19세기 중반 산업혁명으로 인해 노동자를 대량 고용하는 시대가 열린다. 그 이전에는 찰스 디킨스의 소설 『크리스마스 캐럴』에 나오는 스크루지 영감처럼 직원을 하나 두고 파트너 두셋이 동업하던 시절이라 HR 개념 자체가 없었다. 수백 수천의 조립 라인의 근로자들이 기업체에서 일하는 상황은 인류 역사상 처음이었다. 대량생산 시대의 인적자원을 체계적으로 관리할 관리자가 필요했다. 펜실베이니아대학교 내 법률가들이 세계 최초의 경영대학인 와튼 스쿨Wharton School을 개설한다.

그리고 150년 만에 업의 개념이 바뀌었다. 지금 스타트업은 사람이 사람을 관리하던 과거 시대의 제조업 마인드를 벗어나고 싶어 한다. 관리가 사라진 공간을 인간의 자발성으로 채우겠다는 발상이 스타트업의 HR 목표이다. 조직문화는 채용의 수단이고 생산성 향상과도 관련이 있겠으나 삶을 대하는 철학의 문제이기도 하다.

조직문화는 구성원들이 '공유'하는 가치다

조직문화는 스타트업을 움직이는 심장이며 그 영향력은 실핏줄을 타고 회사의 가장 사소한 결정에까지 미친다. 조직문화마저 없다면 스타트업은 제품, 고객, 브랜드 무엇 하나 제대로 갖추지 못한 그저 꿈을 좇는 집단에 지나지 않을 것이다. 각 개인을 팀으로 응집하고 '더더더' 달리는 분위기의 회사를 만들고 싶다면 먼저 조직문화가 정확히 뭘 의미하는지부터 이해하자.

조직문화를 한 구절로 표현하면 '구성원들이 공유하는 가치 shared value'인데 여기에서 키워드는 '공유'다. 조직문화를 2차원의 선으로 표현한다면 한쪽 끝에는 구성원들이 조직에 대해 지니는 기대가 있고 반대쪽 끝에는 구성원으로서 지켜야 할 규범이 있다. 조직문화는 회사 입구의 포토존에 새긴 금박 글자로도 표현되지만 규정과 제도로 규범화되었을 때 비로소 힘을 지닌다.

어느 회사의 조직문화를 보고 싶다면 첨예하게 의견이 갈리는 기획 회의가 적당하다. 중요 사안의 의사결정 과정에서 어떤 방식으로 결론을 내는지, 구성원 사이의 커뮤니케이션 방식이 어떤지 한눈에 파악할 수 있다.

신입 직원 오리엔테이션 시간에 가르치는 '우리 회사에서 일하는 방식'과 선배들이 커피 한잔하자고 불러내서 전해주는 '안전한 행동 요령'이 서로 다르다면 두 겹의 조직문화를 지닌 것이다. 겉과 속이 다른 문화는 조직 스트레스를 높이며 특히 언행일치integrity를 중요하게 여기는 엘리트 직원들을 실망하게 한다. 여러 개의 조직문화 버전이 생기지 않도록 발견되는 즉시 정리한다.

좋은 조직문화를 만들어야 성공 확률이 올라간다

조직문화와 회사의 실적, 더 나아가 회사의 성공 확률은 서로 관련성이 있을까? 경영 측면에서 좋은 조직문화를 만들어야 할 이유는 세 가지가 있다. 첫째, 인재 전쟁에서 승패를 가른다. 최고의 인재일수록 금전적 보상 못지않게 자율성 보장을 기대한다. 조직문화

면에서 문제가 있거나 평범한 회사는 좋은 조직문화를 갖춘 회사에 임직원을 빼앗긴다.

둘째, 기업의 실적을 올려준다. 브라우저 검색 창에서 corporate culture와 performance로 검색해보면 이를 뒷받침하는 논문이나 컨설팅 회사들의 보고서들이 줄줄이 나온다. 나쁜 조직문화는 변화를 방해해 성과를 떨어뜨리며 좋은 조직문화에서 고양된 근로자들은 목표 지향적 수행으로 좋은 결과를 내놓는다. 세계에서 가장 높은 기업 가치를 만들어낸 애플, 마이크로소프트, 아마존, 알파벳, 페이스북 같은 스타트업 출신들이 좋은 예다.

셋째, 고유한 조직문화 정립은 직원들의 애사심과 직무몰입도에 긍정적 영향을 주어 직무만족도를 높이며 근속기간을 늘린다. 인원이 적어 1인다역을 하는 초기 스타트업에서는 한두 명의 이직으로 팀이 완전히 사라지기도 한다. 그러면 인원이 충원될 때까지 기업의 성장이 멈추거나 심하게 더디게 되고 그러다 보면 회사의 명운이 위협받기도 한다. 최소한, 웬만하면 참고 다니려는 사람을 자극해서 나가게 만드는 상황만은 피해야 한다.

창업자의 회사관, 조직관, 인간관이 초기 조직문화다

조직문화란 공동창업자의 가치관과 각종 사안에 대한 선호도에서 시작한다. 조직심리학의 대가인 에드거 샤인Edgar Schein 교수는 "창업자들의 사고방식이 조직문화의 베이스"라고 말했다.

직원 대여섯 명 정도의 초기 스타트업을 상상해보자. 법인 설립은 됐으니 회사라고 봐야겠지만 사규라고 해봐야 인터넷에서 베긴 표준 서식이고 인사위원회가 있을 리도 없다. 이런 회사의 구성원들도 창업자의 회사 운영 방식이 문제가 있다고 느끼면 개선책을 건의한다. 구성원들의 건의를 받아들이는 합리적인 창업자라면 시행착오를 덜 하면서 좋은 조직문화를 세울 가능성이 크다.

건의가 통하지 않고 창업자의 독선이 지속되면 공동창업자들은 싸워보겠지만 직원들은 조용히 이직 작업을 시작한다. 7장에서 다룰 불만 있는 직원의 일탈·발언·충성·태만EVLN 반응은 최소 십수 명 이상으로 성장한 회사에서나 일어나는 이야기이고 초기 기업은 그렇게 복잡하지 않다. 매몰비용이 안 들어갔고 기회비용을 논하기에는 너무 초기라 창업자가 수준 이하의 행동을 반복하면 경쟁력 순서대로 직원들이 떠난다. 수습 노력조차 없다면 제대로 시작도 하기 전에 회사가 결딴난다.

대부분의 창업자는 적당한 선에서 현실과 타협한다. 샤인 교수는 "회사 설립 초기에는 리더들이 문화를 만들고 오래된 회사는 문화에 리더들이 통제된다."라고 말했다. 창업자의 회사관, 조직관, 인간관이 곧 초기 스타트업의 조직문화다. 창업자의 내적 성장에 맞춰 조직문화도 발전한다.

마이크로 매니지먼트는 주도성과 자율성을 해친다

바람직한 스타트업의 조직문화에 대해서는 이미 모범답안이 나와 있다. 스타트업얼라이언스가 2014년부터 매년 발간해온 『스타트업 트렌드 리포트』에서 항상 수위권을 차지하는 답변들이다.

스타트업 재직자를 가장 만족시키는 부분은 '자율적이고 수평적인 조직문화'다. 그 뒤를 이어 '빠르고 유연한 의사결정 구조'와 '빠른 성장으로 인한 성취감' '가치 있는 일을 한다는 사명감' 등이 스타트업 직원들이 바라는 스타트업의 모습이다. '수평적이고 자율적인'은 스타트업 조직문화의 요체다. '수평적'의 의미는 직급 대신 '님'으로 부르거나 임원실을 없애는 외형의 변화보다 의사결정 원칙이 모든 구성원에게 공정한지를 뜻한다.

스티브 잡스는 이렇게 말했다. "좋은 직원들을 뽑아놓았으면 그 친구들이 결정을 내려야 한다. 의견을 낸 사람의 직급을 고려하지 말고 아이디어만 놓고 판단해야 한다. 안 그러면 좋은 직원들이 떠난다." "스마트한 사람을 뽑아놓고 뭘 하라고 지시하는 것은 말이 안 된다. 뭘 하면 좋을지를 그 친구들이 우리에게 말하라고 뽑은 거다." 신입이 제 몫을 하는 직원으로 성장하려면 시행착오와 상사의 피드백으로 학습해야 한다. 보조 업무만 주어지거나 남이 결정한 업무만 수행하다 보면 배우는 게 없고, 결국 연차만 있지 제대로 할 줄 아는 게 없는 경력사원이 되어버린다.

애플은 창조적 혁신을 추구하는 조직문화를 구축했고 자율은 필수적인 가치가 됐다. 5장의 동기부여 편에서 다루겠지만 내적 동기에서 출발한 아이디어가 자율성이 보장되는 환경에서 수행될 때 가장 좋은 결과를 가져온다. 자율성 보장이라는 원론에 동의하면서도 얌생이free rider들이 악용할 수 있다는 문제의식을 지닌 창업자도 있는데 '구더기 무서워 장 못 담그는' 꼴이다. '자율적'인 문화를 만들려면 직원들에게 '어떻게' 하라고 소위 '고나리질'이라고 하는 마이크로 매니지먼트를 하지 않아야 한다. 회사의 업무란 대부분 '무엇을' '어떻게' 하는가다. '무엇을' 할지는 관리자와 직원이 합의로 정하지만, 의견이 갈리면 관리자에게 결정권이 있다. 그러다가 직원의 경험치가 쌓일수록 '무엇을'조차도 직원이 주도하게 된다.

설문조사에 나왔던 또 다른 답변인 '빠른 의사결정'은 대기업이나 공공기관과 비교해서 나온 말이니 스타트업은 기본적으로 잘하고 있으리라 본다. "가치 있는 일을 한다."라는 답변은 창업자가 직원들과 커뮤니케이션에서 어떤 메시지를 전해야 하는지 가르쳐준다.

직원들은 다양한 결정을 직접 내려보며 성장해간다

왜 창업자들은 자율적인 조직이 강하다는 논리를 머리로는 이해하면서 적용에는 실패할까? 대개 두 가지 문제를 지녔다. 첫째는 우선순위를 헷갈렸다. 스타트업 창업자라면 누구나 창업의 이유와 목표가 있다. 메타버스 영역에서 최고가 되고 싶다든가, 공동창업자들이 섬을 하나 살 정도로 부자가 돼 율도국을 건설해보자는 식으로 나름 인생을 걸어보는 꿈이 있다.

한편 창업자도 사람이라 일상의 과제들에 분명한 선호도가 있다. 윗사람과 대화하는 방식, 데스크 정리 상태, 출퇴근 시간 등 회사원이라면 어떠해야 한다는 도식schema이 이미 자리 잡고 있다.

이제 도식을 버리고 직원들의 결함이 눈에 거슬리더라도 업무 성과와 직접적인 관계가 없는 사안들은 더 큰 목표를 이루기 위해 못 본 척해야 한다. 십수 년 걸릴 꿈을 이루어줄 사람이 창업자의 마음에 안 드는 그 직원이라고 생각하기는 어렵다. 하지만 마음에 안 든다고 사소한 걸로 직원을 깨면 그걸 보고 마음이 불편해진 엘리트 직원이 이직을 고려한다.

두 번째 문제는 직원들을 신뢰하지 못해 적절한 권한 위임이나 직원 존중을 안 한다는 점이다. 창업자 중에 직원들의 수준이 경험 많고 똑똑한 본인보다 부족하다고 믿는 이들이 흔하다. 창업자보다 직원들의 수준이 낮지 않아도 C레벨의 정보 접근성이 더 좋다 보니 옳은 결정을 내린다는 판단도 있다. 더 나아가 직원들이란 언제든지 떠날 수 있는 존재이기 때문에 주요 의사결정을 맡길 수 없다는 방어적 논리도 있다.

이런 생각들이 전적으로 틀린 것은 아니다. 그러나 사리분별을 하는 직원이라면 이런 불신자 대표를 믿고 인생을 맡길 리가 없다. 그럼 회사는 성장하지 못해 평생 구멍가게를 면하지 못한다. 직원들은 다양한 결정을 직접 내려봄으로써 성장하며 그 과정에서 조직과 상사를 향한 로열티가 생긴다.

조직문화는 규정집을 실행하고 발전시켜가는 과정이다

조직문화를 만드는 매뉴얼 같은 게 만약 있다면 1장에 들어갈 단어는 기업의 '비전 수립'이 될 것이다. 왜 창업을 했고 어디로 가려고 하는지가 들어가야 하고 이것은 길을 잃었을 때 등대 역할을 한다. 2장은 그 비전을 달성하기 위해 '조직이 지녀야 할 가치'들을 정의한다. 여기에 '자율적이고 주도적인 구성원이 되자.'라고 썼다면 업무 지침은 결재 단계를 없애는 게 돼야 하며 근무시간을 준수하자고 해서는 곤란하다.

창업자의 합의와 선언으로 시작해 명문화된 규범을 만들었다면 반쯤 된 것이다. 이제 신규 입사자들에게 조직문화를 전하고 그들의 의견이 다시 조직문화에 반영되도록 선순환이 일어나게 할 도우미와 지킴이가 필요하다.

도우미는 조직문화를 조직원들에게 전달하는 치어리더다. 우아한형제들의 피플팀은 부드러운 사내 커뮤니케이션과 이벤트로 구성원들의 만족도를 높였다. 피플팀을 운영하지 않더라도 어느 조직이나 생일을 챙기고 공식 채널로 풀기 어려운 사적인 부분까지 도와줄 수 있는 도우미가 필요하다.

지킴이는 조직의 분위기를 모니터링해 문제가 생기면 바로 수습하는 역할을 맡는다. 통제하는 규정을 만들지 않은 점을 이용해 회사나 동료에게 피해를 주는 얌생이가 관찰되면 조직장을 도와서 또는 주도적으로 상황 수습에 나선다. 조직이 크다면 HR헤드가 지킴이를 맡고 최고경영자 직속 부서에서 도우미를 한다. 작을 때는 HR 부서에서 양쪽 모자를 번갈아 쓰며 한다.

근로자가 자발적으로 직무에 몰입하기 위해서는 본디 높은 근로윤리를 지닌 성향이든지 아니면 회사의 이익이 본인의 이익과 일치한다는 믿음이 필요하다. 그런 다음 방법론으로 들어가 본인의 직무는 무엇이고 어떤 수행을 보여야 조직에 기여하는지 이해하는 단계를 밟는다. 그런 일련의 절차를 수행하기에 최적의 수단은 열정 있는 리더와의 진솔한 대화다. 조직문화를 선도하는 IT 스타트업들이 매주 아니면 격주에서 최소한 매월 한 번은 타운홀 미팅을 개최해 창업자를 연단에 세우는 까닭이다.

전형적인 타운홀 미팅은 완수할 목표를 공유하는 공적인 부분과 공동체 의식 배양에 어울릴 말랑한 소식으로 구성된다. 시작은 회사의 C레벨이 직원들 앞에서 회사의 현황을 보고하고 성공과 실패 스토리를 공유하고 구성원들의 사전 질문에 답하는 순서로 진행된다. 신입 직원 소개나 부서별 소식 같은 가족적인 내용도 상황에 맞게 추가된다. 가장 중요한 소구 대상은 비대해지는 자아와 반복되는 단순 업무 사이에서 방황하는 입사 2~5년 차들이다. 신입 시절의 흥분과 윗사람의 관심이 가득한 허니문 기간이 끝나면 기대가 실망으로 바뀌는 부분도 있고 업무에서도 더 배울 게 없다고 느껴진다. 일을 한참 잘할 입사 2년 차부터 유혹이 많고 이직률도 증가한다. 구성원으로서 존중받는 느낌과 미래에 대한 희망을 주는 데는 타운홀 미팅만 한 게 없다.

조직문화는 규정집을 만드는 것으로 완성되지 않으며 끊임없이 유지 보수하며 발진시키는 과정이다. 아무리 이전 회사에서 잘나가던 사람이었다 해도 조직문화에 반하면 부정적 피드백을 줘야 한다. 수습이 끝나자 본색을 드러내는 문제적 인간, 조직 내 파벌을 만드는 '사일로'에도 경고를 보내어 회사의 방향성을 확실히 한다. 직급과 연륜이 힘으로 작용하는 수직 조직이 아니라 아이디어 기반으로 운영되는 수평적 조직문화는 창업자의 의지, 구성원들의 참여, 도우미나 지킴이의 개입이 몇 년 동안 꾸준히 유지돼야 자리 잡힌다.

조직문화는 좋은 문화, 더 좋은 문화, 아니면 나쁜 문화 같은 방식으로 분류할 수 없다. 조직문화의 평가는 좋고 나쁜 선악의 영역보다 효율의 차원이다. 잘 작동되느냐, 안 되느냐의 차이다. 선배네 스타트업에서 완벽하게 돌아가던 문화를 베껴와도 우리 회사에서는 삐거덕거리고 제동을 거는 직원이 생긴다. 조직문화에서 가장 큰 영향을 미치는 요인인 창업자가 동일 인물이 아니고 환경이 다르니 복붙이 가능하다면 오히려 신기한 일이다.

스타트업 조직문화 자체가 인재 유인 요소는 아니다

앞에서 언급한 『스타트업 트렌드 리포트 2024』을 분석해보면 스타트업의 조직문화에 대한 외부의 시선을 짐작할 수 있다.

대기업 직원 중에서 스타트업으로 이직을 고려해본 이들에게 이유를 물었더니 '스톡옵션 등 높은 재정적 보상'이 35.9%로 수위를 차지했고, '조직문화'는 17.9%로 9위에 머물렀다. 취업준비생 역시 스타트업으로 취업을 고려하는 이유를 물었을 때 '빠르고 유연한 의사결정 구조'와 '워라밸'을 꼽았다. '조직문화'는 22.7%로 5위에 그쳤다.

정리하면, 스타트업 직원들이 자랑스럽게 여기는 조직문화는 외부 인재들을 유인하는 요인으로 기능하지 않는다. 스타트업이 대기업보다 '수평적이고 자율적인 조직문화'를 지녔다는 언론 보도가 많았고 지인들도 그렇게 얘기해 대부분 알고 있다. 하지만 그 장점이 채용에 반영되지 못하고 있다. 채용을 목적으로 하는 외부 커뮤니케이션이 더 정교하게 설계돼야 한다. 다행히 지난 몇 년 사이에 채용을 HR 부서에 전담하던 관행이 사라지고 PR 부서가 적극적으로 개입하거나 한 팀으로 일하는 스타트업들이 늘어나고 있다. 이와 관련해 '고용주 브랜드Employer Brand'라 불리는 새로운 흐름에 대해 전 스타트업얼라이언스 매니저였고 웨딩북의 조직문화팀에서 그 업무를 담당하다 누틸드를 창업한 데이나 대표가 특별 기고를 해주었다.

왜 창업자들은 인재 앞에서 작아지는가

누틸드 데이나(정다연) 대표

"서비스에 대해서는 알아도 회사에 대해서는 아는 게 없대요. 그게 제일 힘듭니다."

스타트업과의 첫 미팅에서 가장 많이 듣는 말이다. 2021년 초 스타트업과 고용주 브랜드를 함께 만들고 변화시키는 '고용주 브랜드 빌딩' 서비스를 시작했을 때 대부분의 미팅을 여는 포문이 됐다.

대표님들의 고민만 봐도 채용 시장의 갑과 을은 확실히 바뀌었다. 고용주는 오직 계약서에서만 '갑'인 시대가 됐다고 해도 과언이 아니다. 불과 몇 년 전까지만 해도 공고를 열기만 하면 이력서는 심심치 않게 쏟아졌고 여러 과제와 면접을 통해 늘 고르고 평가하는 건 회사였다. 그런데 이제는 대표님들이 투자자 앞보다 긴장되는 게 인재 앞이라고 한다. 우리가 기억하는 '갑'의 당당함은 어디로 갔을까? 도대체 그 사이에 무슨 일이 일어난 걸까?

분명히 다른 움직임이 있다. 그중에서도 내가 중요하게 생각하는 흐름은 시장 내 MZ세대 노동자 수가 점점 늘어나고 있다는 것이다. 새로운 세대가 유입된다는 건 단순히 주니어 구성원이 채워진다는 것만을 의미하는 것이 아니다. 그들로 인해 전체 노동자 문화의 색깔이 조금씩 바뀌어간다는 것을 의미한다. 그리고 그들이 내뿜는 색은 꽤 진하다는 건 모두 잘 알고 있을 것이다.

MZ세대가 바꿔가는 노동자 문화를 이해하려면 그들에게 직장이란 어떤 의미일지부터 살펴봐야 한다. 우선 MZ세대에게 일하는 조직이라는 건 더 이상 평생직장을 약속하거나 인생을 걸어야 하는 생계 수단이 아니다. 월급 외에도 돈을 버는 방법은 아주 다양하고 플랫폼에서 제공하는 수익 모델은 개인화된 지 오래다. 그들이 바로 그 시장의 헤비유저이자 주요 서비스 제공자이기에 누구보다 잘 알고 있다. 따라서 그들에게 회사가 유일한 답이 아니라는 건 너무 당연한 이야기일지도 모른다.

또한 공동체의 어떤 룰보다도 본인이 원하는 것이 더 중요한 세대다. 이 때문에 부모 세대는 상상하지 못했던 사고방식으로 직장을 바라볼 수밖에 없다. 직장이 없으면 죽는 줄만 알았던 위 세대와는 다르게 열성적으로 취향에 맞는 제품과 서비스를 찾는 것처럼 직장 또한 같은 잣대로 판단하고자 한다.

직장을 취향으로 고른다니. 어린 세대의 철없는 소리로 들린다면 큰 오해다. 그들은 일반적 기준이나 공동체 가치보다 개인이 믿고 선호하는 가치에 무게를 둔다. 따라서 그들에게 취향이라는 건 가장 중요한 삶의 잣대 중 하나일 수 있다는 걸 이해해야 한다.

그렇다면 그들이 조직 구성원이 되려고 할 때 어떤 것을 가장 중요하게 생각할까? 회사가 제공해야 할 '취향'은 무엇일까? 그들은 고용주에게 본인과 결이 맞는 직장 환경을 제공해줄 수 있는지를 확인하고자 한다. 본질적으로 나를 잃지 않을 일터를 원하기 때문이다.

하지만 여기서 문제가 있다. 많은 스타트업이 들려줄 준비가 되어 있지 않다는 것이다. 조직을 안내하는 정보는 남들과 비슷한 채용공고나 바뀌지 않는 회사 홈페이지가 거의 유일한 출처다. 나와 맞는지를 유심히 확인하고자 하는 이들에게 너무 부족하고 약소한 정보들이다. 즉 어떤 고용주인지를 알고자 말을 거는데 대답해주는 사람이 없는 것이다.

결국 다양한 채널을 통해 '우리는 어떤 직장인지'를 얘기하는 소수의 기업만이 잠재 구성원들의 눈에 들어오게 된다. 최근 재빠른 몇 기업이 독점하듯 채용 경쟁력을 높여가는 건 어쩌면 당연한 일일 것이다.

한편 글로벌 대기업들은 향후 주요 노동 인구가 될 MZ세대 인재 유치가 기업 성장에 가장 중요한 역량이 될 것을 잘 알고 있다. 나와 다르지 않은 조직에 가고 싶은 그들에게 '우리다움'을 알리고 관리하는 데 애쓰는 이유다.

실제로 우리가 어떤 고용주인지를 인지시키기 위한 새로운 시도와 전략이 쏟아지고 있다. 최근에는 글로벌 기업에서 하이어링 매니저(결원이 발생한 팀의 리더)가 직접 틱톡을 통해 얼굴을 공개하고 경쾌한 영상을 만들어 채용공고를 내기도 한다. 그만큼 인재 채용에 제품 판매와 홍보에 투입하는 것 못지않을 물적, 인적 비용을

> **고용주 브랜드란** 기업이 '고용주로서' 가지고 있는 이미지의 총합.
> 구성원, 잠재 지원자, 외부자들이 떠올리는 고용주 이미지를 의미
> 한다.

투입하고 있다 해도 과언이 아니다.

1. 고용주 브랜드의 시대

시장의 이런 필요에 따라 고용주 브랜드Employer Brand는 최근 조직
경영과 인사관리 분야에서 중요하게 다뤄지고 있는 분야 중 하나다.

고용주 브랜드란 기업 특유의 성격이나 이미지를 말한다. 즉 현
재 고용된 구성원과 외부인이 인식하는 고용주(기업)에 대한 성격
이나 이미지를 말한다. 창업자, 경영진, 투자자가 어떻게 생각하는
지가 아니다. 우리 조직에 매일 출근하고 있는 구성원, 면접자로
참여한 지원자, 심지어는 힘들게 내보낸 퇴사자가 우리 조직을 어
떻게 생각하는지가 모여서 만들어지는 이미지가 바로 고용주 브랜
드다.

흔히 대표님들이 "우리는 아직 고용주 브랜드가 없다."라고 얘기
하시는데 사실 기업이라면 고용주 브랜드가 존재하지 않기란 매우
어렵다. 지분 없는 '1호 직원'이 생기는 순간부터 기업은 고용주가
되고 그 시점부터 좋든 나쁘든 브랜드가 만들어지고 있기 때문이다.

기업 브랜드Corporate Brand와 같은 것 아닌가 생각할 수 있지만
확실히 다른 분야다. 기업 브랜드는 소비자를 포함한 아주 다양한

이해관계자들에게 광범위하게 인식되는 이미지인 반면에 고용주 브랜드는 일하는 직장, 즉 노동 환경에 대한 관점에 한해 특정하게 생기는 이미지다.

고용주 브랜드를 정의할 때 가장 중심이 되는 개념은 '구성원 가치 제안EVP, Employee Value Proposition'이다. 구성원 가치 제안은 고용주로서 우리 조직이 어떤 가치를 제공하고 있는지를 가리킨다. 제품 측면에서 자주 언급되는 '고객 가치 제안CVP, Customer Value Proposition'과 같은 원리를 이 분야에 적용한 개념이라 생각하면 이해가 쉽다.

우리 조직은 고용주로서 어떤 가치를 제공하고 있을까

그렇다면 우리 조직의 구성원 가치 제안EVP은 무엇일까? 인적자원관리HRM 전문가인 만하임대학교의 아르민 트로스트Armin Trost 교수는 구성원 가치 제안을 정의하기 위해서는 세 가지 요소의 공통분모를 찾아야 한다고 말한다.

1. 우리 조직이 고용주로서 제공하는 가치 중 강점인 가치
2. 타깃 인재그룹이 중요하게 생각하는 가치
3. 채용 경쟁자가 가지고 있지 않은 가치

문자로는 간단해 보이지만 세 가지 모두 명료하게 뽑아내기 위해서는 우선 필수적인 준비물이 구비되어야 한다. 바로 구성원 중 향후 2~3년의 성장엔진이 되어줄 핵심 인재가 누구인지다.

2. 구성원 가치 제안의 기준은 오로지 핵심 인재

"우리는 미디어 PR만 하면 될 것 같다."

채용이 어렵다며 도움을 청하신 조직에 첫 미팅을 가보면 가끔 그렇게 말씀하시는 대표님들이 계신다. 하지만 언론 홍보 위주의 PR은 브랜드 전파를 위한 하나의 도구일 뿐이다. 전략적인 방향성 없이는 고용주 브랜드를 실질적으로 강화하는 것이 불가능하다. 결국 도움되지 않는 브랜드 메시지가 산재되거나 결국 결과는 없고 비용만 낭비하는 것이다.

고용주 브랜드의 방향성을 정의하려면 무엇부터 해야 할까? 생각보다 간단하다. 우리 회사의 핵심 인재를 기준으로 세우는 것이다. 우리가 고용주 브랜드를 정의하고 관리하는 이유는 내외부인 모두에게 사랑받는 회사를 만들기 위해서가 아니다. 오로지 우리 회사를 지속가능하게 발전시킬 핵심 인재를 더 많이 끌어오기 위해서라는 것을 정확히 인식해야 한다. 강력한 고용주 브랜드를 만들기 위해서는 핵심 인재가 만족할 수 있는 가치를 정확히 파악하고 지속해서 제공할 수만 있으면 된다.

다시 말해 고용주 브랜드는 채용 시장에서 그저 유명해지기 위한 것이 아니라는 것이다. 기업의 생존과 지속가능한 발전을 위해 필수 요소인 핵심 인재가 적은 비용으로도 끊임없이 유입되고 근속하게 만들기 위해서 전략적으로 태어난 개념이라고 할 수 있다.

우리 회사의 핵심 인재가 누구냐는 질문에 바로 이름을 나열할 수 있는가? 그것이 효과적인 고용주 브랜드를 만들 수 있는 시작점이다. 어렵다면 한번 이렇게 생각해보자. '저런 사람이 10명만

들어오면 좋겠다.' '저 구성원을 복제할 수 있으면 좋겠다.' 그런 생각이 들게 하는 구성원은 누구인가? 규모에 따라 다르겠지만 처음엔 5명 정도를 떠올려보는 것만으로 충분하다. 평가제도가 잘 운영되고 있다면 더 쉬울 것이다.

물론 조직의 성장 단계에 따라 핵심 인재상은 달라져야 한다. 그러니 아주 짧게 2년 정도만 내다보자. 그동안 누가 우리 회사의 생존을 지켜내고 성장의 모멘텀을 만들어낼 수 있을까?

3. 매력 있는 조직만이 생존
: 강력한 '우리다움'을 시작하게 할 네 가지 질문

고용주 브랜드 빌더로 일하며 고객사 대표님들에게 가장 중요하게 던지는 네 가지 질문을 꼽아보았다. 시작이 어려운 분야이기에 메시지를 알리는 전파 단계보다 더 핵심적인 앞 단계로서 브랜드 정의에 더 초점을 맞췄다. 질문의 순서는 고용주 브랜드가 얼마나 구축되어 있는지와 연관이 있는데 물리적인 규모나 투자 유치 단계는 크게 중요하지 않다.

강력한 우리다움을 시작하게 할 네 가지 질문

> 1. 모두가 같은 단어로 조직을 설명하고 있는가?
> 2. 우리 회사의 핵심 인재는 왜 아직 이직하지 않았는가?
> 3. 채용의 모든 순간에 '우리다움'이 녹아 있는가?
> 4. 말한대로 실천하는, 진정성 있는 고용주로 노력하고 있는가?

이 네 가지 질문으로 우리 고용주 브랜드 수준을 확인해보자. 만약 '예'라는 답을 하기 어려운 질문이 있다면 경영진과 질문을 놓고 어떻게 변화를 만들지 고민해보면 좋겠다.

1. 모두가 같은 단어로 조직을 설명하고 있는가?

"모든 구성원이 같은 단어를 사용해서 조직을 설명하고 있나요?"

현재 고용주 브랜드 수준이 어느 정도인지 모르겠다고 말하는 분을 만나면 자주 던지는 질문이다.

같은 단어로 설명한다는 것은 언어를 통일하는 것 이상의 큰 가치를 지닌다. 먼저 조직 구성원이 고용주에 대한 기댓값을 동일하게 가지고 있다는 의미다. 기댓값을 통일하면 그 외 채워지지 않는 가치에 대해 불만을 가지기 어렵다. 동시에 구성원은 제공된 가치를 더 강하게 인식하고 만족스럽게 여긴다. 또한 개인적이고 다양한 평판보다 모두가 동일하게 내는 메시지가 훨씬 전파력이 강하다. 그에 따라 기댓값과 맞지 않은 구성원이 진입했을 때 빠르게 이탈하는 효과도 있다.

한번은 이런 에피소드도 있었다. 한 스타트업의 채용팀 매니저와 다양한 직무에 있는 구성원들이 함께 식사하는 자리에 참석한 적이 있었다. 나는 그 자리에서 채용팀 매니저에게 이 질문을 던지면서 한번 테스트를 해보자고 제안했다. 구성원들은 직장으로서 우리 기업이 어떤 곳인지 말하기 시작했다. 그런데 채용팀이 지향했던 가치와는 다른 키워드와 맥락이 나와 채용팀 매니저가 당황한 표정을 감추지 못했다. 그 순간 우리 기업에게도 고용주 브랜드에 대한 노력이 필요하다는 것이 확실히 인식됐던 것이다.

물론 긍정적이고 발전적인 단어로 구성돼야 매력적인 브랜드가 되는 건 당연하다. 그래서 더욱 조직적으로 고용주 브랜드를 정의해 선포해야 한다. 아무것도 없을 때는 부정적인 단어들이 강력하게 자리 잡기 쉽기 때문이다.

결국 창업자와 인턴이 같은 단어를 사용할 수 있도록 '우리다움'을 전략적으로 정의해 선포해야 한다. 그리고 정말 지겹도록 어떤 상황에서든 꾸준히 말해야 한다.

2. 핵심 인재는 왜 아직 이직하지 않았는가?

앞서 말했듯 핵심 인재가 우리 회사를 어떻게 생각하는지가 가장 중요하다. 그들은 왜 이직하지 않고 매일 출근하는 걸까? 혹시 직접 물어본 적이 있는가?

조직에 효과적인 고용주 브랜드를 정의하기 위해서는 핵심 인재가 왜 입사했는지, 왜 근속하고 있는지를 알아야 한다. 핵심 인재와 비슷한 페르소나와 역량을 가진 타깃 인재가 고용주에게 어떤 가치를 제공받기 원하는지 알아내는 가장 좋은 방법이기 때문이다.

물론 현재 근무하는 핵심 인재를 근속시키는 데도 아주 중요한 부분이다. 어떤 요소에 만족하며 다니는지를 알아야 그 부분을 더 강화할 수 있다.

창업자, 경영진, 리더가 생각하는 우리 조직이 직장으로서 가진 강점은 뭐라고 생각하는가? 인사 담당자는 채용 프로세스를 운영하고 내부 조직문화를 챙기며 지원자와 구성원에게 어떤 강점을 얘기하고 있을까? 그리고 가장 중요한 문제인데 핵심 인재는 그들과 얼마나 같게 혹은 다르게 생각하고 있을까?

활발하게 고용주 브랜드 메시지를 내는 스타트업 중에서도 핵심 인재 의견은 고려되지 않고 경영진이 뿌듯함을 느끼며 좋다고 생각하는 것들만 전파하는 경우가 많다. 실제로 여러 프로젝트를 진행해보면 이러한 인식 차이를 고려하지 않아 생긴 자원 낭비를 자주 목격할 수 있었다.

또한 핵심 인재에게 효과적이지 않은 브랜드 전파는 반대로 원하지 않는 인재가 유입될 가능성을 높인다. 동시에 본인과 비슷한 결을 가진 동료를 기대한 핵심 인재의 근속 가능성은 점점 낮아진다. 따라서 우리의 목적인 그들에게 직접 물어봐야 한다.

3. 채용의 모든 순간에 '우리다움'이 녹아 있는가?

고용주 브랜드가 발휘되는 접점은 언제부터 시작될까? 바로 잠재 지원자가 기업을 직장으로 처음 인식하는 시점부터다. 이직할 회사를 탐색하다 채용 공고를 발견했을 수도 있고, SNS에 공유되는 고용주 브랜드 콘텐츠를 보게 됐을 수도 있다. 우연히 그 회사에 다니는 친구에게 처음 듣게 되기도 한다. 확실한 건 그 기업이 생산하는 서비스나 제품에 대한 브랜드 인식과는 별개의 여정이라는 것이다.

채용 공고 페이지부터 먼저 신경 써야 하는 이유가 바로 이 때문이다. 잠재 지원자가 직장으로 인식하는 가장 효과적인 기회이며 경쟁 기업과 '다름'을 보여줄 수 있는 첫 단계다. 잠재 지원자는 이 내용을 기반으로 본인이 원하는 가치를 제공할 고용주일지 1차 탐색을 한다.

하지만 채용 정보만으로 잠재 지원자의 확신을 얻기는 어렵다. 괜찮다 싶어 지원은 하더라도 아직 고용주를 판단할 기회가 촘촘하고 길게 남아 있기 때문이다. 서류를 넣은 후 채용 담당자의 메일을 받는 순간부터 여러 면접을 거쳐 최종 합격 통지를 받는 것까지 모든 채용 프로세스 속에서 기업은 자기도 모르는 사이에 지원자가 판단할 기회를 지속해서 제공한다. 심지어 최종 합격이 되지 않은 지원자들도 모두 고용주에 대한 인식을 가지게 된다. 그들도 브랜딩 대상이다. 떨어졌지만 다시 지원하고 싶은 기업이 되는 것도 채용 프로세스에서 브랜드 경험이 좋을 때만 일어나는 일이다.

그렇다면 효과적인 고용주 브랜드 인식을 위해서는 어떤 채용 프로세스를 만들어야 할까? 고용주와 지원자가 만나는 모든 순간에 우리 조직의 매력 요소로서 구성원 가치 제안EVP을 전략적으로 녹아들게 해야 한다. 하나의 결로 그리고 꾸준하게.

채용 담당자마다 달라지는 안내 메일과 기계적인 문자 메시지, 채용 공고 페이지와는 사뭇 다른 물리적 환경과 일하는 방법, '우리다움'이 느껴지지 않는 면접관의 태도와 질문들은 모두 매력적이지 않은 고용주 브랜드를 낳아 경쟁 기업에 인재를 뺏기게 하는 이유가 된다.

지원자가 된 심정으로 우리 회사의 채용 프로세스를 하나씩 추적해 지원자의 여정을 느껴보기를 바란다. 분명히 중요하게 생각하지 않아 방치된 부분들을 발견할 수 있을 것이다. 더불어 '우리다움'을 제대로 느낄 수 있는 구성원 가치 제안을 추가할 수도 있다.

4. 말한 대로 실천하는, 진정성 있는 고용주로 노력하고 있는가?

고용주 브랜드가 다른 브랜드 분야보다 쉽지 않은 이유는 상대적으로 빠르게 진정성을 판단할 수 있기 때문이다. 아무리 멋들어진 브랜드 콘텐츠도 그와 불일치하는 창업자, 경영진, 팀 리더의 말과 행동 앞에서는 어떤 힘도 발휘하지 못한다.

신규 구성원들은 온보딩 프로세스부터 시작해 모든 HR 제도, 조직 내 이벤트, 동료들과의 대화를 경험하며 판단한다. 내외부로 전파하는 고용주 브랜드가 진실인지는 생각보다 아주 쉽게 드러난다. 그래서 고용 계약서에 도장을 찍게 하는 것보다 근속하게 만드는 것이 훨씬 더 어려운 것이다. 특히 이직이 활발해진 요즘 같은 노동 시장에서는 기대와 다른 조직이라는 판단이 들면 인재는 고민 없이 퇴사를 택하게 마련이다. 앞서 언급한 MZ세대의 특징으로도 충분히 이해할 수 있는 부분이다.

그렇기 때문에 고용주 브랜드를 정의할 때는 기업이 현재 고용주로서 잘하고 있고 잘할 수 있는 요소에서 출발해야 한다. 롤모델 기업의 것을 복붙해서는 아무 소용이 없다.

심지어 현재 내부 구성원들이 동의할 수 없는 고용주 브랜드를 전파한다면 전파는 오히려 큰 리스크가 된다. 그래서 성급하게 마케팅과 홍보를 하기보다 우리 조직은 실제 어떤 가치를 주는 고용주인지를 인식하고 발전적으로 정의하는 게 중요하다.

제품 관리의 핵심이 품질 관리이듯 결국 고용주 브랜드 관리의 핵심은 구성원의 피부에 와닿는 진정성이다. 어떻게 우리를 예쁘게 포장해야 할지 고민하기 전에 핵심 인재의 의견을 한 번 더 들어보자. 구성원 입장에서 우리 조직은 정말 어떤 고용주인가를 한 번 더 인식해보라는 것이다.

조직의 성장 속도와 폭을 바꿔갈 핵심 인재가 실망하고 떠나기 전에, 잠재 지원자들이 보는 기업 평판 플랫폼에 부정적인 의견을 남기기 전에, 구성원들이 가까운 A급 인재들에게 절대 그 직장은 가지 말라는 의견을 말하기 전에 말이다.

4장

채용에서 의사결정 기준들

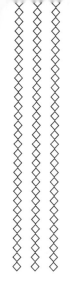

1
채용 준비

채용은 현업 부서의 요청으로 시작되는데 직무기술서JD, Job Description 준비, 서류심사, 면접과 평가, 오퍼와 승낙, 그리고 마지막으로 온보딩까지 마쳐야 끝나는 긴 여정이다. 스타트업은 언제나 채용이 진행 중이기에 절차를 제대로 관리할 프로젝트 매니저PM, Project Manager가 필요하다. 찾는 포지션에서 수행할 업무를 가장 잘 이해하고 그 빈자리가 안 채워지면 가장 피곤해질 사람이 맡는다. 대부분 결원을 채우려는 부서장이 프로젝트 매니저이다.

하이어링 매니저가 프로젝트 매니저를 맡는다

다국적기업에서 채용 과정의 프로젝트 매니저를 하이어링 매니저HM, Hiring Manager라 부른다. 하이어링 매니저란 명함에 박히는 공식 직함이 아니다. 포지션이 열리는 순간에 정해졌다가 적임자를 찾아

온보딩이 끝나면 면하게 되는 임시 역할이다. 혹시 "채용은 HR에서 뽑아주는 거 아닌가요?"라고 묻는다면 그건 우리나라의 대기업 공채에서나 가능한 것이라 대답하겠다. HR은 후보자가 회사의 조직 문화에 잘 맞는 사람인가를 판단할 실력은 있겠지만 회사 내 다양한 직무를 다 알 수가 없어서 절대 혼자서는 뽑지 못한다.

'그럼 HR에서 이력서를 취합해서 보여주고 면접 일정을 잡아주면 하이어링 매니저가 결정하면 되겠네.'라고 생각한다. 물론 그래도 된다. 중요한 것은 면접 일정을 누가 잡는가가 아니라 채용이 누구의 책임이며 채용 결정을 누가 내리는가다. 인재 탐색, 지원 서류 검토, 면접 시기 조정, 그리고 가장 중요한 채용 결정까지 하는 이는 하이어링 매니저다. HR은 각 부서의 하이어링 매니저들과 협조하면서 전체적인 지원 업무를 하고 채용 결정이 나면 평판 조회와 오퍼를 진행한다.

초기 스타트업에서는 대부분 최고운영책임자가 하이어링 매니저를 맡다가 나중에 어느 정도 규모가 되면 부서장들에게 위임한다. 개발팀장은 데이터베이스 관리자, 영업팀장은 마케팅 2년 차 팀원, 운영팀장은 테스터 채용을 진행할 것이다. 이 하이어링 매니저들을 도와주는 게 HR의 역할이다. 채용 시스템을 하이어링 매니저 주도로 설계하면 더 적극적으로 선후배를 스카우트해서 팀을 꾸린다. 왜 우리 회사 HR은 사람을 안 뽑아주느냐고 투덜대는 무쓸모 사내정치 말장난이 사라지고 공식 온보딩 기간 이후에도 새로 뽑은 사람을 잘 챙긴다. 무엇보다 채용의 병목으로 종종 작용하는 HR의 관리부서 역할이 줄어들어 속도가 빨라진다.

하이어링 매니저를 최고운영책임자 같은 임원이 맡으면 각 부서장이 원하는 사람을 임의로 뽑는 구조보다 부서의 사일로화 현상을 막을 수 있다. 스타트업에서는 조직을 늘리거나 줄이며 부서를 재배치하는 일이 수시로 발생한다. 그러다 보니 전체 구성원의 장단점을 파악하고 있는 HR 담당 임원이 부서 재배치의 밑그림을 그리는 게 효과적이다.

직무는 상세하게 지원 자격은 까다롭지 않게 한다

하이어링 매니저에게 프로필 작업을 요청하면 처음 해보는 이들은 당황한다. "이런 거 안 해봤는데요." 그러면서 두 가지 실수를 동시에 범한다. 하나는 뽑을 포지션의 타이틀을 먼저 정하는 것이고 다른 하나는 그 타이틀로 다른 회사의 채용 공고를 뒤져 직무기술서와 스킬셋을 베껴다 빈칸을 채우는 것이다. 타 회사의 공고를 보며 아이디어를 얻는 것은 크게 탓할 일이 아니나 순서가 바뀌었다. 타이틀 선정보다 수행 직무 분석을 먼저 진행해야 한다.

언어는 상징이기에 채용할 포지션의 타이틀을 먼저 정하면 사람들은 각자 그 단어를 자기 나름대로 구체화한다. 구체화 작업을 거치면 한 단어라 해도 각자 다 다르게 받아들이게 된다. 이는 사람마다 커리어 경로가 다르기 때문이다. '마케팅 매니저'라는 동일 명칭의 직무라 해도 삼성 출신과 마이크로소프트 출신의 직무 싱크로율은 70%도 안 된다. 같은 회사 출신도 근무 시기가 다르면 의미가 달라진다. 마케팅 매니저가 수행하는 과업은 서비스 출시 전과 매출 월 1억 원대, 월 10억 원대가 각각 다르다. 따라서 지원자도 면접관도 같은 목표를 지향해서 채용할 수 있도록 타이틀은 좀 늦게 정하고 먼저 '상세직무' 항목에 역할과 책임을 중요도 순으로 나열해본다. '2030 여성고객향 SNS 운영' '퍼포먼스 마케팅' '멤버십 서비스 기획' 식으로 자세히 적는다. 그다음은 '지원자격' 항목에 그 것을 수행하는 데 필요할 만한 요건을 적는다.

상세직무를 적는 과정에서 논리가 꼬인다. 큰 회사라면 두세 명이 할 업무인데 지금 한 사람을 뽑아서 하려니 티가 난다. 민망해도 다 적어야 한다. 스타트업은 원래 다양하게 하는 걸 알고 지원하는 것이니 '중요' '경험자 우대' 식으로 표시만 정확히 해주고 면접을 볼 때 설명하면 된다. 구인공고의 본질은 쿨한 이미지로 지원자를 많이 유치하는 것이니 직무는 상세하게 하고 지원 자격은 까다롭지 않게 동호회 멤버 모집하듯 상냥하게 부추긴다.

채용 프로필 작업을 하다 보면 앞으로 이 포지션에서 맡을 업무가 많이 확장되리라는 느낌이 온다. 그래서 미래를 준비하느라 당장 필요하지도 않은 스펙을 이것저것 요구한다. 직무기술서 항목이 늘어날 때마다 지원자 숫자만 줄어든다. 스타트업의 성장 속도는 개인의 성장보다 빠를 가능성이 크다. 회사가 잘되면 그것만 전문으로 하는 사람을 따로 뽑을 거고, 회사가 잘 안 되면 그 업무를 할 일이 없기에 불필요한 오지랖이다.

따라서 지금부터 6개월에서 멀리 본다 치면 1년간 집중할 핵심 업무만 적고 그걸 가장 잘할 사람으로 뽑는다. 반드시 문서로 적어 놓고 서류 검토 직전과 면접 직전에 한 번씩 확인한다. 그래야 중

간에 후보자를 만나보고 기준이 흔들려 채용이 산으로 가는 일이
안 생긴다.

원하는 스펙이 없으면 신입도 키우고 다양하게 찾는다

공고는 나갔는데 프로필을 충족하지 못하는 지원자만 올 때가 있
다. 광고를 태우면 특히 더 그렇다. 프로필에 맞는 사람이 아예 없
지는 않을 텐데 그런 후보들이 모두 '네카라쿠배당토*'에 가 있는
느낌이다. 고민이 깊어지다가 어느 순간 A급 선발 기준을 포기하
고 B급만 되어도 뽑아야 하는 게 아닌가 싶은 갈등에 빠진다. 그
래도 그 선택은 최후에 쓰는 것이니 일단 대안을 찾아보자. 시간을
좀 여유롭게 잡으면 지원자 숫자가 늘어난다. 정규직으로 오래갈
사람만 찾지 말고 유학이나 다른 이유로 6개월만 근무할 사람이라
도 뽑는다. 개인적인 이유로 출퇴근이 자유로워야 하는 사람도 상
관없다. 돈을 더 줄 수도 있다. 원하는 스펙이 안 뽑히면 차라리 똘
똘한 신입을 뽑아 공동창업자들이 모니터링하며 키우는 것도 방법
이다.

　비슷한 유형만 계속 뽑는 것도 문제다. 직원들은 다양한 풀에
서 골라야 한다. 그래서 가끔 다른 유형의 사람을 뽑아보는데 마음
에 안 드는 부분이 눈에 들어오고 불편하다. 일일이 설명하지 않아
도 소통이 잘되던 예전 풀로 돌아간다. 스타트업은 대개 역동적이

---

*　네이버, 카카오, 라인플러스, 쿠팡, 배달의민족, 당근마켓, 토스 7사를 통칭하는 신조어로 취업
　하고 싶은 IT 기업을 말한다.

고 순발력 좋은 친구들이 주류를 이룬다. 그런데 그들만으로 구성하면 취약하다. 공동창업자가 공부 잘하고 좋은 학교 나온 친구들로만 구성됐다면 공부와는 별로 안 친했어도 실전 경험이 많은 직원을 뽑아 균형을 잡아야 한다. 창업자들이 가방끈이 짧다면 컨설팅 회사 출신들로 부족한 인맥과 외부 대응을 맡긴다. 시간이 오래 걸리는 프로젝트는 순발력 좋은 똘똘이들보다 평범한 친구들이 더 잘 챙긴다.

나이 든 사람을 뽑는 것도 나쁘지 않다. 젊은 창업자가 가진 40대 부서장의 이미지와 실제 스타트업에서 일하려 지원하는 40대 후보자의 성향은 아마 다를 것이다. 나이 젊은 보스와 일하는 것이 불편했다면 지원도 안 했을 테니까. 문제는 나이가 들면서 순발력이 떨어지는 부분이다. 노년학에서 이미 정리된 이론인데 나이를 먹는다고 문제를 못 푸는 것이 아니고 시간이 좀 더 걸린다. 다행히 이들은 젊은 사람들보다 산업화 시대의 근로 윤리가 남아 있어서 근태도 훌륭하다. 조기 이직 가능성이 크게 낮다는 점도 장점이다. 백오피스back office에도 나이 든 직원을 두면 안정감이 생긴다. 외부 미팅에 40대 본부장을 동행하면 거래처에서 좋아할 가능성이 크다. 일부러 나이 많은 사람을 찾으라는 이야기보다는 나이 든 이에게 부정적인 편견을 가질 필요는 없다는 의미다.

채용도 비즈니스처럼 수용자 중심으로 구현돼야 한다
이직 의사를 지닌 구직자가 처음 우리 회사의 채용정보를 접하는 곳은 채용 플랫폼이다. 예쁘게 화장한 구인광고들이 눈길 한 번 받으려고 최선을 다하는 곳이다. 이름만 대면 알 만한 서비스나 쾌적한 사무실 사진이 좋다. 스타트업은 조직문화가 수평적이라는 것은 이미 아니까 그런 걸 강조하지 말고 사람들이 스타트업에 없을까 봐 걱정하는 부분을 넣는 게 중요하다. 충실한 회사 소개, 자세한 직무 소개, 상세한 채용 절차 안내, 인터뷰 형식으로 처리한 취업담당자 블로그, 근무 시간과 복지 혜택 등은 기본으로 들어간다.

채용 광고에서 일단 관심이 생긴 후보자는 회사 홈페이지, 잡플래닛, 크레딧잡, 블라인드, 로켓펀치, 페이스북, 리멤버, 링크드인 등 정보를 구할 수 있는 곳은 다 들러본다. 모든 비즈니스는 수요자 중심으로 구현돼야 한다. 구성원이 배우고 성장 가능한 곳, 세상을 좀 더 살기 좋은 곳으로 바꾸려는 꿈을 가진 이들이 모인 곳이라고 카피를 쓰면 그런 걸 좋아하는 사람들이 모인다. 스타트업 얼라이언스에 지원하는 분들 가운데 공공기관에서 온 분들이 가장 좋아했던 표현이 '자기 주도적으로 업무를 할 수 있는 곳'이었다. 누구에게는 너무 당연한 것이 또 다른 이들에게는 꿈같은 일이기도 하다.

구직자들이 다양한 정보를 취합해서 지원 여부를 결정할 때 고려하는 주요 요소 중 하나가 지원 방법의 난이도다. 간혹 한 가지 형식의 지원서류를 고집하는 HR이 있는데 지금 그럴 때가 아니다. 일 잘하는 사람들은 늘 스카우트만 되다 보니 국문, 영문이력서를 골고루 갖추고 있지 않을 가능성이 크다. 영문이력서를 써놓은 것이 없는데 영문만 받는다면 그냥 안 하고 만다. 채용 플랫폼에 구인공고를 얹었다면 당연히 그 플랫폼의 표준 이력서도 받아주고 아니면 자유 형식의 이력서와 자기소개서 등 최소한의 지원서류를 받는다. 사진, 졸업장, 경력증명서 등 어차피 나중에 붙으면 필요할 서류를 미리 요청해서 장애물을 하나 더 만들 까닭은 없다.

서치팀 출신 리서처를 리크루터로 채용하는 것도 좋다

직원 추천이 가장 좋다는 것은 상식이다. 이들은 회사, 창업자, 입사 후 보고할 부서장에 대해 알고 들어오기 때문에 입사 초기에 당황해서 퇴사하는 일은 거의 없다. 반면 대기업 출신들은 사전 오리엔테이션이 없는 상태로 초기 스타트업에 왔다가는 이런 구조에서 일하기 어렵다며 몇 주 만에 퇴사하기도 한다. 스타트업은 직무몰입도가 높아야 결과를 낼 수 있는 고난도 업무라 잘 안 맞는 사람이 떠난다고 하면 대부분 "그렇게 불평할 거면 가셔도 된다."라고 하며 덤덤하게 받아들인다. 직원 추천 입사자의 퇴사율이 낮은 또 다른 이유는 추천자를 의지해 어려움을 버틸 수 있고, 새로 만난 직장동료들도 '친구의 친구'뻘이라 쉽게 친해진 덕택이다.

그다음이 서치펌Search Firm*이 추천하는 후보다. 서치펌이 고객사와 장기간 거래관계를 유지하면서 조직문화, 연봉 수준, 회사와 최고경영자의 장단점까지 잘 알게 되면 다른 방법으로는 뽑기 어려운 후보를 찾아다 준다. 국내에 진출한 다국적기업들도 자신들

---

* 헤드헌팅 회사

의 인더스트리에 특화된 서치펌 한두 곳을 정해놓고 오랜 기간 이용한다. 그런데 스타트업은 그런 조건에 잘 안 맞는다. 우선 구인 회사의 업력이 짧고 스타트업 문화를 이해하는 서치펌 컨설턴트도 많지 않다. '네카라쿠배당토'에서 사람을 빼올 정도로 좋은 패키지를 제시하기도 어렵다.

그래도 서치펌을 활용하기로 마음먹으면, 이름을 들어본 곳 몇 곳에 채용 직무범위나 자격요건을 보내고 이력서를 기대하는 방식은 피하자. 먼저 주변에 물어봐서 평판 좋은 컨설턴트를 찾아 회사로 초청한다. 그리고 후보자가 입사하면 맡길 직무와 회사에 대해 솔직하고 상세하게 설명한다. 일의 결과를 떠나 그 스타트업 사람들이 참 좋은 분들이고 회사가 유망하더라고 소문이 나야 한다. 첫 미팅에서 컨설턴트가 구인 포지션의 업무적합성, 조직적합성, 적합한 후보자의 개인 성향, 기술 역량을 구체화할 수 있어야 서치 결과가 좋다. 후보자를 찾는 데 걸리는 기간과 후보자의 보상 패키지와 컨설턴트 수수료를 확정하고, 리테이너(환불 불가 착수금) 조건으로 선입금할 게 아니면 최소 2주의 독점 진행을 보장해준다.

좋은 후보자는 귀하기 때문에 서치펌 컨설턴트를 만날 때 진지하고 정중할 필요가 있다. 경쟁력을 지닌 후보자와 서치펌 컨설턴트의 관계는 평생 간다. 컨설턴트는 그 사람을 여러 번 소개하면서 1억 원 이상도 벌 수 있다. 구인 회사는 자기들이 돈을 주니까 '갑'일 거로 생각하지만 헤드헌터 입장에서는 본인의 평판을 지키기 위해서라도 절대 아무 회사에나 아끼는 후보를 보내지 않는다. 참고로 헤드헌터는 개인사업자라서 서치펌의 명성보다는 컨설턴트 개인의 역량이 중요하다.

성장 속도가 빠른 스타트업은 직원이 30명만 넘어도 서치펌 출신 리서처를 아예 사내 리크루터로 채용한다. 그들은 업계를 뒤져 후보자를 설득해 면접장까지 오게 만들 수 있는 사람들이다. 서치펌에 의뢰하는 것과 사내 리크루터를 고용하는 방식의 차이는 디자인 용역을 외주를 주느냐 디자이너를 채용해서 맡기느냐의 차이와 비슷하다. 서치펌은 일정 수준의 서비스 품질이 유지되고 여러 포지션도 빠르게 찾아오지만 비용이 많이 든다. 사내 리크루터는 본인이 잘 아는 분야가 제한적이고 인당 생산량도 정해져 있기에 일감이 몰리면 소화하지 못한다. 어느 회사에 가나 하는 일이 거의 같다 보니 장기근속에 대한 유인 요인이 적어 경력이 쌓이면 보상이 좋은 회사로 옮길 가능성이 크다. 고성과자라면 스톡옵션 같은 장기보상책이 필요하다.

필요한 사람을 빠르게 온보딩시켜야 한다

채용 플랫폼은 대부분 포스팅은 무료고 광고비를 받는다. 광고비는 눈에 들어올 위치면 주당 몇백만 원 수준이다. 채용 플랫폼 사람인에는 포지션당 몇십만 원을 내면 데이터베이스를 검색해볼 수 있는 상품들도 있다. 잘 찾아보면 적임자가 없지 않겠지만 들이는 시간이 아까워서 스타트업 채용과는 잘 맞지 않는다. 투자금 소진율cash burn rate를 계산해보면 스타트업의 시간은 정말 비싸다.

원티드는 채용 시 연봉의 7%를 청구한다. 채용 방법은 광고를 내도 되고 기존 모아놓은 이력서를 검색해서 상세 이력을 요청하는 방식도 가능하다. 데이터베이스에 좋은 분들이 없는 것은 아닌데 대부분 적극적인 이직 의사가 있다기보다는 살짝 걸쳐놓은 상태다. 아주 유명한 회사가 아니라면 연락해봐야 별 효과가 없다. 스타트업얼라이언스에서 마케터 후보에게 상세 이력서를 보자고 연락했을 때 거절 비율이 승낙 비율보다 압도적으로 높아서 민망했다.

서치펌은 자신들이 추천한 후보를 채용할 때 연봉의 15~25%를 요구한다. 스타트업의 채용 방법 가운데 가장 큰 비용은 서치펌 수수료가 아니라 적임자를 찾지 못해서 발생하는 기회비용이다. 월 1억 원 정도를 태우며 달리는 초기 스타트업의 경우라면 채용 수수료로 몇십만, 몇백만 원을 들여서라도 필요한 사람을 빠르게 온보딩시키는 것이 합리적이다. 특히 경력 개발자처럼 채용 공고에 응할 가능성이 거의 없는 경우라면 채용 비용을 아껴서는 구할 방법이 거의 없다. 그런 관점에서 보면 내부 추천자에게 100만~200만 원의 보상금을 주는 것은 거의 거저다.

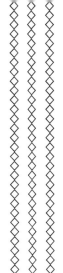

2
서류 심사 단계

서류전형은 면접전형에 올릴 후보를 추리는 작업이다. 그래서 면접관들이 직접 서류심사를 하면 더 효과가 높다. 지원자가 너무 많으면 HR에서 기계적으로 1차 선별작업을 하기도 한다. 예를 들어 '1년 이하로 다닌 회사, 1년 이상의 경력 공백 등이 두 번 이상 있으면 자동 탈락'하는 식으로 컷오프 기준을 적용한다. 면접관들이 서류심사 중에 발견하는 석연치 않은 부분들은 나중에 면접장에서 물어볼 질문이 된다.

면접 과정에 하이어링 매니저와 부서장이 참석한다

면접과 서류전형에는 하이어링 매니저와 채용 포지션의 직속 상사가 될 부서장이 참석한다. 때로는 이 둘이 동일 인물이기도 하다. HR이나 운영지원팀 담당자도 필참이다. 30인 이하의 작은 조직은 최고경영자가 추가되고 50인 이상으로 커지면 최고경영자가 빠지고 임원이 한 명 더 참석하는 식으로 조정한다. 스타트업얼라이언스는 모든 채용에 최고운영책임자가 하이어링 매니저가 돼 진행한다.

심사 과정은 공유 폴더에 이력서를 올려놓고 해당 부서장, 센터장, 운영지원팀 매니저가 각자 토론 없이 리뷰하며 한 사람이라도 X표를 하면 그 후보는 탈락이다. X표를 한 사람은 그 사유를 기재하고 그것이 타당하지 않다고 생각하는 구성원이 있다면 토론으로 결정한다. 내부 추천으로 들어온 이력서는 면접 기회를 자동 부여한다. 지인을 설득해 이력서를 내게 했는데 면접 기회조차 못 얻는다면 중간에서 말을 놓은 직원의 체면이 깎이는 일이다. 동료애가 상실되는 순간을 겪게 해서는 안 된다.

면접관을 다양하게 구성해서 인터뷰를 해야 한다

업무 관련성 기준으로 선발된 면접관 중에 후보자와 동일 젠더가 없으면 한 명 추가한다. 이 사람은 주로 동일 젠더의 시각으로 후보자의 팀워크 성향을 체크하고 성인지 감수성 기준을 넘어서는 질문이 면접 중에 나오지 않도록 실시간 모니터링하는 역할이다.

면접관 구성의 또 다른 고려 요소는 다양한 인터뷰 스타일이다. 어떤 면접관은 장황하지 않게 요점만 정확히 짚어 대답하는 것을 중요하게 여기고 또 어떤 면접관은 말이 길어지더라도 논리적인 추론으로 결론을 도출하는 능력을 중요하게 여긴다. 일은 팀으로 하는 것이기 때문에 잘 어울리고 배려심이 있는가에 초점을 맞추기도 하고 또 후보가 마음에 들면 벌써 직원이라도 된 것처럼 회사에 대해 열심히 영업하기도 한다.

누구나 자기 스타일의 사람에게 후하게 점수를 주는 경향이 있다. 다른 스타일의 동료도 채점에 참여해야 균형이 잡힌다. 착하고 배려심이 있지만 일을 잘 못하는 사람, 성과는 잘 내지만 팀워크가 부족한 사람 등이 채용되는 이유에는 특정 면접관의 목소리가 과대 반영되는 상황도 있다. 중년 남성 위주로 면접관이 구성되는 것도, 특정 성향의 인물들이 분위기를 주도하는 것도 피한다. 스펙 좋고 말 잘하는 후보에 다들 취해 있을 때 누군가는 "저렇게 모든 사람이 자기를 좋아한다고 믿고 자기 확신이 강한 사람은 팀워크에 문제가 있다."라며 제동을 걸어야 한다.

직업 가치관과 직무 역량과 경력 일치를 확인한다

지원 회사와 잘 맞는 사람을 뽑고 싶다면 두 가지를 반드시 확인한다. 첫째는 지원자의 가치관이 우리 회사의 비즈니스 모델, 추구하는 목표, 조직문화와 조화를 이루는가다. 그 정보를 이력서와 자기소개서에서 읽어내고 면접장에서 확인한다. 가치관이 가장 잘 드러나는 대목은 경력 전환기의 선택들이다. 경력 전환기란 대학 졸업과 취업, 자의에 의한 이직, 건강 악화 사유의 휴직 후 취업, 타의에 의한 이직 후 공백기 등을 말한다. 굳이 건강 악화 사유를 꼭 짚어 말한 이유는 "일하기 싫어서 퇴사한다."라고 말하는 것이 용납되지 않는 문화에서 건강 악화가 가장 일반적으로 쓰이는 핑계이

기 때문이다. 없는 병을 있다고 꾸며대는 꾀병과 달리 신체화soma-
tization 현상은 실제로 몸이 아프다는 특징이 있다. 회사를 그만두
고 스트레스를 안 받으면 호전된다. 이 시기에 그가 모색하는 다음
행보나 커리어 준비 활동을 보면 그의 직업 정체성인 경력 닻career
anchor이 어떤 유형인지 알 수 있다.

둘째는 충원하려는 포지션에서 요구되는 직무 역량과 지원자의
경력 일치 정도다. 이 내용은 경력기술서, 포트폴리오, 이력서 등에
나뉘어 기술되어 있다. 스타트업은 가르칠 사람이 없기 때문에 최
대한 높은 역량을 지닌 사람을 뽑는 게 바람직하다. 오래 다닌다고
해도 업무 권한이 빠르게 확장되지 않는 일반 기업들은 고스펙 지
원자를 채용했을 경우 동기부여의 어려움으로 실패할 가능성이 높
다. 그러나 스타트업은 예상보다 더 뛰어난 후보가 오면 그런 고민
을 하지 말고 얼른 뽑아야 한다. 그런 다음 원래 맡기려던 직무와
함께 그 사람에게 맞을 만한 도전적인 직무를 새로 부여한다. 스타
트업의 성장 속도가 워낙 빠르기에 채용 시점에는 오버 스펙이나
고스펙으로 보여도 결국 6개월에서 1년 먼저 뽑은 것에 지나지 않
는다.

성격은 채용의 고려 요소가 아니다. 흔히 말하는 밝은 성격, 좋
은 성격, 차분한 성격, 이런 것들은 평가 대상이 아니다. 회사는 각
자의 역량으로 자기 과업을 수행하고 동료와 협업하는 공간이다.
따라서 감정을 제어하지 못하고 성격을 드러내면 동료가 불편해진
다. 만약 특정인의 성격이 본인이나 동료의 업무 수행을 방해하는
게 관찰되면 면담을 거쳐 피드백이 들어가야 한다.

공격 성향이나 감정 노출 성향에 문제가 있음을 대부분의 사람이 동의하면서도 밝은 성향은 문제가 없다고 여긴다. 그러나 밝기만 한 성격의 소유자는 위기 인식 능력이 떨어지고 일 처리가 허술하며 본인의 단점을 개선하려는 의지가 부족하다. 그래서 좋은 성격 나쁜 성격을 구별하지 않고 공동체가 허용하는 범위를 넘어가는 성격 노출을 제한한다. 성격은 점수화하지 않고 적성이라 흔히 부르는 직무 능력과 직업에 대한 가치관 두 가지를 채용 시점에 주로 확인한다.

경력기술서에 경험 부풀리기가 없는지 확인한다

서류전형에서 가장 중요한 문서는 이력서다. 제출 서류에 '한글 이력서'를 명기하면 대부분 알아서 경력 사항 아래 주요 업무 내용을 표기하게 돼 있는 최신 포맷으로 낸다. 옛날부터 내려오는 바깥 테두리가 있고 안에 가로세로 선이 들어간 테이블 포맷의 '인사서식 제1호' 이력서 양식은 스타트업 동네에 맞지 않는다. 이 포맷의 이력서를 제출하는 지원자는 웬만하면 거르자. 모든 회사가 변화에 뒤처지지 않으려 노력하는데 스타트업에 지원하는 사람이 수십 년 전에나 쓰던 포맷의 문서를 사용하는 것은 게으르거나 고집이 있다는 뜻이다. 둘 다 별로다. 앞부분에 간단히 요약본을 배치하고 이어 상세한 세부 경력을 뒤에 첨부하는 통합지원서들이 많다. 이 형식이 가장 직관적이며 상세해 이해가 쉽다. 이력서 형식만 봐도 지원자가 상대방을 배려하는 자세가 있는지 확인할 수 있다.

이력서에서 첫 번째 유용한 정보는 주소지다.* 통근 시간이 90분을 넘기면 여러 가지로 어렵다. 출퇴근에 지쳐 사기가 떨어지게 되면 작은 어려움에도 이직을 생각한다. 미혼이라면 회사 근처로 이사할 수도 있겠으나 배우자 직장이나 친정 근처에 자리를 잡았을 때는 이동이 어렵다. 통근 시간은 면접에서 짚어야 할 내용이고 꼭 함께하고 싶은 인재라면 재택근무 위주로라도 뽑는다.

두 번째 유용한 정보는 학교다.** 재학 기간이 5년 이상 걸리면 노란불이다. 교통신호등의 노란불처럼 빨리 지나갈 게 아니고 잠깐 멈춰 서서 자세히 들여다본다. 가정 형편이 어려워 아르바이트를 했다면 괜찮은데 공무원 시험 준비, 취업 준비, 영어 공부 등 스펙과 관련된 거면 스타트업에 잘 맞는 모양새는 아니다. 도전적이고 자기주도적인 사람이라면 하루라도 빨리 졸업해서 커리어를 만들어나가지, 부모 지갑에 기대어 메인 승부를 지연하지 않는다. 그래도 학교 다닐 때 한 것까지는 이해되는데 졸업한 뒤에도 6개월 이상의 공백기가 보이면 반드시 메모했다가 물어본다. 어릴 때 공부를 안 했든 못했든 유명 대학을 못 간 것은 오히려 사소한 문제다. 이걸 한 방에 복구하려고 공시족 생활을 하거나 타교 대학원 진학 준비로 보내는 것은 유교적 입신양명 사상이다. 열심히 일해서 세상을 더 나은 곳으로 바꿔보겠다는 스타트업의 진취적인 분위기와 잘 안 맞는다.

---

* 최정호 더핑크퐁컴퍼니 CFO가 최근 추세는 지원자의 주소를 수집하지 않는 스타트업이 많다고 의견을 주었다.

** 위와 동일한 이유로, 신입이 아니라면 학력을 필수 기재 사항으로 넣지 않는 스타트업이 많다고 의견을 주었다.

그다음은 이직이 얼마나 자주 어떤 방향으로 일어났는가를 본다. 작은 회사에서 큰 회사로, 계약직에서 정규직으로, 업무도 일관성 있게 유지하는 것이 가장 바람직하다. 근속기간은 한 회사에서 2년 이상만 다니면 된다. 그것을 못 견뎠다면 상사와 갈등이 있었는지, 있었다면 원인이 무엇이며 어떻게 수습 노력을 했는지 물어봐야 하니까 표시해둔다. 좋은 회사들로 옮겨 다니기는 했는데 직무가 계속 변했다면 싫증을 잘 내는 드리프터drifter인지 의심해본다. 드리프터는 하는 일에 흥미가 떨어지면 구직 사이트를 뒤져 마음에 드는 포지션을 찾아 옮겨다니는 사람들이다. 대부분 학벌도 좋고 일도 잘하지만 헌신이 없고 팀 플레이어도 아니기에 예상치 못한 순간에 떠나버린다. 인생의 목표가 없거나 당장 만족을 바라는 이들이다.

인생의 방향을 정하는 순간에 내린 선택들이 곧 그 사람이다. '어떤 의사결정을 내렸나?' '왜 그런 결정을 내렸나?'는 면접장의 단골 질문이기에 후보자도 준비하고 온다. 민망하고 유치한 답이 나오는 것은 높은 자기개방 성향이기에 나쁘지 않은데 거짓으로 꾸며댄 답변이라면 곤란하다. 합리적이지 않은 과거 결정에 대해 깔끔한 실수를 인정하는 게 가장 좋고, 변명은 평범한 사람이라는 뜻이고, 거짓말을 섞어 넘겨보려는 시도를 한 이는 탈락 대상이다. 검증 방법은 그런 비슷한 순간들이 여러 개 있기 때문에 앞뒤 논리를 비교해보면 된다. 답변이 수긍이 잘 안 가는데도 그냥 뽑으면 말이 안 되는 설명을 하는 동료와 일을 해야 한다.

나이와 경력의 불일치는 신중하게 검토할 요소다. 나이에 비해 경력이 긴 사람이 당연히 좋고 반대의 경우가 문제다. 가장 바람직하지 않은 경우는 2년 미만 근무 후 이직, 그리고 다음 취업까지 4개월 이상의 공백이 2회 이상 반복되는 경우다. 첫째 가능성은 상사와의 관계에 어려움이 있거나 일을 못하는 경우 또는 둘 다이다. 둘째 가능성은 재무적으로 어려운 회사에 주로 다녔거나 계약직으로 공공기관에 취업했다가 재계약이 안 된 경우다. 첫째 유형이면 자기 성찰이 이뤄졌는가를 깊게 확인해보고 그렇지 않으면 안 뽑는 게 맞다. 둘째 유형이면 판단력에 문제가 있기는 하지만 아직 사회 경험이 적어서 그런 것이니 다른 부분을 보고 판단한다.

직무 역량은 회사 내에서 판단할 사람이 있으면 그를 배석시키든지 아니면 미리 과외를 받아서 질문 포인트를 잡는다. 그럴 역량이 내부에 없다면 사외이사 같은 외부 전문가에게 미리 이력서를 보내어 의견을 듣고 질문거리도 미리 받는다. 이력서에서 개인정보는 지우고 공유한다. 가능하다면 아예 전문가를 면접에 참석시킬 수도 있다.

직무와 관련해서 가장 많이 발생하는 반칙은 경험을 부풀리는 행위다. 팀원으로 참여한 것을 기획부터 혼자 한 것처럼 과장하거나, 학교 다닐 때 과제물 작성하느라 다뤘던 소프트웨어 툴을 숙달됐다고 분칠하는 것이다. 근속 연차보다 담당 프로젝트 규모가 너무 크거나 짧은 기간에 일을 굉장히 많이 했다고 적었다면 면접 시 확인하도록 체크해둔다.

해외 업무를 하지 않더라도 영어 독해 능력이 있으면 유용하다. 영문 자료 검토나 해외 업체들 벤치마킹을 안 하는 스타트업은 없으니까. 기획, 마케팅, 사용자경험 직군 선발에 국문이력서 대신 아예 영문이력서cv 제출을 요청하면 지원자 풀이 유학파 위주로 변한다. 긍정적인 점은 두 가지다. 첫째로 해외 경험자가 주로 지원하는데 간혹 뛰어난 선수들이 발견된다. 대부분 오래 다니려는 의사보다는 경험을 쌓기 위해 지원하는 거라 회사의 크기에 연연하지 않으며 비즈니스 모델이 맞으면 지원한다. 둘째로 매사에 더 적극적인 친구들을 만나게 된다. 부정적인 부분은 국내파보다 기대하는 연봉이 더 높고 근속기간이 짧다. 젊을 때는 진취적이어서 한곳에 머무르기보다 계속 움직이고 싶어 한다.

포트폴리오와 작업물을 보고 미래 성과를 예측한다

HR을 연구하는 학자들이 취업 후보자의 미래 성과를 예측하는 척도로 작업물을 추천한 지는 상당히 오래됐다. 이들 연구는 대부분 기능직, 군인, 경찰같이 테스트의 타당도 측정이 용이한 직군들이었다. 사무직도 천공카드 작업처럼 일정 시간 내의 산출량 과업화가 용이한 직무였다. 용접공을 뽑으면서 작업물을 제출하도록 하거나 경찰을 뽑으면서 경찰 사격장에서 사격해보게 하는 것처럼 확실한 방법도 드물다. 문제는 스타트업에서 주로 선발하는 직군 가운데 이렇게 단독 수행 결과물 제출이 가능한 경우가 디자이너와 프로그래머를 제외하면 별로 없었다는 점이다.

과거 디자이너들만 제출하던 포트폴리오가 최근에는 마케터 채용에도 광범위하게 이용되고 있다. 한 가지 주의할 점은 이전 회사에서 했던 작업물을 온전히 후보자의 작업물로만 봐도 되는가다. 만약 그 회사에 훌륭한 사수가 있어 기획은 그 양반이 맡고 지원자는 손과 발 역할만 했다면 오히려 포트폴리오에 속게 된다. 그래서 후보자의 이메일 주소로 SNS, 블로그, 개발자 포럼을 뒤져 평소 작업물 수준을 보기도 한다. 글을 많이 쓰는 직군은 블로그나 SNS 주소를 미리 제출받는 회사도 흔하다. 이걸 대비해서 취업 전용 SNS를 운영하는 후보자도 늘고 있다. 만약 마케팅이나 홍보, 그 외 글을 많이 쓰는 직군의 후보자가 전형 과정에서 보여줄 만한 글이 없다고 하면 웬만해서는 뽑지 않아야 한다. 글은 계속 쓰고 고치면서 느는 거라 업무로만 하고 쉴 때는 안 한다는 사람이면 발전이 없다.

지원 서류 부실은 기본이 안 됐다는 것이다

이력서, 자기소개서, 경력진술서를 다 합쳐봐야 A4 서너 장이다. 제대로 된 후보자라면 구인공고의 내용에 부합하는 내용 위주로 편집한 이력서를 제출한다. 가독성을 높이기 위해 세로줄을 맞추고 다녔던 회사의 이름과 직급은 볼드체로 하고 나머지 내용도 개조식으로 일목요연하게 정리한다. 그리고 어느 플랫폼에서나 읽기 쉽게 pdf 포맷으로 제출한다. 이직은 중요한 일이고 이력서는 면접의 기회를 여는 열쇠다. 이렇게 중요한 서류를 부실하게 작성한다는 것은 기본이 안 돼 있다는 의미로 받아들여도 된다. 이력서 쓰는 법을 몰랐다면 검색에 게으른 '핑프*'이고, 오탈자와 계산이 잘 안 맞는 재학·재직연도는 성급하거나 일의 경중을 분별하지 못하는 사람이다. 아래아한글hwp과 워드docx 포맷으로 보내는 사람은 자기중심적이고 그의 세상이 그리 넓지 않음을 보여준다.

일을 열심히 하는 사람은 이력서를 쓸 시간이 없어서 내용과 형식이 부실하고 일을 못하는 사람은 이직할 궁리에 이력서를 다듬는다고 생각할지 모르나 반드시 그런 것은 아니다. 오히려 하나를 보면 열을 안다고, 일을 잘하는 친구들은 뭐든지 최선을 다해 열심히 한다. 지원서류를 후보자의 성격과 성실성의 대리 지표로 보고 과감하게 걸러서 면접에 들이는 시간 낭비를 줄인다. 이력서도 앞에 설명한 대로 시간 순서로 훑어나가다가 '어? 왜 이랬지?'가 두세 번 나오면 접는 것이고 '좋네!'가 나오면 면접까지 간다. 이력서 하나 보는데 2~3분을 넘기지 않으니 면접관들이 다 같이 참여해도 크게 부담되지 않는다.

---

* 핑거 프린세스(finger princess) 또는 핑거 프린스(finger prince)의 준말로 손가락 하나 움직이지 않는 게으른 사람을 일컫는다.

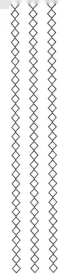

3

면접

누구나 잘생긴 사람을 좋아한다. 얼굴이 잘생겼다는 의미에는 각 부위의 좌우대칭이 잘 맞는다는 뜻도 들어 있다. 한동안 좌우대칭이 잘 맞는 이유가 유전적으로 발현되지 않은 열성인자들이 적기 때문이라는 설이 유행해서 훈남들이 좋은 유전자 보유자로 간주됐다. 최근 학설은 그냥 태아 시절 발달 단계에서 스트레스 요인이 적었다는 의미란다. 얼굴, 목소리, 키, 외모는 모두 처음 만난 자리에서 과대평가되는 요인들이다. 그래서 잠시 방심하면 면접이 미인대회 심사장으로 추락한다.

면접관은 본인의 편견과도 싸워야 한다. 경험에서 추출한 정보는 강력하다. 보이고 들리는 것만으로 단정 짓지 말고 반대 증거를 계속 찾는다. 목표가 명확하면 오류가 줄어든다. 면접의 목표는 주도적으로 일을 잘 찾아서 하고 동료들과 협업하는 사람을 뽑는 것이다. 인터뷰 질문은 이 두 가지와 관련이 있을 때만 유효하다.

덜 중요한 것에 애쓰지 말고 중요한 것에 집중한다

면접장에 들어갈 때는 노트북 컴퓨터, 출력된 이력서, 그리고 이면지를 휴대한다. 컴퓨터 화면에는 해당 포지션의 수행 직무와 요구되는 스킬셋을 띄운다. 이력서에는 이미 메모가 많이 돼 있는데 서류심사 중에 체크해둔 질문들이다. 그리고 이면지 한 장에 다음의 표처럼 2×2구획을 나눈다.

원래 이 표는 켈로그경영대학원에서 마케팅을 가르치는 리사 포르티니 캠벨Lisa Fortini-Campbell 겸임교수가 서비스나 상품을 디자인할 때 덜 중요한 요소에 애쓰지 말라며 그린 것이다. 리사 교수의 설명으로는 호텔에 체크인한 고객은 침대 위에 초콜릿(Frills)이 있다고 해서 단골이 되는 게 아니며 예상치 못한 룸 업그레이드(Delight)나 시트에 남은 세탁되지 않은 얼룩(Disgust) 같은 것들이 향후 고객의 행동을 결정한다. 정보가 많을 때일수록 중요한 것에 집중하라는 원리는 채용 면접에도 부합되기에 인용한다.

인터뷰를 진행하면서 네모 칸을 채워간다. 필수 스킬셋인데 경험이 없는 것으로 판정 나면 강한 부정인 얼룩(Disgust) 칸에, 해본 적은 있으나 기대 수준에 못 미치면 약한 긍정인 초콜릿(Frills) 칸에 메모한다. 이렇게 메모하면 변덕스러운 감정에 이성이 휘둘리지 않는다. 유명 학교 출신, 스펙, 굴러가는 영어 발음 같은 후광효과에 눈이 멀지 않도록 잡아준다.

스펙은 아무리 멋져 보여도 약한 긍정 항목이다. 직무 수행에 필요한 필수 역량과 타인에 대한 이해, 배려심 같은 중요 항목이 얼룩(Disgust) 칸에 들어가면 탈락이다. 이 표의 또 다른 장점은 보조기

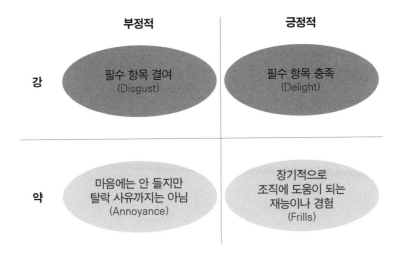

	부정적	긍정적
강	필수 항목 결여 (Disgust)	필수 항목 충족 (Delight)
약	마음에는 안 들지만 탈락 사유까지는 아님 (Annoyance)	장기적으로 조직에 도움이 되는 재능이나 경험 (Frills)

억장치로서 안성맞춤이다. 인터뷰가 끝나고 다음 단계 진행 여부를 그 자리에서 결정하면 좋겠지만 "몇 사람 더 보고 한꺼번에 검토합시다."가 되면 다음번 미팅에 의지할 것은 이 종이밖에 없다.

꼭 함께하고 싶은 후보를 보면 따로 점심 면접을 한다

면접을 회의실에서만 하지 않는다. 지인에게 후보자를 소개받았을 때는 전화나 화상회의로 10~15분 가볍게 진행한다. 우리가 찾는 후보자는 이러저러한 업무를 맡을 사람인데 그런 업무 경험이 있는지, 당신은 어떤 사람인지, 지금 상황은 어떤지, 이직한다면 어떤 회사를 찾는지 등의 주제로 대화하며 진행 여부를 빠르게 판단한다. 적합한 후보가 아닌 것 같으면 아직 저희가 부족한 부분이 많으니 계속 연락하고 지내자며 마무리 짓고 좋은 후보면 지원서류를 요청한다.

　서류심사를 통과한 후보자와의 1차 면접은 실무 역량 면접이다. 코로나19 이후로 대부분 화상으로 진행한다. 코로나19 이전에도 지방 거주자이거나 현직자는 화상으로 하는 경우가 많았다. 직무 관련 질문에 국한해서 30분 이내에 끝낸다. 바로 탈락할 정도는 아니고 제출 서류만으로 판단이 어려우면 작업물을 추가 요청한다. 가치관이나 팀워크 등에 집중하는 다음 면접은 대면으로 진행한다. 지원자는 정보 취득 차원에서 자기가 일하게 될 사무실에서 하는 면접을 선호한다. 사무실이 남루하거나 곧 이사 갈 계획이 있으면 투자사 회의실이나 임대 회의실을 빌려 만난다. 추가로 면접을 더 하는 때도 있겠지만 면접을 더 한다고 추가로 얻을 수 있는 정보는 많지 않다. 적성검사, 온라인 코딩 테스트, 개발과제 등을 부여하는 회사도 있다. 이 단계를 통과하면 평판 조회로 넘어간다.

　외부 장소를 활용하는 또 다른 형태의 면접은 초기 스타트업에서 주요 멤버와 함께하는 점심 면접이다. 꼭 함께하고 싶은 후보를 찾았는데 아주 좋은 회사에 재직 중이고 제시할 카드가 빈약하다면 자랑스러운 동료들을 보여주며 성의를 보이는 것이다. 식당의 방 하나를 빌려서 지원자와 편하게 개인적이든 업무적이든 물어보는 자리를 만든다. 어떤 구성원은 그의 입사를 원하지 않을 수도 있으니 사전에 일단 그 장소에서는 그 사람의 환심을 사도록 노력하자고 부탁한다. 밥을 사주면서 기분 나쁘게 만들어 파투 낼 일은 아니니까.

구조화 면접을 통해 비교하고 그다음 심층 질문을 한다

대기업이나 미국 공무원 채용 시 주로 활용하는 구조화 면접은 후보자가 누구든 미리 정한 동일한 질문을 순서대로 하는 방식이다. 질문이 동일하므로 후보자들의 답변을 비교해 등위를 매기기 쉽다. 질문의 구성은 직무와 관련된 내용과 일반적인 내용이 있다. 직무 관련 질문은 하이어링 매니저가 준비하고 일반적인 질문은 HR에서 챙기는데 대부분 경험, 상황, 본인 장단점 관련 질문들이다. HR 책자, 수험서, 인터넷 등에 구조화 면접으로 검색하면 수북하게 나온다.

질문을 독창적으로 만들지 못하고 남들이 만든 걸 따라 한다고 한심하게 여길 필요는 없다. 핵심은 공통 질문에서 나온 답변의 해석 능력이다. 그리고 답변이 모호했다면 심층 질문을 통해 얼마든지 면접 완성도를 높일 수 있다. 1차 실무 화상 면접은 시간도 짧고 스크리닝 목적이라 구조화 면접을 주로 활용한다. 먼저 구조화된 공통 질문을 던지고 서류심사 중에 석연치 않다고 체크한 부분 가운데 주요한 내용만 추가로 확인한다. 면접자들은 구조화된 질문을 읽고 답변을 메모하는 사람, 팀워크 위주로 보는 사람, 직무 역량을 확인하는 사람, 답변의 일관성을 확인하는 사람 등으로 역할을 나눠서 임한다.

면접자가 상상력을 발휘해야 좋은 질문이 나온다

개인마다 성향이 다르기는 하지만 면접에 임하는 후보자는 진실

또는 진심을 말하기보다는 안전한 모범답안을 선택한다. 그래서 질문-답변-새로운 질문 흐름으로 진행하면 놓치는 부분이 너무 많아진다. 답변에 따른 추가 질문으로 한 단계만 깊이 들어가도 후보자 입장에서는 다양한 경우의 수를 모두 준비하기 어렵기에 솔직한 답변이 나올 가능성이 커진다. 질문하는 이는 서류검토 과정에서 후보자가 '왜 그때 그런 결정을 했을까?' 하고 상상력을 발휘해야 좋은 질문이 나온다.

질문이 이어지면서 얼개가 구성되면 후보자를 입체적으로 그릴 수 있다. 과거 경험 기반으로 구성해도 되고 미래 시제를 가정해서 물어볼 수도 있다. 1차에서는 주로 직무 관련 내용을 묻겠지만 2차 대면에서는 판단력이나 상황파악 능력, 스트레스 대응 방식, 대인관계 성향 등이 주 이슈가 된다. 면접자의 답변에 공감하는 반응을 보이는 것도 진솔한 대화로 이끄는 데 매우 효과적이다. "아, 그러셨군요"처럼 간단한 반응이면 된다. 최대한 열린 질문을 해서 생각을 듣고 예 또는 아니오로 답하는 닫힌 질문은 지양한다.

취업 면접에서 항상 등장하는 퇴사 관련 질문을 하나 예로 들어보자. "OO사에서 퇴사하신 이유를 여쭤봐도 될까요?"라고 물으면 '불합리한 상사'가 종종 답으로 등장한다. 다음 질문이 "아, 힘드셨겠네요. 그런데 그분은 왜 그렇게 행동했을까요? 정답이 없는 질문이니 편하게 말씀해주시겠어요?"로 이어가면 면접자가 '상대주의적 시각'을 가졌는지 확인할 수 있다. 아니면 "그래서 어떤 방식으로 대응하셨는지 조금만 더 들려주시겠어요?"라고 묻는다면 불편한 상황을 맞았을 때 어떻게 대응하는지 알 수 있다. 그 대응 방법이 일반적인 것보다 너무 짧거나 길거나 혹은 과격하거나 소극적일 때 그 이유를 물어본다. 추가로 그 상황으로부터 시간이 좀 흘렀다면 지금 돌아볼 때 그 상사의 행동에 대해 평가가 바뀌었는지 아니면 면접자가 다르게 대응했을 만한 부분이 있었는지 물어서 경험을 통해 배우는 사람인지도 확인한다.

이렇게 열심히 준비해서 질문하는 면접관 옆에서 준비 없이 듣던 임원이 "취미가 뭔가요?" 따위의 상투적인 질문을 하면 면접의 밀도가 뚝 떨어지니까 준비하지 못했다면 조용히 관찰만 한다.

회사에 꼭 필요한 직무 능력을 갖췄는지 확인한다

이력서에 이전 직장에서 했던 직무 가운데 우리에게 꼭 필요한 것이 있다면 그걸 주도적으로 했는지 아니면 부서 차원에서 진행하는 데 큰 기여 없이 이름만 얹은 것인지 확인해야 한다. "후보자는 어떤 역할을 맡았나요?"에는 준비한 답변이 쉽게 나온다. '그걸 어떻게 해서 기안하게 됐는지' '어떻게 시작하게 됐는지' '그 역할을 제대로 하려면 어느 부서에서 뭘 도와줘야 했는지' '프로젝트가 끝나고 그 결과를 어떤 부서나 고객이 얼마나 이용하는지' 앞뒤 사정을 물어보면 담당 프로젝트 매니저가 아니었다면 대답하기 어렵다. 여기서 더 나간다면 '가장 고난도의 장애물을 어떤 방법으로 해결했는지' '그 해결책의 전후에 어떤 절차들이 위치하는지?' '시간은 얼마나 걸렸는지?'도 기억한다.

세상이라는 배움터에서는 호기심이 있어야 성장한다

교사가 강압적으로 암기시키던 학교와 달라서 세상이라는 배움터에서는 호기심이 없으면 아무것도 배우지 못한다. 호기심이 있어야 업무에 관심이 생기고, 더 효과적으로 하는 방법도 찾고, 자기 주도적으로 살아갈 수도 있고, 직장 스트레스도 적어진다. "궁금한 점 있으세요?"라고 물어볼 수도 있겠지만 그렇게 준비된 호기심 말고 평소에 살아왔던 궤적을 들여다보는 게 더 정확하다. 스타트업얼라이언스에서는 주로 취미나 학창 시절의 팬클럽 활동 등을 물어본다. 학교 다닐 때 공부만 해서 유명 대학에 간 것보다는 연예인 팬클럽을 열심히 하느라 포토샵과 일러스트레이터를 배운 친구들이 성향상 스타트업얼라이언스에 더 잘 맞았다.

가치관은 근속기간과 직무몰입도를 결정하는 요소다

가치관은 지원자의 근속기간과 직무몰입도를 결정하는 가장 중요한 요소다. 회사의 가치관과 잘 맞으면 그러지 않아도 하고 싶던 일을 돈까지 받으며 하는 셈이다. 지원 동기와 관련된 질문들이 그 유형에 속하는데, "스타트업얼라이언스를 다닌다는 것이 선생님께 어떤 긍정적인 결과나 혜택을 가져올까요? 이곳을 입사해도 언젠가는 떠날 텐데 그 떠나는 시점과 현재 사이에 선생님에게 어떤 변화(발전 또는 차이)가 있을까요?"와 같은 개인화된 질문을 하는 편이다. 답변을 들었더니 우리 조직에 아무리 오래 있어도 얻어갈 수 있는 결과나 혜택이 아니라면 그것이 가능하지 않음을 말해준다.

"직장생활을 하며 윤리적 고민을 해본 경험이 있으면 말씀해주시겠어요?"식의 질문도 다양한 답변을 가져온다. 만약 답변이 바로 안 나오면 "꼭 본인의 경우를 말하지 않아도 타인의 케이스를 보며 했던 고민도 상관없습니다."라고 유도하며 윤리의식 정도를 진단할 수 있다. 전 직장에서 임원이 부도덕한 행동을 하는 것을 보며 힘들었다든가 법인카드로 동종업계에 근무하는 대학 동창과 차를 마시면서 고민했다 정도가 일반적이다. 그런 고민을 해본 적이 없었다는 사람은 개념 탑재가 안 된 것이다. 반면 고민의 범위가 사내가 아니라 고객과의 관계, 기업의 사회적 기여 정도로 확장되면 리더의 자질이 있는 사람이다.

아무리 직무 능력이 뛰어나도 조직문화와 맞아야 한다

직무 능력을 갖추었어도 조직문화와 안 맞아 보이면 채용에 신중해야 한다. 특히 대화 중에 이건 아니다 싶은 답변을 들으면 지적한다. 실수였고 개선될 가능성이 있으면 사과하며 부끄러워할 테고 떨떠름한 반응이면 문제의식이 없다는 뜻이다.

스타트업얼라이언스는 네 가지 주요 가치를 추구한다. 진실성integrity, 주도성initiative, 성숙함maturity, 효율성efficiency이다. 풀어 쓰면 겉과 속이 같게 진실하고, 주도적으로 일하며, 성숙한 태도로 임하고, 효율성 위주로 결정하는 것이다. 면접 중에 논리적이지 않은 대답을 했다가 바로 수습을 못 하면 심층 질문에 말이 꼬여 종국에 처음 했던 말을 뒤집게 된다. 진실성의 언덕을 넘지 못하는 것이다.

조직의 논리를 추종할 준비만 돼 있고 본인의 진로, 미래 설계, 갈등 상황에서 의견을 피력하는 능력을 거의 키우지 못한 공공 연구기관 경력자분들이 놀라운 스펙에도 불구하고 탈락하는 이유는 주도적으로 하는 태도가 부족해서다. 스타트업얼라이언스는 가자 맡은 분야에서 조직을 끌고 갈 리더를 원한다.

모든 스타트업이 그렇지는 않을 것이다. 어느 스타트업은 대표가 너무 똑똑하고 독선적이어서 주도적인 사람보다는 말 잘 듣는 사람을 원했다. 이런 곳은 기가 너무 센 사람을 뽑아놓으면 대표와 충돌하기 때문에 약간 상명하복형이거나 아니면 대표에게 욕을 안 먹을 정도로 처신에 능한 사람 위주로 뽑게 된다.

스타트업이 어떤 곳인지 알고 지원했는지 물어본다

스타트업이 어떤 곳인지 알고 원서를 냈는지 확인하자. 지원 동기가 '대박의 꿈'이라면 완전히 틀린 것은 아니나 확률이 낮고 시간이 오래 걸린다는 점을 알려준다. 문과 출신이라도 IT 기술 친화적인 성향이 잘 맞고 특히 초기 멤버라면 다양한 툴을 다룰 줄 아는 테크놀로지광이 바람직하다. 수많은 스타트업 가운데 우리를 선택해 지원한 이유를 본인은 어떻게 합리화하는지도 물어본다.

답변이 장황하다면 요점 정리를 부탁해보고 한다

취업 면접 때 답변하는 방식에 문제가 있다고 느끼면서도 '입사하면 나아지겠지.'라며 자기 기만술을 펼치면 곤란하다. 지원자는 면접장에서 그가 보여줄 수 있는 가장 진지하고 공손한 모습을 보인다. 입사한 뒤에 어떤 모습으로 변할지는 회사가 약속을 얼마나 지키는가와 그의 인성에 달렸다. 그렇게 길게 답변할 내용이 아닌데 30초 이상 장황하게 설명하면 답변을 다 들은 뒤 요약을 부탁한다.

요약을 잘하면 앞으로는 그렇게 요점만 부탁한다고 말한 뒤 면접을 이어간다. 언짢아하며 결론만 말하거나 정리를 하지 못하면 그 지원자는 커뮤니케이션에 대한 이해가 없거나 학습 능력이 없는 것이다. 그가 입사한 뒤 회의 시간에 저런 식으로 별것도 아닌 내용을 장황하게 떠드는 장면을 상상해보고 그래도 뽑아야 하는 소중한 인재라면 진행하고 아니면 정리한다.

후보자가 면접에서 부정적 경험을 겪지 않게 한다

적임자를 찾는 데 성공했어도 그런 능력자가 우리 회사에만 목을 걸고 있을 리는 없다. 경쟁사들은 앞다퉈 베팅 금액을 올리고 최고의 복지를 도입하고 있다. 인재 전쟁에서 잡플래닛, 크레딧잡, 블라인드에 긍정적 내용이 있다면 도움이 되지만 아직 확정 안 된 투자 유치 가능성이나 외부에 알리지도 못하는 거액의 오더 수주 소식은 후보자에게 아무 의미가 없다. 스타트업 채용 면접에 흔히 올라오는 면접관의 거만함은 면접 교육을 잘못 받은 것도 작용했겠지만 자기 회사를 제2의 쿠팡이나 배달의민족으로 생각하는 허세 때문이기도 하다.

회사에서 연락이 없을 때 후보자는 며칠을 기다려줄까? 물론 별 대안이 없다면 아주 긴 시간도 기다릴 수 있을 것이다. 하지만 그러면 회사에 대해 안 좋은 이미지를 받게 되고 취업 사이트에 부정적 댓글을 남길 가능성이 크다. 떨어지는 것은 본인 책임도 일부 있으니 감수하지만 오래 기다리게 하면 욕하고 싶어진다. 스타트업얼라이언스는 근무일 기준 3일 이내에 면접 결과를 안내한다.

업계에서 통상적으로 인정되는 수준이 아니라 큰 허들이 있으면 미리 말해야 한다. 예전에 어느 스타트업에서 영업 총괄을 뽑는데 일반 면접이 아니라 '시장 분석과 해당 회사가 취할 수 있는 옵션'을 주제로 발표 면접을 걸었다. 이렇게 시간이 많이 들고 족보를 다 보여줘야 하는 면접은 상황이 아주 안 좋은 사람 아니면 응하지 않는다.

현직에서 나름 잘나가는 사람을 스카우트하는 상황이면 조심스럽게 접근한다. 정식 면접 절차를 다 밟을 거면 애초에 양해를 구한다. 어느 유명 스타트업은 C레벨을 분야별로 영입한다며 창업자이자 최고경영자가 직접 업계 시니어들을 접촉했다. 창업자가 후보자와 한 시간 이상 대화하고 같이 해보자고 악수까지 해놓고 실무 면접으로 넘겨 여러 명을 떨어뜨렸다. 당한 사람들이 창업자를 괘씸하게 여겼고 소문은 빠르게 퍼져나갔다.

면접에서 회사에 대해 좋은 이미지를 갖게 해야 한다

면접은 사람을 긴장시킨다. 좁은 바닥이기에 언제 어떤 위치에서 후보자를 다시 만날지 아무도 모른다. 채용 과정 동안 최대한 배려하고 정중하게 대했다면 비록 탈락하더라도 좋은 회사 같은데 본인이 부족했다고 생각할 것이다. 그러나 무성의한 태도에 후보자가 마음을 상했다면 훌륭한 인재를 못 알아보는 아마추어들이라며 화를 낼 가능성이 크다. 구직자들에게 기업의 연봉 정보를 제공하는 크레딧잡 사이트에 가보면 면접을 봤던 회사에 대해 '강추'와 '비추'를 매기는데 1 대 13이라는 압도적인 비율로 '비추'가 많다.

스타트업얼라이언스에서 채용 실무를 맡아 후보자에게 최대한 자세히 정보를 제공했다. '면접 복장은 캐주얼하게 하고 원하면 반바지를 입어도 된다.' '화상 면접은 30분 정도 걸리고 대면은 한 시간 정도 예상된다.' '면접 날에 별도의 테스트가 있는데 번역이라 30분가량 걸린다.' '합격 여부와 무관히 결과는 며칠 내에 누구누구가 알려드릴 것이다.' '압박 면접은 절대 하지 않는다.' '입사해도 동료를 혼내는 일이 없는데 하물며 초면에 면접 자리에서 불편하게 하지 않으니 최대한 편하게 말씀하시라.' 등을 안내했다.

불합격 메일은 친절하게 쓰되 상세하게 적지는 않는다. 다만 간혹 떨어진 이유를 물어보는 분들에게는 솔직하게 답장한다. 후보자에게 자기소개도 거의 안 시킨다. 그 순간이 '갑'과 '을'을 가르기 때문이다. 면접장에 들어온 전원이 각자 자기소개를 하고 면접을 시작한다. 그리고 지원자가 대등하게 느끼도록 지시문을 사용하지 않고 "설명해주시겠어요?"라는 식으로 청유형 어미를 쓴다.

4

오퍼, 입사, 그리고 온보딩

면접 결과에 따라 최종 후보자가 두세 명으로 압축됐다. 인제 와서 하는 이야기지만 후보 선발 수단으로서 면접 타당도는 그리 높지 않다. 면접 타당도를 연구한 학자에 따르면 그나마 네 번까지는 서서히 증가하는데 그다음부터는 더 한다고 올라가지 않는다. 특히 경력직 채용에서 부족한 업무 능력을 뛰어난 언변과 거짓말로 덮어씌우는 선수를 걸러내기는 쉽지 않다.

일단 정규직으로 입사하면 해고가 어려운 우리나라에서는 엄격한 평판 조회와 수습 기간 부여가 면접에서 못 걸러낸 부적격자를 솎아낼 마지막 수단이다. 경력자에게 어떻게 수습 기간을 이야기하냐며 곤란해하는 분도 있을 것이다. 하지만 급여가 100% 지급되고 면접 때 말했던 것들이 다 진실이면 전혀 문제 될 게 없을 거라 말하면 된다. 십수 년 동안 HR 업무를 했지만 수습 조항으로 인해 오퍼를 거절당한 적은 없다. 노파심에서 말하자면 수습 기간을 적용할 거면 오퍼 레터, 근로계약서, 인사 규정에 모두 그 내용이 들어 있어야 한다.

현장 실무 테스트를 해보면 성과 예측이 가능하다

앞 장에서 학자들이 미래 성과 예측 척도로 작업물 제출을 추천하더라는 이야기를 했다. 작업물은 직무와 유사할수록 타당도가 높아서 입사하면 하게 될 일을 해보게 하는 것이 가장 확실하다. 포트폴리오를 제출 서류로 받을 수도 있고 현장에서 직접 해보게도 한다. 면접에서 좋은 성과를 거둔 친구들을 대상으로 그날 외국 신문 기사를 프린트해주고 15분 정도 걸리는 번역이나 영어 이메일을 쓰게 한 적도 있다. 홍보 담당을 뽑을 때는 부분 작성된 보도자료를 주고 어떤 내용을 채우면 좋을지 적어보라고 한 적도 있다. 내가 인터뷰이 역할을 해줄 테니 요약해서 전문가 인용 멘트를 만들어보게 한 적도 있다. 입으로만 일했던 친구들은 아예 엄두를 못 내고 바로 포기한다.

평판 조회는 입사 전형의 마지막 단계에서 한다

평판 조회는 입사 전형의 마지막 단계다. 지원자와 함께 업무를 해본 두세 명의 연락처를 받아 서면 또는 전화로 진행한다. 좋게 말해줄 사람들을 골랐을 테니 덕담이 기본이다. 칭찬을 안 하거나 아예 답변을 거부하는 경우는 지원자에 대한 부정적 평가로 받아들인다. 관계 때문에 레퍼런스 체크에 응하겠다고는 했으나 본인의 경험을 다른 이에게 겪게 하고 싶지 않다는 아름다운 마음에서 출발한 소극적 저항으로 해석한다. 평판 조회 시에 우선 지원자의 직급과 주요 직무를 물어보면 이력서에 기술했던 버전에 거품이 낀 경우를 발견할 수 있다. 마케팅 팀원Marketing Associate이라고 이력서에 기재했는데 인턴이었다고 답장이 온 적도 있고 재직기간을 늘려서 공백 기간을 메우려는 시도를 잡아낸 적도 있다. 재직기간 부풀리기는 합격 이후에라도 경력증명서나 국민연금 납부 증명서를 제출받으면 다 밝혀지며 합격 취소 사유다. HR 부서가 일을 안 할 걸로 생각하는지 그런 이들이 잊을 만하면 나타난다.

상식적인 지원자라면 평판 조회 명단으로 직속 상사나 인사부서 사람을 적어낸다. 현 직장은 그렇게 못 하더라도 그전 직장은 당연히 가능하다. 만약 직속 상사가 아니라 다른 부서의 부서장이나 동료를 적어내는 경우는 한번 수정 제안을 해보고 그래도 고집을 부리면 레퍼런스 체크를 좀 더 넓고 깊게 해본다. 재직 중에 관계가 안 좋았어도 이직 시점이나 그 이후에 관계 회복을 위해 노력해야 사회생활을 할 수 있다. 헤어지면 끝이니까 옛 상사와 척지고 살겠다는 생각은 평범하지 않다. 평판 조회가 뻔하다고 생각하지만 해보면 그래도 알게 되는 뭔가가 있다.

평판 조회를 생략해야 하는 상황도 있다. 아무것도 안 하겠다는 의미는 아니다. 후보자에게 레퍼런스를 체크할 사람을 요청해서 진행하는 공식적인 방식으로는 못 한다는 뜻이다. 첫째로 극초기 스타트업에서 공동창업자들이 간청해서 모셔오는 상황이다. 조용히 알음알음 물어본다. 창업자들이 열심히 가서 설득해왔는데 HR 에서 "레퍼런스 주세요."라고 요청하면 우스워진다. 둘째는 일 잘 하기로 워낙 유명한 선수라 회사들끼리 경합이 붙었고 빠른 결정 을 후보자가 강하게 요청할 때다. 평판 조회의 예측 타당성 12%[*] 를 포기하면 후보자 선점이 가능하다.

비용만 내면 이용 가능한 평판 조회 전문 업체가 있다. 지원자에 게 명단을 받지 않고 지원서류의 학력과 경력 위주로 조회하는 업 체들도 있다. 주 고객은 대기업과 공공기관이며 '레퍼런스 체크'로 검색하면 여러 업체가 나온다. 모 스타트업의 경우 1건의 평판 조 회에 5만 원이 소요되는데 이용권 구매 규모에 따라 많은 양을 구 매하면 할인해준다. 서치펌에 의뢰해도 평판 조회 서비스를 받을 수 있다. 가격대가 높아 최소 100만 원을 훌쩍 넘기지만 돈값을 하 기에 다국적기업이 주로 이용한다.

빠른 결정과 연봉 패키지로 경쟁력을 갖는다

오퍼는 최종 합격 소식을 전하며 보상 패키지를 제안하는 절차다. 이메일을 보내기 전에 이미 연봉과 직위 등을 구두로 협상했으니 특별한 변수는 없을 것이다. 하지만 48시간 말미를 주며 승낙 메 일을 부탁한다. "합격했으니 다음 주 월요일부터 출근하세요."라고 말하는 건 너무 일방적이라 스타트업답지 않다. 회사와 구직자가

---

[*] Frank Schmidt & John Hunter, 1998

정식 오퍼와 승낙 메일을 주고받으며 서로 동반자로 마음에 받아들인다.

이틀이 짧다고 느낄 수도 있다. 하지만 시간을 길게 주면 이탈률이 높아진다. 오퍼만 그런 게 아니라 채용 과정 전반이 다 마찬가지다. 구직자는 일단 마음이 뜬 이상 이직 가능성을 높이고 몸값 비교를 위해 여러 회사를 동시에 진행한다. 불확실성을 줄이는 신속하고 명료한 커뮤니케이션과 빠른 결정으로 경쟁사를 이겨야 한다.

오퍼를 주는 시점에 가장 중요한 것은 물론 연봉 패키지다. 입사 후에야 알게 될 회사의 장단점들은 아직 의사결정에 영향을 끼치지 못하기에 직급, 연봉, 휴가, 그리고 특전perks이 오퍼 내용의 전부다. 연봉을 결정하는 매트릭스는 6장의 보상 체계 설계에서 자세히 다루기로 하고 지금은 연봉 결정에 반영할 기본 매트릭스 하나만 언급하겠다. 귀사의 채용 공고에 응모한 지원서류 숫자는 회사의 매력도와 해당 포지션의 취업률을 보여준다. 접수된 지원서류 대비 서류심사 통과자와 면접 통과자의 비율은 귀사 채용 기준의 높낮이를 보여준다. 그리고 채용 오퍼를 후보자가 승낙하는 비율은 후보자가 보는 포지션 매력도와 보상 수준의 경쟁력을 보여준다.

한 회사라도 포지션마다 채용 난이도가 다르다

스타트업얼라이언스에서 주로 채용하는 포지션 두 개를 비교해보면 그 차이를 알 수 있다. 프로그램 파트에서 행사를 진행하는 매니저 포지션은 전형적인 프로젝트 매니저 직무이며 스타트업 업계 경험자들이 주로 지원한다. 10년이 넘는 업력과 브랜드 덕택에 프로그램 매니저 포지션 선발은 페이스북에만 공고를 올려도 수십 통의 지원서류가 들어온다. 지원자의 수준도 높아서 서류심사 통과자 비율이 50%를 넘긴다. 회사와 포지션의 매력도가 있고 스타트업얼라이언스가 내건 자격 기준도 높지 않다는 뜻이다. 오퍼가 거절당하는 일도 거의 없다. 보통 두 명의 PM이 있는데 평균 3년 정도 근무하니 아주 안정적인 팀이다.

리서치 파트는 박사학위를 소지한 전문위원들이 스타트업 관련 정책 제안 업무를 수행한다. 고학력자들이 대학교수나 정부 출연 연구소를 우선으로 고려하는 문화에서 스타트업얼라이언스 같은 비영리기관은 눈에 잘 띄지 않는다. 고학력자 전용 구인 플랫폼인 하이브레인에 광고를 내면 지원서류는 많이 받는데 우리가 원하는 스펙을 갖춘 분들은 거의 없다. 괜찮은 분을 찾아 오퍼까지 가도 서로의 생각 차이가 커서 엎어지는 일이 잦다.

포지션의 매력도가 낮다 보니 현재 받는 급여보다 훨씬 높여 부르는 분들이 많다. "뭐 하는 곳인지 잘 모르겠기에 급여라도 올려 받고 싶어."라고 하는 분들은 우리도 안 뽑는다. 현 급여를 깎고라도 오겠다는 앞의 프로젝트 매니저 포지션과 전혀 반대되는 상황이라 채용 과정에서 혼란이 올 정도다. 한 회사 내에서도 포지션에 따라 온도 차이가 심하다. 그래서 전문위원 채용은 지인 추천에 주로 의지한다. 광고를 정기적으로 내면서 지원한 분들 가운데 적임자를 못 찾으면 다음 기회를 기약하고 좋은 분들이 지원하면 당장 빈자리가 있지 않아도 미리 채용한다.

그러나 스타트업은 스타트업얼라이언스처럼 비영리기관이 아니다. "아, 이번 시즌에는 적합한 후보가 없네."라고 하면서 다음 기수를 기다릴 여유가 없다. 연봉 협상까지 갈 정도로 좋은 사람을 발견했다면 어떻게든 뽑는 게 맞다. 급여로 못 맞추면 스톡옵션으로 보상 부분을 보완한다. 스톡옵션을 주기로 약속한 직원들이 너무 많아서 어떡하나 같은 고민은 크게 안 해도 된다. 옵션을 받기로 하고 들어왔어도 못 받고 나가는 친구들이 반은 넘는다. 스타트업에 지원하면서도 '주총 결의일로부터 2년 재직' 의무cliff 조항에다 추가 2~4년의 행사vesting 기간을 기다려야 스톡옵션이 돈이 된다는 사실을 모르는 이도 많다.

회사와 수준이 비슷해야 오래 다니는 거지, 부족한 이도 나가고 넘치는 이도 나간다. 그러니 좋은 사람을 찾았으면 약간 무리를 해서라도 사람을 데려올 수 있는 오퍼를 한다.

임원 직위를 쉽게 주지 않고 소박하게 해야 한다

스타트업은 호봉제가 아니기에 직급은 없고 외부인들이 호칭으로 주로 부르는 직위와 맡은 역할을 나타내는 직책이 있다. 스타트업 얼라이언스에 오기 전 스타트업에 다닐 때 내 직위는 우리말로 '이사', 영어로는 '바이스 프레지던트vp'였다. 직책은 회사가 작을 때 최고운영책임자를 맡았다가 시리즈 B를 받은 뒤에는 HR로 직무 범위를 줄였다. 직원을 빨리 그리고 많이 뽑아야 하는 상황이라 다른 업무까지 맡을 여력이 없었다. 대기업처럼 상무나 전무 같은 보직을 안 두다 보니 이사가 임원 직위로 가장 무난하다.

스타트업은 임원 직위를 쉽게 나눠주는 경향이 있다. 오퍼 시점에서 그런 기대를 품은 사람들을 만나게 되는데 협상을 빨리 끝내려 원하는 대로 다 해주면 나중에 복잡해진다. 새로 입사하는 이는 전 직장이 어느 정도 규모가 되거나 명성이 있는 곳일 경우 이전 직장과 동일 지위를 부여하는 게 무난하다. 입사 시점에는 회사나 지원자나 리스크를 안고 가는 것이니 승진은 와서 실적을 내고 하자고 제안한다.

그래서 공동창업자들이 모두 C레벨이나 부사장 직책을 나눠 갖는 것은 나중에 높은 직급 인재를 초빙하는 시점에 고민거리가 된다. 10명 다니는 회사의 직위와 100명, 500명 다니는 회사 직위의 무게가 같을 수가 없다. 초반에는 C레벨을 대표 한 명만 두고 개발팀장, 영업마케팅팀장 체제면 충분하다. 이렇게 소박한 느낌이 있어야 나중에 합류하는 사람이 "저 친구 예전에 내 밑에 있었다. 저 친구가 본부장이면 난 그룹장은 돼야 한다."라는 볼멘소리가 안 나온다.

채용을 천천히 하면 성공 가능성 또한 낮아진다

어느 조직이나 제 밥값을 못하는 사람이 있다. 조직 분위기에 따라 드러내놓고 노느냐와 일하는 척하면서 노느냐의 차이가 있을 뿐이다. 말은 안 해도 저 사람을 내가 왜 뽑았는지 후회하게 만드는 임원도 흔하다. 사람 문제로 한번 시달리고 나면 채용에 자신이 없어진다. 영어 격언에도 '뽑을 때는 천천히hire slow, 자를 때는 신속하게fire fast'라고 보수적인 채용을 권하는 말이 있다.

그러나 스타트업에서 채용을 천천히 하면 성공 가능성이 아주 낮아진다. 일할 사람이 없으면 성장이 정체되고 그나마 있던 사람들도 빨리 성장하는 스타트업을 찾아 떠난다. 그 시점까지 수익 모델을 만들었다면 중소기업이 되고 아니면 자금이 소진되는 시점에 망하는 것이다. 일반적으로 펀딩에 성공해서 투자금이 들어오면 1년에서 2년 사이에 투자자에게 약속한 성장을 이뤄내야 한다. 성장은 좋은 사람들이 빠르게 증원돼야 가능한 것이다. 그러려면 채용이 더욱 과감하게 이루어져야 한다.

빠른 성장을 원한다면 과감한 채용이 필수다. 스타트업은 원래 별스러운 사람들이 다 들어와서 같은 방향으로 달리기에 점점 더 강해진다. 대기업에서는 튀지 않고 무난하게 오래 다닐 사람을 뽑는다. 스타트업에서는 틀로 찍어내지 않은 경력을 포용하는 범위가 훨씬 넓다. 오래 다닐 사람이 중요 덕목이 아니고 하루를 다녀도 족적을 남길 만큼 일을 잘하는 사람이 필요하다. 그런 사람이 입사하면 직원들 사기가 올라가고 업계에 소문이 돌아 채용에도 도움이 된다. 그가 오래 다니지 않더라도 재직하는 동안 정리해놓은 일하는 방식은 한동안 교범처럼 쓰인다.

선발 과정보다 온보딩 프로그램 운영이 중요하다
오퍼 레터가 나가면, 하루라도 일찍 출근해서 바쁜 일손을 덜어주길 바라는 소망과 우리가 적임자를 뽑은 게 맞나 싶은 우려가 공존한다. 불안의 뿌리에는 정답 찾는 훈련에 특화된 우리나라의 교육제도가 있다. 면접까지 올라올 정도였으면 100%와 0%의 차이는 아니고 51%와 49% 정도의 차이다. 회사에는 절대 선인도 절대 악인도 없다. 대부분 회사가 어떻게 대하느냐에 따라 본인의 충성 수준을 조절하는 평범한 그 관계 설정의 첫 단추가 온보딩 과정이다. 채용 과정의 끝이자 고용관계의 시작이다. 특히 첫인상을 만드는 입사 후 2주간이 중요한데 입사 전부터 챙겨야 할 것들이 있다. 온보딩 매뉴얼에 들어갈 내용만 적어보자.

경영지원이나 피플팀 주도로 명함, 컴퓨터, 주변기기, 문구, 회사 기념품 등을 준비한다. 스타트업얼라이언스 입사자는 명함과 맥북을 입사 전이라도 와서 가져갈 수 있다. 입사 전에 업무용 이메일과 슬랙 정도는 등록해줘서 어떤 분위기인지 정보를 준다. 출근하면 제일 먼저 근로계약서에 서명하고 핵심 멤버들과 환담을 하는 시간을 갖는다. 같은 부서에서 사수처럼 도와줄 사람, 점심을 같이 할 '마니또' 역할을 할 동료도 함께한다. 회사의 창업 이념이나 조직문화는 공동창업자 중 한 사람이 첫 주에 설명한다. 회사의 협업 툴, 클라우드, 각종 사이트 계정 정보 등 업무에 관련된 부분은 해당 부서에서 담당자를 한 명 정해서 챙긴다. 담당자는 장기 근속자 가운데 회사에 로열티가 있는 사람으로 정한다.

첫 출근일은 월요일보다 화요일이 좋다. 특히 월요일에 주간 회의라도 있으면 다들 마음이 바빠 신입을 챙길 여유가 없다. 군이 아침 9시까지 오게 하지 말고 직원들이 다 나와서 사무실이 안정된 10시 30분이나 그 이후로 한다. 당일 아침에 입사자를 맞을 준비 상태를 한 번 더 확인한다.

각종 규정집을 읽어야 마음이 편안해지는 사람도 있고 퇴사할 때까지 안 열어보는 이도 있다. 입사 2주 차쯤에는 이런 규정집의 드라이브 내 파일 위치를 알려준다. 인사부서는 휴가, 평가, 승급 등의 기본적인 내용을 설명한다. 면접 시에는 뭐든 자율적으로 알아서 할 것처럼 굴어도 입사 후에는 안 챙긴다고 투덜거리는 게 사람이다. 이런 것까지 말해줘야 하나 싶을 정도로 자세히 알려준다. 하이어링 매니저는 수시로 문제가 없는지 확인한다. 입사일 전후로 다른 회사에 합격되거나 이직 소식을 뒤늦게 들은 선배들이 접촉해서 옮기는 경우가 종종 있다. 온보딩이 적극적으로 진행되는 첫 2개월 동안에 친밀감rapport이 형성되도록 최선을 다하는 이유 가운데 하나가 이직 방지다.

오리엔테이션은 온보딩 기간에 행해지는 교육 프로그램이다. 오리엔테이션이 끝나도 온보딩은 계속되며 아무리 짧아도 6개월은 챙겨야 한다. 하이어링 매니저는 매월 1회 정도 둘이서만 점심 자리를 갖고 상황을 업데이트한다. 온보딩의 목적은 두 가지이다. 첫째, 동료들과 잘 어울리고 우리 회사라는 소속감을 느끼게 해 조기 퇴사를 막고 조직 안정화를 꾀하는 것이다. 둘째, 신입 직원이 새로운 환경에서 업무를 시작하는 데 필요한 자원을 우선 배정해 신속히 실력을 발휘하도록 돕는 것이다.

윗사람들은 새로 들어온 직원이 마음에 안 들 때 "그 사람에게 그런 면이 있는지 몰랐다. 우리가 사람을 잘못 봤다."라고 불평하며 면접 과정에서 선별을 잘못한 결과라고 생각한다. 그러나 이런 문제는 오히려 온보딩 실패에 더 큰 원인이 있다. 왜 면접자가 면접 때 보여주지 않았던 역기능적인 성격이나 행동이 단기간에 표출되었을까? 그건 회사라는 환경이 그에게 최선을 다할 필요가 없다는 신호를 주었기 때문이다.

초기 스타트업을 자발적으로 찾아오는 훌륭한 인재는 없다. 가능성 하나만 보고 뽑아서 자율적으로 성장하도록 돕고 동료애를 보여 팀워크를 갖춘 사람으로 성장시키면 에이스가 된다. 온보딩에 실패하는 조직은 직원들의 입사와 퇴사가 회전문 돌 듯 반복된다. 우리 사회에는 전통적으로 처음 들어온 이를 따뜻하게 대하기보다는 기를 죽여서 고분고분하게 만드는 안 좋은 문화가 있다. 대부분의 조기 퇴사자가 실제 퇴사를 마음먹은 시점이 입사 후 몇 개월 이내이다. 그다음부터는 시간을 보내면서 이직할 곳을 알아본다. 이런 점을 고려하면 환영받는 느낌을 받도록 온보딩 프로그램을 잘 운영하는 것이 선발 과정보다 더 중요함을 알 수 있다.

5장

임직원의 성장을 위한
조건들

1

동기부여

초기 스타트업에서 지원부서인 인사·총무 업무는 대기업 출신들이 주로 맡는다. 자연히 대기업의 직간접 경험을 복붙해서 스타트업에 적용하게 되는데 동기부여 방법은 그렇게 하기가 어렵다. 대기업 방식을 적용하기에는 자원도 부족하지만 문화 자체가 다르다. 대기업이 생산성 향상을 위해 외적 동기를 주로 사용했다면 스타트업은 10여 년 전 국내 도입 초창기부터 내적 동기에 집착 수준의 신뢰를 보였다. 구성원들의 내적 동기를 망치지 않으려는 성숙한 경영진이 수평적이고 투명한 조직문화를 만들었다. 그리고 하향식 소통에 알레르기 반응을 보이던 MZ세대들이 이 새로운 시도를 환영했다.

시키는 일을 하는 게 아니라서 내적 동기가 필요하다

동기부여는 동기와 부여의 합성어다. 동기란 '어떤 행동을 불러오는 마음속 요인'이고 부여는 그런 요인을 제공한다는 뜻이다. 단어 정의만 놓고 보면 근로자의 행동을 끌어내도록 외부에서 개입하는 행위가 우리말 동기부여의 의미다. 그래서 기성세대들은 동기부여를 주로 회사가 주는 크고 작은 보상으로 이해한다.

영어 공부를 잠깐 하자면 동기로 번역되는 모티베이션motivation은 '하고 싶은 이유나 계기'를 뜻하는 모티브motive에 결과나 움직임을 뜻하는 접미어인 션tion이 붙은 것이다. 그래서 모티베이션에는 외부에서 뭘 해주는 게 아니라 본인 마음속에서 생겨난 목표를 달성하거나 그 추구하는 과정에 만족한다는 의미가 있다. 그래서 영어로 된 모티베이션 자료를 읽어보면 주로 내적 동기에서 만들어지는 결과물(하고 싶어서 한 것들)을 어떻게 살려서 좋은 결과를 낼지에 대한 설명이 나온다. 예를 들면 자율적인 의사결정 분위기나 직급과 무관한 아이디어 위주의 결정 등을 모티베이션 방법으로 든다.

그런데 원래부터 기업들이 내적 동기에 관심을 가졌던 것은 아니다. 일터의 대부분이 1, 2차 산업이던 시절에는 모티베이션보다 관리management가 주류 이론이었다. 관리자들은 직원들이 잘하면 보상을 하고 못하면 불이익을 주었다. 성과물과 진행 상황이 외부 관찰로도 확인되니 '노동의 질'을 논할 여지가 없었다. 현장 근로자들을 관리하던 방식은 사무직에도 적용됐고 외적 동기 부여가 경영 이론의 주류를 차지했다. 6장의 직무수행평가에서 자세히 다루겠지만 매년 저성과자를 10%씩 잘라내던 1980년대 잭 웰치 시절의 제너럴일렉트릭, 상대평가로 6개월에 한 번씩 인사고과를 돌려 C등급을 두 번 받으면 회사를 떠나고 A등급을 받으면 몇 개월치 급여에 해당하는 스톡옵션이 기다리던 마이크로소프트의 인사제도가 불과 20여 년 전 이야기다. 강력한 외적 동기가 경영관리의 한 축이었다.

2000년대 들어 경제적 결핍을 겪어보지 않은 세대가 산업 현장에 진출하면서 변화의 바람이 불기 시작했다. 당근과 채찍이 예전만큼 위력을 발휘하지 못했다. 한편으로 사무직의 단순 업무가 대폭 줄었고 개인용 컴퓨터가 고도화되면서 종일 컴퓨터 앞에서 일하기 시작했다. 컴퓨터 화면을 바라보며 빠르게 키보드를 치는 직원이 개인 카톡을 하는지, 업무 카톡을 하는지, 아니면 문서 작업을 하는지 구별하지 못하게 됐다. 과업 관리가 어려워졌다.

모바일 혁명에 맞춰 신산업들이 대거 등장했고 변화의 주역으로 스타트업이 떠올랐다. 다들 변덕스러운 고객을 만족시키는 방법을 찾느라 고민 중이다. 아무도 가지 않은 길을 만들어서 가는 데 경쟁이 치열하다. 다들 생각하고 답을 찾는 시간이 길어지면서 자발성과 몰입도가 중요해졌다. 기계처럼 수행하던 '위에서 시키는 일'이 아니기에 내적 동기가 없으면 아웃풋의 질이 낮아져 경쟁력을 잃는 결과를 가져온다.

대기업과 스타트업의 직원 의욕 저하 이유는 다르다

외부든 내부든 동기의 출처를 떠나 경영자라면 누구나 직원들의 직무몰입을 바라지만 동기 수위는 시간의 흐름에 따라 낮아지는 경향성을 지닌다. 직무몰입 동기의 저하 요인은 대기업과 스타트업이 아주 다르다.

대기업 직원의 의욕 저하의 원인은 두 가지이다. 첫째, 상사와의 갈등이며 그 근본에는 단기 성과 위주의 평가시스템이 있다. 부서원을 연료로 때서 승진하고 싶어 하거나 윗사람 눈에 들기 위해 비합리적인 지시도 여과 없이 아래로 전달하는 부서장들이 주류를 이루는 조직문화다. 어차피 직원은 순환보직으로 돌리는 거니까 장기적으로 성장시켜 함께 간다는 의식이 없다.

둘째, 무기력의 학습이다. 큰 회사는 결정을 내리는 자와 수행자가 다른 경우가 일반적이다. 의사결정 단계에 참여하지 못한 사람이 결론만 지시받아 수행하는 구조는 몰입도를 낮춘다. 더구나 기안서만 몇 달 쓰다가 석연치 않은 이유로 프로젝트가 취소되는 일을 겪으면 다음번 쳇바퀴를 돌릴 의욕이 나지 않는다. 더구나 대기업들은 위계가 엄정하고 소통이 위에서 아래로만 흐르지 반대 방향으로는 잘 흐르지 않는다. 이런 환경에서 윗사람이 업무 능력이나 인성 면에서 부족하다면 팀원 개개인은 상황을 개선할 수단이 없다.

초기 스타트업에서 업무 의욕의 저하는 처음 겪는 일을 혼자 헤쳐나가야 하는 스트레스에서 온다. 콜드 콜cold call은 엄두도 안 나고 이메일을 보내봤자 상대방은 들어본 적도 없는 브랜드일 것이니 회사 덕을 보기는 어렵다. 몰라도 가르쳐줄 상사가 없고 일이 몰려도 받쳐줄 동료가 없다. 시간이 흘러 업무가 손에 익을 때쯤이면 업무량이 더 빠르게 증가해 언제나 시간이 부족하다. 신입을 새로 뽑아준다 해도 예전에 대기업에서 보던 기본을 갖춘 친구들이 아니다. 대표가 큰 회사 출신이라며 데려온 본부장들은 실무 경험이 적고 거품만 끼어 스타트업에서는 도움이 안 된다.

스타트업이 빠르게 성장하면 실무자들은 일에 치여 죽는다. 반대로 전혀 성장하지 못한다면 한가히 쉬는 게 아니라 새로운 서비스를 기획하고 만드느라 더 바쁘다. 스타트업에서 시간 부족은 퇴사하거나 망하는 날까지 해결이 안 되는 업의 특성이다. 기대는 컸으나 성취감을 얻지 못하고 지쳐가는 번아웃이 가장 큰 적이다.

사람들을 일하게 만드는 요인을 찾아 적용해야 한다

문제점은 알았다. 그럼에도 불구하고 사람들을 일하게 만드는 요인은 무엇일까? 직장인들의 근로 이유를 가장 잘 설명한 이론은 에드워드 데시Edward Deci 교수와 리처드 라이언Richard Ryan 교수가 정리한 자기결정성 이론이다. 그들은 1985년도에 나온 책 『인간 행동의 내재적 동기부여와 자기결정Intrinsic motivation and self-determination in human behavior』에서 근로 이유를 놀이, 목적, 가능성, 정서적 압박, 경제적 압박, 관성 이렇게 여섯 가지로 분류했다.

이 여섯 가지 가운데 두 종류의 '압박'은 외적 동기부여와 맥을 같이하는 행동주의 학습 이론이다. 적절한 보상과 처벌로 바람직한 행동을 강화한다. 이미 학교, 군대, 때로는 가정에서조차 겪었기에 부작용과 효과를 누구나 잘 안다. 그렇다고 외적 동기는 바람직하지 않으니 쓰지 말고 내적 동기에만 집중하자고 말할 형편은 못 된다. 스타트업은 너무도 바쁘고 일상이 생사기로다 보니 구성원들의 내적 동기에만 기댈 여유가 없다. 실제로 사람이 한평생 겪게 되는 동기의 총량을 들여다보면 압도적으로 외적 동기가 크다. 다행히 외적 동기에 의해 시작했어도 보람이라든가 일의 재미 같은 것을 찾으며 내면화되는 상황이 드물지 않다. 외적 동기가 마중물 역할을 했다면 그다음은 공동창업자나 본부장들이 코칭 기법을 활용해 구성원들이 업무에서 자신의 내적 동기를 발견하도록 내면화 단계로 안내한다.

놀이, 목적, 가능성이 있으면 업무 의욕을 높일 수 있다

회사를 다니는 도중에 여러 이유로 변심할 수는 있다. 그러나 적어도 채용 시점에는 아래 세 가지 이유 가운데 하나라도 지원 동기와 일치해야 한다. 안 그러면 옛날 방식으로 동기를 계속 '부여'해야 하는 돌봄 노동이 시작된다.

첫째, 놀이다. 자기 업무를 좋아하는 이에게 회사는 놀이터와 마찬가지다. 그렇지만 현실적으로 일 자체를 즐기는 구성원만으로 팀을 꾸리기는 어렵다. 그래서 보완적으로 사무실 분위기를 즐겁게 만든다. 안마의자를 들여놓고 주전부리와 콜라나 맥주 같은 음료수를 꾸준히 채워 넣는 이유다. '펀Fun 경영' 하면 미국의 사우스

웨스트항공이 유명하듯 국내에도 사무실을 대학 캠퍼스처럼 즐겁고 활기찬 곳으로 만든 회사가 있다. '배달의민족' 서비스로 유명한 우아한형제들이다. 고객을 대상으로 치른 치킨 브랜드 감별사 '치플리에' '치킨은 살 안 쪄요-살은 내가 쪄요' 등 명 카피를 배출한 배민신춘문예, 배달 오토바이에 붙인 광고 메시지 '감자전이 타고 있어요'와 같은 B급 정서는 모두를 즐겁게 한다. 기왕 할 일인데 즐겁게 하자는 마음이고 일이 재미있어지면 놀이로 승화된다.

둘째, 목적이다. 수행 과정이나 결과물이 구성원의 가치관과 조화를 이룰 때 목적이 일하게 만든다. 노년기 삶의 질을 높이는 보행 보조기를 만드는 스타트업이 있다. 창업자는 물리치료사 출신으로 어려서부터 노인 복지에 관심이 많았다. 이렇게 자연스럽게 합이 맞으면 최고이지만 그렇지 않더라도 방법은 있다. 업을 재해석해 긍정적 의미를 발굴한 뒤 내부에 전파한다.

요즘 플랫폼 스타트업들이 자영업자를 착취한다는 정치인의 주장이 언론에 기사화되는 일이 잦다. 직원들이 주눅 들지 않도록 논리를 개발해서 내재화한다. 기존에 정보 불균형으로 인해 높은 비용을 부담하거나 불편을 겪다가 플랫폼 덕택에 시민들의 생활이 편리해졌다는 메시지다. 외제 차 대리점 직원이라면 외국 회사 좋은 일 시킨다는 생각을 머리에 담으면 안 된다. 고객은 힘들게 돈 벌어서 안전하고 멋진 차를 탈 권리를 누리는 것이고 본인은 고객을 행복하게 만드는 사람이라고 믿어야 인지적 부조화가 안 생긴다. 창업자가 타운홀 미팅 등을 통해 그 회사가 만들어내는 가치 등을 반복적으로 전하는 것은 그런 면에서 큰 의미가 있다. 자사의 서비스가 사용자의 삶을 얼마나 편리하고 의미 있게 만들었는지 고객의 증언testimony을 들려주면 효과가 좋다.

셋째, 가능성이다. 경력 개발 관점에서 보면 직장인들은 자신의 목표를 향해서 한 걸음씩 다가가는 과정에 있다. 직장을 옮기거나 부서를 바꾸거나 대학원 진학 결정을 내리는 등의 주요 고비에 상상의 지도 앱을 열어 현재 위치와 목표 지점 사이의 경로를 계산한다. 노년학이라는 학문의 기초가 되는 '생애 과정life course 이론'에 따르면 사람들의 행동은 반드시 미래 시점의 자신에게 영향을 끼친다. 젊은 시절에 술 담배를 하며 몸에 안 좋은 물질을 주입하면 인생 후반기에 그로 인한 어려움을 겪는다.

마찬가지로 회사에서 수행하는 작은 과업들이 목표 달성 가능성을 높인다. 회사 송년파티에서 사회를 보는 것처럼 작은 것은 0.1%, 팀장이 되는 것처럼 큰 것은 5% 식으로 성공 확률이 증가한다. 그래서 본인이 배우고 성장한다는 느낌이 있다면 궂은일도 기꺼이 한다. 이렇게까지 하지 않고 '오늘만 사는 욜로yolo'들은 어느 회사에나 있다. 면담 시점에 그의 꿈을 물어보고 막연하게나마 바라는 게 있는지 이야기를 나눠본다. 혹시 있다면 현재 하는 일이 또는 이 회사에 머물며 하게 될 일들이 어떻게 그곳까지 데려다줄지 가르쳐주는 대화도 목표를 보여준다는 의미가 있다.

이 세 가지 근로 이유의 공통점은 일 자체가 동기로 작용하기에 건강하며 활성화될수록 조직문화에 긍정적으로 작용한다. 세 가지 모두 배타성이 없기에 적절히 섞어가며 쓸 수 있다.

정서적 압박, 경제적 압박, 관성은 문제가 될 수 있다

1950년대 초 일군의 신경해부학자들이 인간의 귀 바로 위에 위치한 변연계가 기분, 감정, 중독 등을 담당한다는 것을 밝혀냈다. 변연계는 계통발생학적으로 초기에 형성됐으며, 싸움, 도망, 두려움, 번식, 음식물 섭취를 담당하는 뇌간에 접해 있다. 뇌간은 '도마뱀의 뇌'라고도 불린다. 파충류의 뇌가 대부분 뇌간으로 구성되어 있기 때문이다.

우리는 스마트폰을 사용할 줄 아는 지능 높은 현생인류이지만 스트레스가 높은 환경에 처하면 '도마뱀의 뇌'인 뇌간과 변연계가 합작해 대뇌의 합리적 판단을 방해한다. 아래 설명하는 세 가지 근로 동기는 그 뿌리가 두려움과 생존이라는 점에서 강력하다. 그리고 그 절박함으로 인해 아웃풋의 질이 낮아진다.

첫째, 정서적 압박은 두려움이나 수치심 같은 부정적 감정을 이용한다. 둘째, 경제적 압박은 보상 때문에 그 직장을 다니게 만든다. 셋째, 관성은 주어진 일이니까 기존에 해왔던 방식으로 그냥 반복한다. 정서적 압박과 경제적 압박은 본인의 뜻이 개입되지 않은 타율적 행동이기에 장기화되면 부정적 기운이 당사자를 삼킨 다음 주변으로 퍼져나간다. 관성도 의욕 지수가 바닥인 상태이기에 스타트업처럼 자기 주도적이고 창의적인 태도가 요구되는 일터와는 맞지 않는다.

이런 동기를 가지고 일하는 직원들을 만났을 때 실망하거나 화를 낼 필요는 없다. 창업자들 사이에서는 뚜렷한 목적의식이 보편적 덕목일 것이다. 하지만 직원들은 그런 게 아예 없는 경우도 많고 있다 해도 명료하지 않다. 개인 차이는 있겠으나 30대가 되어도 본인의 경력 정체성이나 경력 계획을 갖지 못한 경우도 흔하다. 경력 정체성이나 경력 계획이 어딘가에 정답이 있는 게 아니라 본인의 가치관과 적성을 고려해 시간을 두고 만들어간다는 생각을 못해서 그렇다. 어딘가에 정답이 있을 것만 같아 그것을 찾는 데 시간을 보내거나 자기 확신의 결여로 인해 여러 선택지를 놓고 수익률ROI 계산을 하는 중이다.

삶이 따로 정답이 있는 게 아니라 크고 작은 선택이 누적되는 과정이라 작은 일부터 성실하게 해야 한다는 코칭이 필요하다.

자율성, 유능함, 관계성 보장으로 동기를 부여한다

직원들의 경쟁심을 자극하는 관리자, 저성과자를 공개 석상에서 깨는 상사, 이런 방식으로는 너의 미래가 이 회사 내에 없을 것이라고 협박하는 경영진 등이 영화나 드라마에 단골로 등장하는 회사 장면이다. 겁을 줘서 사람을 조종하는 방식은 수천 년 넘게 쓰여 왔지만 스타트업에서는 활용이 불가하다. 도덕적으로 문제 때문보다 더 중요한 이유는 부정적 효과가 너무 크기 때문이다.

당근과 채찍으로 흔히 표현되는 외적 동기는 투입된 인원과 시간의 곱으로 생산량이 산출되는 기계적 작업에서 여전히 유효하다. 블루칼라 노동자는 기분이 안 좋고 심란한 상태라도 사고를 낼 정도만 아니라면 평소와 동일한 품질의 결과물을 생산한다. 고객과 제품이 자주 변경되지 않는 대기업에서도 활용할 수 있다. 결과를 흔드는 변수가 많지 않고 담당자의 근면 성실이 결과에 직결된다면 성과급 계산도 어렵지 않다.

그러나 스타트업의 임직원은 기존 방식이 아니라 새로운 방법을 찾아내기 위해 인지 기능을 총동원하는 창작자다. 이런 작업에서는 결과에 큰 보상이 걸릴수록 수행이 저하된다고 학자들은 말한다. 좋은 부담도 나쁜 부담도 주지 않는 게 바람직하다. 보상 같은 외부 조작보다 인간이 지니는 기본적인 세 가지 심리적 욕구를 보장하는 것이 효과적이라는 것이 자기결정론의 핵심 메시지다. 그 세 가지는 자율성, 유능함, 관계성이다. 관계성 대신 목적을 넣는 이도 있다. 창업자는 직원들이 주도적으로 결정하고 맡은 일을 잘하고 싶어 하는 마음이 있음을 잊지 말아야 한다. 의심이 들더라도 그렇게 믿어야 그런 회사가 만들어진다. 그래서 의사결정 단계에 실무진을 항상 참석시켜 의견을 듣고, 압도당할 정도로 크거나 너무 쉽지 않을 만한 적당한 크기의 도전 과제를 부여해 성장시킨다. 회사의 핵심가치와 방향을 정립하고 좋은 조직문화를 만들어 직원들을 출근하고 싶게 만든다. 이 세 가지 본원적 갈증의 해결이 스타트업의 동기부여다.

토스를 운영하는 핀테크 스타트업 비바리퍼블리카의 이승건 창업자가 지닌 사람에 대한 통찰은 그런 점에서 놀랍도록 원칙에 충실하다. 인간은 일하기 싫어하기 때문에 통제와 관리를 해야 한다고 믿는 나라에서 태어나고 자란 사람답지 않다. 그는 '사람은 원래 일을 좋아하는데 주변의 부정적인 요소들로 인해 근로 의욕을 잃게 되니 그 부분을 제거해서 자발성을 회복해줘야 한다.'고 믿는 사람이다. 출퇴근에 지치지 말라고 전세보증금을 무이자로 빌려주거나 업계 최고의 대우를 하고 내적 동기를 낮추는 각종 규칙을 없앴다. 대기업은 보상이 좋기 때문에 불합리한 문화를 유지해도 반발이 적었으나 스타트업은 회사의 성장과 개인의 성장이 일치하지 않기 때문에 참아야 할 이유가 없단다. 최고의 대우로 인재를 모으면서 동시에 무임승차자를 솎아내는 어려운 작업을 진행해 "이게 정말 가능하네."라는 칭찬을 직원들에게 듣는다.

회사가 계속 나아가는 것을 보여주는 것이 중요하다

아무리 회사가 좋아도 발전이 없으면 직원들의 사기는 가라앉고 정체가 장기화하는 조짐이 보이면 능력 있는 친구들부터 떠나간다. 발전 중에는 투자유치나 매출 같은 큰 이벤트들도 있겠으나 작더라도 회사가 계속 전진하는 사건들이 지속해서 일어나는 게 더 중요하다. 조직 구성원들이 진도가 나가는 것을 얼마나 좋아하는지 보여주는 실증 연구가 있다. 하버드 경영대학원의 테레사 에머빌Teresa M. Amabile 교수팀은 약 4개월 동안 수백 명의 지식근로자에게서 이메일로 그날의 주요 일과와 감정 상태를 수집했다. 그렇게 모은 1만 2,000여 개의 데이터를 분석해서 가장 신났던 날과 괴로웠던 날에 어떤 일을 했는지 그래프로 그렸다.

근로자들이 가장 기분 좋아한 날의 특징은 '의미 있는 진전prog-ress'이 일어난 날이었다. 76%가 기분 좋은 날로 꼽았다. 조직 차원의 도움을 받거나 개인적인 지지를 받은 것보다 압도적으로 높은

주요 일과와 감정 상태*

회사에서 기분 좋은 날에는 어떤 일이 있었나?

'오늘 회사에서 기분 좋았다.'라고 표시한 이메일 중 76%는
그날 일어났던 사건으로 '의미 있는 진전'을 언급했다.

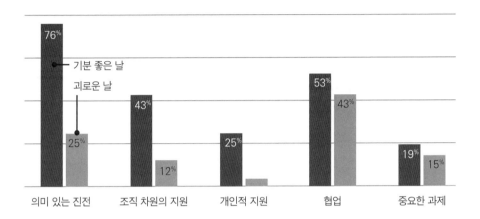

수치였다. 진전의 반대인 지체setback된 날은 어땠을까? 이날 괴롭다고 메일에 쓴 사람이 67%였다. 이는 안 좋은 말을 들은 날보다 더 높은 숫자였다. 동료들에게 싫은 소리를 들어 기분 나빠진 건 하루 자고 나면 잊을 수 있지만 일의 진도가 안 나가는 것은 여러 가지 부정적 결과를 가져오기에 더 큰 사건이다.

스타트업 구성원들은 젊다 보니 느긋하게 기다리기보다 빨리 결과를 보고 싶어 한다. 이럴 때는 프로젝트를 작은 단위로 나눠서 작게나마 진도가 나갔음을 다 같이 기뻐하고 으쌰으쌰 분위기도 살리고 그 흥분된 기분에서 창의적인 아이디어가 더 나오게 한다.

---

* HBR(2010년 1, 2월호), What Really Motivates Workers, https://hbr.org/2010/01/the-hbr-list-breakthrough-ideas-for-2010

『스타트업 트렌드 리포트』에서도 스타트업 재직자들이 스타트업 근무에 만족하는 요인 중 항상 순위권에 있는 것이 '빠르고 유연한 의사결정 구조'이다. '자율적이고 수평적인 조직문화' 역시 수위를 차지하는 항목이다. 조직문화가 자율적이고 수평적이지 않다면 의사결정도 빠르고 유연하기 어렵다. 모두 연결되어 있다.

나쁜 보스는 되고 싶지 않지만 직원들이 잘했으면 좋겠어요

2
직원 교육 훈련

이 책을 쓰기 전 '스타트업을 위한 HR 가이드'를 쓸 예정이니 고민 거리를 보내주십사 페이스북에 포스팅했더니 페친 한 분이 아래 글을 보내주었다.

"직무와 관련한 직원 교육 훈련을 신청하기에 회사 비용으로 보내주었습니다. 교육 종료 후 얼마 되지 않아 이직합니다. 직원 교육 훈련은 분명히 필요합니다. 그런데 이런 일이 몇 번 반복되다 보니 우리 회사가 인력사관학교처럼 느껴지기도 하고 소극적으로 되어갑니다."

창업자는 아니고 본부장급인데 직원 이직에 직접 영향을 받는 중간 간부 중에는 이렇게 생각하는 분들이 많다. 사실 누구라도 이런 일을 겪으면 배신감과 시기심에 마음이 불편해진다. 그러나 잘 생각해보면 그렇게 속상할 일만은 아니다. 회사 비용으로 교육을 보내준 거라면 부서장 개인이 입은 금전 피해는 없다. 거시적 차원으로 보면 우리가 교육한 직원이 다른 회사로 가고 다른 회사에서 교육한 친구를 우리가 뽑고 하면서 서로 도움이 된다. 만약 어느 회사도 직원 교육을 안 한다면 스타트업 업계 전반의 경쟁력이 다 같이 추락한다. '죄수의 딜레마' 상황인데 다른 스타트업도 그렇게 하리라 믿고 다 같이 교육을 보내면 모두에게 이익이다. 혼자 살려고 자백하는 죄수처럼 직원 교육을 안 보내고 싶은 스타트업이 있을 것이다. 하지만 그러면 평판이 안 좋아져서 채용이 어려워질 것이니 그 숫자는 점점 줄어들 거라 본다.

이 에피소드를 해석하는 또 하나의 관점은 교육받은 직원이 더 좋은 곳으로 옮겼기에 좋은 일이라는 시각이다. 지인이 더 큰 회사, 좋은 회사에 있으면 업무상 도움받을 일이 생긴다. 어쩌면 개인적으로 도움을 청할 날이 올 수도 있다. 직장에서 맺어진 선후배 사이에 대해 젊은이들은 선배가 후배를 계속 도와주는 일방적인 관계로 오해한다. 실제로는 후배가 선배를 도울 때 정말 절실한 도움을 준다. 회사에서 선배가 후배에게 주는 혜택이라는 게 내년에 진급시킬 거 올해 시키는 거나 연봉 조정할 때 회삿돈을 조금 더 얹어주는 정도다. 젊을 때는 기회가 계속 찾아오기 때문에 선배 도움 없이도 잘 큰다. 그러다가 막상 커리어의 성장세가 꺾이는 40대 중반부터 대부분의 선배는 제 한 몸 가누기도 벅차다. 이때부터 15~20년은 처지가 바뀐다. 잘나가는 후배들에게 베풀었다면 도움을 받을 것이다. 하지만 예전에 싹수없게 굴었으면 후배도 모르쇠

한다. 유능한 사람들과 맺은 좋은 관계처럼 사회생활에 도움 되는 일은 없다.

직원 교육은 스타트업의 경쟁력 강화에 필수적이다

직원 교육에 아주 부정적인 창업자를 만난 적이 있다. 그 사람의 지론은 "교육을 보내봐야 스펙만 좋아져서 이직해요."였다. 그렇다고 이직도 하지 못할 수준의 직원들을 계속 끼고 있는 것도 답은 아니다. 직원의 이직으로 화나는 마음과 별개로 스타트업의 경쟁력 강화에 임직원의 교육 훈련이 필수적인 이유를 들어보자.

어떤 산업이든 스타트업 같은 후발주자가 진입해 고객의 선택을 받는 데는 몇 가지 방법밖에 없다. 차별적인 서비스나 제품을 내놓는 혁신 전략, 시간 단축 가치를 제공하는 스피드 전략, 고객 만족도에 몰빵하는 고객친화 또는 품질향상 전략, 인건비를 낮춰 가격 경쟁을 하는 비용절감 전략 등이다. 이 중에서 작업의 모듈화와 단순화로 조작자의 인건비를 낮추면서 장비 자동화 등으로 비용을 낮추는 비용절감 전략을 제외한 나머지 세 전략은 모두 임직원의 팀워크와 높은 동기부여가 기본 전제다. 따라서 기업 목표를 달성하기 위한 수단으로 교육 훈련은 필수적이다. 이를 통해 직무 수행에 필요한 기술과 지식을 습득시키고 그 조직에 머무는 동안 성장이 정체되지 않기에 계속 새로운 가능성이 열린다는 믿음을 준다.

초기 스타트업 구성원의 역량은 일반 기업에 비해 큰 표준편차를 보인다. 공동창업자가 공을 들여 모셔온 연구실 후배도 있지만 협업 툴이라고는 카톡밖에 써본 적이 없는 학원 강사 출신도 있고 공무원 시험 준비하느라 취업 나이를 초과한 늦깎이 신입도 있다. 직무 수행에 필요한 최소한의 교육이 없다면 협업이 어렵고 구성원의 실력 부족으로 서비스 경쟁력을 잃는다. 실무자는 업무 능력 개선을 위한 맞춤형 교육이 필요하고 관리자는 부서원들을 이끌고 타 부서장들과 협업하는 교육이 경쟁력 강화를 위해 필요하다.

직원 교육은 스타트업의 직원 유지에도 필수적이다

인간에게는 배우려는 본능이 있다. 배움이란 학교를 졸업하며 끝나는 게 아니고 평생 지속되는 것이라 믿는 이들이 많다. 학자들의 연구에 따르면 이러한 평생학습 의지와 높은 상관관계를 지니는 것이 성취동기다. 높은 성취동기를 지닌 사람이 '에이스'로 성장한다. 스타트업은 이들을 많이 확보해야 성공한다. 학습을 중요시하고 지원하는 분위기를 조성하면 그런 친구들이 모인다. 이 유형의 인재들은 회사에서 현재 하는 일이 힘들어도 배울 사람이 있고 성장이 가능한 분위기라면 높은 직무몰입을 보인다.

반대로 대표가 구성원의 학습을 지원하지 않고 시간이나 돈이 아깝다는 내색을 하면 실망한다. 교육 기회도 없고 업무에서 배울 만한 상황도 아니면 기회를 보아서 떠난다. 그래서 스타트업은 직원들의 사기 진작을 위해서라도 교육 훈련에 공을 들여야 한다. 인적자원에 가장 높은 가치를 두어야 하는 스타트업에서 교육을 강조하지 않는다면 자기모순에 빠져 위선이라 욕먹는다.

업무 매뉴얼을 만들고 일하는 방식을 교육해야 한다

매뉴얼을 만드는 작업은 직무교육의 첫 단추를 끼우는 일이다. 같은 단어임에도 출신 배경에 따라 각자 다른 의미로 쓰는 곳이 회사다. 정리 잘하는 프로세서 성향의 직원에게 부탁해서 업무 매뉴얼을 만든다. 구글 드라이브나 노션을 이용해 누구나 접근 가능한 장소에 이해하기 쉽게 쓰되, 정리는 한 사람이 하고 읽는 이들은 메모를 달아 의견을 추가할 수 있게 만든다.

다음은 회사 내에서 쓰는 주요 용어집을 시작으로 업무 플로flow, 결재선, 기안서 작성, 회의 소집 방법, 작업물의 파일명 짓는 방식, 저장 위치, 저장 장치의 백업 스케줄, 공유 대상과 방식, 부서 내 업무 분담, 부서별 역할, 이직자가 남겨둔 업무 인계 파일, 거래처와 외부 협력사 소개와 진행 히스토리 등 업무와 관련된 모든 내용을 정리한다. 슬랙, 잔디, 트렐로, 지라, 아사나, 화상 채팅 툴 등 회사마다 사용하는 서비스형 소프트웨어 프로그램을 익히는 데 도움되는 유튜브나 블로그 등도 모아둔다. 회사에는 필요한 문구류를 주문하는 온라인 사이트부터 회사 페이스북 아이디까지 다양한 공유 계정들이 있다. 이들 정보를 모아두는 사이트 주소도 필수로 포함한다. 공식적인 정보에 추가해 회사 근처 병원, 찻집, 식당 리뷰까지 모아두는 비공식 정보 꼭지를 만들기도 한다.

회사 인트라넷에는 직원에게 공개된 규정집도 모여 있다. 인사, 회계, 출장, 평가 규정이 기본이다. 이들은 매뉴얼에 링크만 걸어서 필요할 때 들어갈 수 있도록 만든다. 대기업에서는 직원 수첩이라 부르고 외국에서는 임플로이 핸드북Employee Handbook이라 부르는 문서다. 직원들의 윤리 규정code of conduct부터 각종 휴가 쓰는 방법, 인사고과, 출장 품의와 비용 정산, 법인카드 사용 가이드, 각종 복지 제도의 활용 등에 관한 규정과 해당 서식들도 모아놓는다. 회사의 언어를 잘 모르는 신입도 이해할 수 있도록 자세한 설명을 달아둔다.

매뉴얼 작업이 완성되면 온보딩 기간에 이들 자료를 기반으로 우리 회사의 일하는 방식에 대한 기본 교육을 진행한다. 신규 입사자를 위한 직원 교육은 강의실 세팅이 무난하다. 기본 교육에 추가해 회사의 미션, 창업 동기, 조직문화 세션을 창업자가 강의한다. 이어서 각 부서에서 그들의 목표와 현재 진행 중인 업무를 설명한다. 교육이 끝날 시점이 되면 회사가 속한 산업계에 대한 이해, 회사가 추구하는 방향, 경쟁우위, 조직 내 본인의 역할 등을 이해해야 한다. 한 걸음 더 나아가 회사의 성장과 본인의 성장 로드맵이 함께 보이면 교육이 아주 잘된 것이다.

일 순서를 꿰뚫어야 절차적 지식을 습득한 것이다

신입 교육을 제외하면 강의실에 모여 듣는 교육은 '성희롱 예방 교육' 같은 법정 교육밖에 없다. 초기 스타트업처럼 구성원의 직무와 지식 수준이 다양하면 전체를 대상으로 하는 교육은 강의 주제가 일반적인 내용을 벗어나기 어렵다. 기껏해야 새로 도입하는 협업 툴 소개나 명사 특강 같은 교양 강좌 수준에서 그친다. 그래서 대부분의 교육은 현장에서 이루어진다. 현장 교육의 가장 일반적인 포맷은 흔히 OJT라고 하는 현장직무교육On-the-Job Training과 도제 교육, 코칭이다. 공공기관, 언론사 등에서 흔히 보이는 직무순환job rotation은 스타트업에서 거의 활용되지 않는다. 코칭을 교육 기회로 쓰는 부분에 대해서는 7장의 면담에서 자세히 다룰 예정이다. 현 장직무교육과 도제교육은 기간의 차이가 있을 뿐 선배가 하는 것을 보고 배우는 원리는 동일하다. 전문직이면 연 단위로 나가는 도제교육이 필요하고 일반 사무직은 주 단위 내지는 한두 달 정도로 끝나는 현장직무교육이 보편적이다.

인지 능력cognitive skill 학습에 관한 연구로 유명한 존 앤더슨John R. Anderson 교수에 따르면 사람이 문제해결 방법을 익히는 과정은 3단계로 나뉘는데 순서대로 진행된다. 1단계는 각 단어의 개념을 이해한다. 운전 교습이라 치면 클러치와 브레이크의 역할을 이해한다. 이때는 암기하는 데 쓰는 일반적인 지능을 쓴다. 2단계는 1단계에서 얻은 지식을 조합해 모순되는 것을 버리고 효율적으로 수행하는 방법을 찾는다. 변속 시 엔진을 안 꺼뜨리도록 반 클러치를 생각해내서 익히는 과정이다. 3단계는 이 절차적 지식을 장기 기억 장치에 담아두고 필요할 때마다 신속하게 불러내어 활용하는 것이다. 처음 운전대를 잡던 날 부들부들 떨던 사람도 학습이 끝나고 숙달되면 옆 사람과 대화까지 하면서 부드럽게 수동 기어를 조작한다. 이렇게 단계마다 쓰는 뇌의 영역이 다르다 보니 여기에서 개인의 학습 속도에 차이가 생긴다.

시범을 보여주면 알았다고 하다가 막상 해보라면 못하는 이들은 2단계인 편집이 안 되는 것이다. 예전에 해봤던 것을 다시 해보라면 버벅거리는 이유는 장기 저장 장치에 안착할 수준까지는 숙련이 안 됐기 때문이다. 편집 기능이 부족하면 좋은 샘플을 보고 베끼는 방식으로 편집 방식을 익히게 하고, 다양한 업무를 주기보다는 하나의 직무를 완전히 습득할 때까지 기다려줄 필요가 있다. 그래서 면접 볼 때 이건 아느냐, 저건 들어봤느냐는 식의 질문은 편집 능력을 확인할 수 없기에 "그다음 어떻게 하셨나요?" "그런 상황에서는 어떻게 하실 건가요?"라고 묻는다. 일의 순서를 꿰고 있어야 절차적 지식 습득이 완성됐다고 본다.

업무에 필요한 기본 지식은 온라인 강의를 활용한다

오프라인 강의들은 아직 호불호가 갈려 리뷰가 더 쌓일 때까지 기다릴 생각이라 접근성 좋은 온라인 강의 사이트를 추천한다.

코세라Coursera*에는 7,000개가 넘는 과목들이 있다. 대학에서 만든 프로그램은 한 학기 커리큘럼을 옮겨놓아 분량이 어마어마하고 구글이나 IBM처럼 기업이 제작한 프로그램은 5~6주 정도에 끝난다. 무료 강의도 많으나 매월 59달러씩 내고 듣는 강의도 있고 구글의 프로젝트 관리 강의도 코세라플러스에 포함되어 있다. 미네소타대학교의 인사관리 모듈은 HR 비전공자로서 실무를 먼저 하다가 이론을 갖추는 기회로 최적이었다. 코세라의 장점은 일정 수준에 도달한 다양한 과목이 있다는 점과 최근 유행하는 과목들이 계

---

* www.coursera.org

속 추가되는 덕택에 마음에 드는 과목을 찾기 쉽다는 점이다. 맛보기 수강 1주일이 있어서 들어보고 비용을 낼지 판단할 수 있다.

MIT나 하버드대학교의 온라인 코스를 검색해서 들어가보면 어느 순간 URL이 에드엑스EdX[*] 플랫폼으로 바뀐다. 이 두 대학이 2012년 설립해 공동 운영하던 온라인 교육 플랫폼이 에드엑스인데 2021년 6월 동종업계의 더 큰 플랫폼인 2U에 1조 원 가까운 금액에 팔렸다. 회사 매각과 무관하게 MIT와 하버드는 에드엑스를 계속 활용하겠다고 발표했다. 에드엑스 플랫폼에는 이 두 학교의 강의만 있는 게 아니고 각국의 선도 고등교육 기관들이 얹어놓은 3,500여 개의 강의들이 있다. 코세라와 유사하게 인증서와 청강생 모드로 나뉘는데 인증서 비용은 50~300달러로 약간 높다.

위의 사이트들이 대학 강의 플랫폼이라면 유데미Udemy[**]는 온갖 지식과 기술을 모아놓은 실전 온라인 강의 시장이다. Korean으로 검색하면 453개의 강의가 뜨고 포토샵을 쿼리로 던지면 7,300여 개가 뜨는 거대 장터다. 무료 강의는 거의 없고 대부분 유료다. 강의료가 다른 강의보다 이례적으로 높은 과목은 클릭해 들어가보면 대개 쿠폰 코드가 숨어 있다. 업무에 필요한 지식, 기술, 자기계발 등이 많으며 속성으로 급하게 배우는 데는 유데미만한 곳이 없다.

테드TED[***]는 실무 지식을 가르쳐주지는 않으나 사람에 치이고 스트레스를 많이 받는 중간관리자나 C레벨들이 들을 만한 교양 강

---

[*]　www.edx.org

[**]　www.udemy.com

[***]　www.ted.com

좌들이 많다. 영어 청강 실력이 좀 부족하더라도 강연자의 발표 내용을 스크립트로 제공하는 데다 텍스트와 비디오가 동기화되어 이해 가능하다. 조회 수가 많은 명강의는 대부분 한국어 스크립트를 제공한다. 테드의 약간 고급 버전 느낌인 마스터클래스MasterClass[*]는 수강료가 1명에 120달러, 2명에 180달러다. 좋아하는 작가가 있어서 한 번 신청해봤는데 취미 위주 콘텐츠라 갱신은 안 했다. 기업에서도 직원 교육용으로 마스터클래스를 고려할 이유는 없어 보인다.

창작자들이 주로 찾는 스킬셰어Skillshare[**]는 맛보기 기간인 48시간 이내에 취소하면 159달러의 연회비를 반환해준다. 교수가 아닌 각 분야의 전문가들이 강의하는 실전형이라는 게 강점이다. 개발자 사이에 유명한 유다시티Udacity[***]는 연회비 방식이 아니라 과정별로 수강료를 받는데 월 또는 몇 개월을 묶어서 비용을 받는다. 월 청구 개념은 코세라와 같다.

영어로 된 사이트들을 먼저 소개한 이유는 이 플랫폼들이 글로벌 시장을 상대로 하므로 규모의 경제에서 오는 가성비 우위가 있기 때문이다. 추가로 국내 콘텐츠 제공자들과 비교해 최신의 기술이나 흐름을 배울 수 있다. 이는 스타트업의 서비스가 글로벌 스탠더드를 지향하며 설계되는 현실에서 가장 합리적인 학습 경로다.

국내 교육 플랫폼은 대형 회사들이 영어 회화, 토익과 토플, 각종

---

[*] www.masterclass.com

[**] www.skillshare.com

[***] www.udacity.com

자격증, 공무원 시험 위주의 수험 시장 비즈니스 모델을 지향하기에 스타트업 직무교육에 활용하기에는 부적합하다. 중간 사이즈는 취미, 직무교육, 재테크, N잡러 등이 잡다하게 섞여 있는 사이트들이 대부분이다. 스타트업에서 필요한 개발, 마케팅, 기획, 협업 툴, 심지어 재택근무 요령까지 정리해놓은 곳으로 인프런Inflearn[*]이 있다. 베어유bear-u[**]에도 일잘러 세션에 약간의 직무교육이 있고 클래스101[***]이나 탈잉[****]도 비슷한 패턴을 보인다. 직무교육 전문 사이트에 가장 충실한 스타트업으로 스킬샵[*****]이 있다.

우리말로 된 온라인 강의를 가장 많이 모아놓은 곳은 대학 공개 강의 서비스 KOCW[******]다. 이 사이트에는 190여 대학과 기관에서 제공하는 9,500여 개의 강의가 있다. 인사관리를 검색했더니 '스타트업의 인사노무관리' '근로기준법과 인사관리' 과목이 뜬다. 마케팅 같은 인기 단어로 검색하면 500여 개가 넘는 강의가 검색되니 대학 강의를 다시 수강하면서 이론 정리하기에 좋다.

---

[*]   www.inflearn.com

[**]   www.bear-u.com

[***]   www.class101.net

[****]   www.taling.me

[*****]   www.skillsharp.co.kr

[******]   www.kocw.or.kr

근무시간을 쪼개 배워가면서 일하는 것은 당연하다

업계 최고의 경력자를 채용해도 그 순간부터 지식과 경험은 녹슬기 시작한다. 더구나 이제 새로 시작하는 초기 스타트업 임직원이라면 근무시간을 쪼개 배워가면서 일하는 것이 당연히 합리적이다. "직장은 학교가 아니니 공부는 학교에서 끝내고 회사에서는 일하라."라며 꼰대질하기에는 세상이 너무 빠르게 변한다. 직원들에게 학습을 권하고 해외 콘퍼런스 참석 기회를 제공하면 사기가 진작되고 조직 충성도도 오른다. 이는 자연스럽게 조직 경쟁력 강화, 인재 유지, 바람직한 조직문화로 이어진다. 채용할 때 컴퓨터와 사무가구 가격을 기본으로 반영하듯 교육 훈련 비용을 인건비에 사전 반영하는 적극적인 태도가 큰 차이를 만든다.

6장

평가와 공정한 보상

1

직무수행평가

직무수행평가performance appraisal는 근로자의 직무 성과와 조직 기여 정도를 확인하는 작업으로 보통 연 1~2회 실시한다. 대부분의 회사가 그 결과를 연봉 조정이나 승진 같은 보상 체계에 반영한다. 직원들로서는 매우 중요한 이벤트다. 문제는 평가의 타당도 시비가 늘 있다는 점이다. 각 개인의 조직 기여도나 수행을 정확히 측정할 수 있는 인공지능 장비가 있는 것도 아니다. 피평가자와 평가자 둘 사이의 심리 역동이나 각자의 인지 수준에 따른 오해와 편향이 적지 않게 발생한다.

한 예를 들어보자. 어느 대형 거래처에 몇 년 동안 공들여 스펙 작업을 했던 영업사원 A가 퇴사한 뒤 B가 그 거래처를 맡고 6개월 뒤에 대량 매출이 발생했다. B의 공로는 어느 정도인가. B가 일도 못하면서 사내정치만 한다고 말들이 많았다. 그런데 이번 성과로 승진까지 한다면 직원들의 사기는 어떻게 될까? 아무튼 큰 보상이

걸린 게임이 매년 한 번씩 열리고 결과에 실망한 참가자들은 이듬
해 봄에 회사를 떠난다. 평가자들도 채점 방식과 포상에 문제가 있
다고 느끼는 게 직무수행평가의 위상이었다.

수행평가에서 평가보다 변화 설계에 중점을 둔다

결론을 미리 흘리면, 수행평가의 문제점 개선을 위해 스타트업에
서는 평가보다 변화 설계에 더 무게 중심을 둬야 한다. 또한 1년
에 한 번 의례적으로 하지 말고 실질적인 코칭과 피드백을 통한 개
선을 꾀하기 위해 미팅 빈도를 월 1~2회로 잦게 갖는다. 직원 코
칭은 7장의 면담에서 자세히 다룰 예정이다. 수행평가를 함으로써
얻을 수 있는 실익을 정리하면 크게 다섯 가지 정도로 나뉜다.

첫째, 직원의 상황 인식 파악이다. 본인의 직무 수행에 대한 피평
가자의 인식 수준에서 자기객관화, 개선 의지, 학습 의지 등을 확인
할 수 있다. 보상이나 승급 협의 과정에서는 융통성과 조직에 대한
신뢰도를 알 수 있다. 피평가자가 긍정 편향Positivity bias에 빠졌다
면 긴장도를 높이는 방향으로 평가자의 의견을 반영해 수정한다.

둘째, 성장의 기록이다. 장기근속자의 경우는 본인의 경력 관리
설계에 도움이 되고, 회사 측에서는 승급이나 직원 이동 배치 시 주
요 판단 자료로 쓰인다. 충동적인 이직을 예방하고 경력 개발을 위
한 이직을 하더라도 멘토와 멘티의 관계가 유지되어 회사와 도움을
주고받는 동문관계가 형성된다.

셋째, 조직문화이다. 조직이 합리적으로 운영되며 개인의 성장을

위해 노력한다는 메시지를 직원들에게 전하는 최선의 방법이다. 특히 스타트업은 인사나 관리 시스템이 제대로 안 갖춰져 있다고 생각해서 기대가 높지 않을 것이라 반전의 감동이 가능하다.

넷째, 대화의 자리이다. 직원의 어려움을 공감하고 헤쳐나가도록 힘을 실어주는 자리다. 조직장과의 대화가 드문 분위기라면 특히 수행평가 시간에 묵혀왔던 대화의 물꼬가 트이기도 한다. 권한 밖의 일이라거나 무리한 요구라며 말을 중간에 자르지 말고 끝까지 편안하게 말하도록 해준다.

다섯째, 조직 보호이다. 회사를 운영하다 보면 스스로 개선 의지가 없는 문제 직원을 내보내야 하는 일도 생긴다. 법적 분쟁 시 사업주의 의무로 요구되는 '부정적 피드백과 개선을 시도할 만한 시간적 여유 제공'의 첫 단추가 수행평가다.

개인 성장을 통한 조직 성장에 초점을 두고 한다

앞 장에서는 자율성, 목적성, 숙련도 같은 내적 동기가 직원들의 만족도나 생산성 향상을 가져오는 주원인이 된다는 것을 밝혔다. 그래서 평가 미팅이 가야 할 방향은 외적 동기인 보상에 관한 관심을 최소화하고 팀원의 근로 환경, 동료와의 관계, 개인이 원하는 것과 회사가 부여했거나 원하는 것들을 다루어야 한다. 피평가자가 되고 싶은 직책이나 해보고 싶은 일이 있다면 그것을 이루기 위해 지금부터 어떤 과정을 밟아야 하는지를 이야기하는 시간이다. 물론 원한다고 다 가능한 것은 아니다. 피평가자의 능력이나 성실함이 받쳐줘야 할 것이다. 그런 대화들도 전체 맥락을 보면 생산성과 직무몰입도를 최대화하려는 목적에서 벗어나지 않는다. 스타트업에서 구성원으로 만난 사이라면 최소한 회사를 먼저 성공시키고 그다음 이익을 나눈다는 기본적 공감대가 있어야 한다.

넷플릭스의 컬처 덱을 만든 패티 매코드Patty McCord는 저서 『파워풀』에서 "관리자들이 투명한 대화를 통해서 해야 할 일이나 사업이 직면한 어려움, 치열한 경쟁에 대해 공유할수록 규정이나 결재, 보너스 같은 것들은 사소한 것이 된다."라면서 "직원들이 각자 자기가 맡은 부분뿐 아니라 팀이나 전체 조직 차원의 큰 그림도 알아야 한다."라고 말했다. 평가 미팅의 메인 대화 주제가 '올해 이거저거 잘했으니 나는 내년에 15% 급여 인상을 받을 자격이 있다.'에 머무른다면 한해살이 농사와 다를 바가 없다. 직원도 큰 그림이나 장기적 계획을 못 그린다면 많은 전투에 이기고도 전쟁에 지는 결과를 맞는다.

스타트업의 수행평가 미팅은 근로자의 장기적 성장과 성공을 위해 회사와 부서장과 근로자가 각자 어떤 노력을 해야 할지 정하는 자리여야 한다. 회사를 위해 개인이 희생하는 구도는 구조적 불안정성으로 성립이 안 되거나 잠시 존재하다가도 쉽게 무너진다. 각자가 본인의 꿈을 실현하고 삶을 영위하는 과정에서 일정 기간 회사와 공생하고 있음을 이해해야 대립 구도가 아니라 협조관계라는 본질을 자각한다.

수행평가는 약점이 아닌 직무 행동에 대해서 한다

근로자는 자신의 평가와 관련해 상사와 나눈 대화를 쉽게 잊지 못한다. 그렇게 중요한 미팅이니 긍정적이고 우호적인 분위기를 유지하되 오해를 줄일 수 있도록 적확한 단어를 써서 의사 전달을 확실히 한다. 우선 잘한 부분에 대한 칭찬을 아끼지 않는다. '더닝크루거 효과Dunning-Kruger effect'로 인해 잘한 사람들은 '그 정도는 다하는 거 아닌가요?'라고 생각한다. 대화를 칭찬-부정적 피드백-긍정적 피드백 순으로 진행한다.

피평가자가 컨트롤할 수 없던 부분은 지적하지 않는다. 평가는 직무 관련 행동에 대해서만 하는 것이기 때문에 근로자의 약점이나 결점은 교육으로 푼다. 전반적인 평을 하는 것이 아니고 구체적인 사례를 들고 개선해야 할 이유와 방법을 함께 찾아본다.

객관적 지표화에 너무 연연하면 리스크 회피를 조장하게 된다. 예를 들어 핵심성과지표KPI를 '사용자 숫자 15% 향상' 식으로 정해놓으면 일정 응답률이 예상되는 소셜네트워크에만 광고를 집행하게 된다. 비록 결과는 기존 방법에 못 미쳤더라도 새로운 리드제너레이션lead generation 채널을 시도했다면 그 자체만으로도 긍정적인 피드백을 줘야 한다.

상대방이 받아들일 제안을 하는 것이 인간관계의 기본이다. 부실한 제안을 들고 와서 설득을 시도하면 저항을 부른다. 신뢰를 더 잃으니 차라리 의견의 불일치를 인정하고 나중에 다시 이야기하기로 미루는 게 낫다. 그 자리에서 결론을 내야 한다는 생각은 욕심이다. 논리의 층위에서 결론이 안 나면 신뢰의 층위로 옮겨가야 한다. 이쪽은 시간이 좀 더 걸리지만 한 번 맺어지면 더 단단하다. 사람은 상대방 의견이 옳아서 동의할 때보다 상대방을 좋아하거나 신뢰하기 때문에 동의할 때 심정적으로 덜 불편하다.

직무분석표에 따라 제대로 했는지 평가해야 한다

직무분석표는 평가를 앞두고 새로 작성하는 게 아니라 피평가자의 채용 시점에 이미 만들었던 문서를 그대로 쓰거나 약간 업데이트해서 활용한다. 채용 부분에서 다루었듯이 채용해야 할 오픈 포지션이 생기면 '직무기술서'가 먼저 만들어진다. 채용 공고의 '입사하면 할 업무'가 바로 직무기술서를 복붙한 내용이다. 그러니까 모범답안을 먼저 보여주고 그 직무를 제대로 수행하는지 확인하는 작업이 직무수행평가인 셈이다.

그런데 회사에는 동일 직군이라 해도 그 숙련도나 책임 수준에 따라 여러 레벨이 존재한다. 인턴으로 들어와 정규직 사원이 되고 좀 더 다녔더니 대리도 달고 파트장도 된다. 호칭은 달라지지만 기본적으로 동일 직급이고 단독 수행하는 실무자다. 일을 잘해도 리더십이 부족하면 관리자로 올라가지 못해서 선배 사원으로 늙든지 1인 팀장이 돼 혼자 일한다. 동료들이 싫어하는 사람이 부서원을 관리하는 팀장으로 올라가기는 쉽지 않다. 직원들이 다 좋아하고 일도 잘하는 팀장이 본부장이 못 되는 이유는 신사업을 추진할 돌파력이나 창의력이 없기 때문이다.

이런 기준을 매번 주먹구구로 하면 오류가 생기니 표로 만든다.

직군, 그리고 각 레벨에 따라 요구되는 직무와 역량이 다르고 세월이 흐르면 추가되는 내용도 많다. 그러다 보니 큰 회사들은 '프로덕트 마케팅 매니저-리더 5~7'과 같은 타이틀을 붙여 영구보관 바인더를 만든다. 프로덕트 마케팅 매니저 7이 승진하면 마케팅 디렉터 8이 되거나 세일즈 앤드 마케팅 디렉터 9가 된다. 대졸 신입사원이 들어오면 마케팅 어소시에이트 3으로 시작하고 4가 되면 파트장 소리를 듣는 식이다. 본인, 부서장, HR만 아는 내부 코드 시스템이다.

직원이 수십 명을 넘겨 HR 경력자 채용이 가능하게 되는 날까지는 임원 중에서 누군가 간단하게라도 스프레드시트로 작성해 운용한다. 스타트업의 필수 직군이라 할 개발, 영업, 기획 마케팅 홍보, 경영지원, 운영 등을 가로축에 배열한다. 세로축에는 1. 인턴, 2. 대졸 신입에서 1년 이내, 3과 4. 단독 수행·파트장, 5. 신임 또는 1인 팀장, 6과 7. 팀장 또는 TFT 헤드·실장, 8과 9. 임원, 10. 등기임원 식으로 적당히 배치한다. 그리고 각 칸에 필수 직무와 요구되는 역량을 객관적으로 적는다. 아직 채용하지 못한 포지션이라 해도 기본적으로 2, 5, 8번은 적어놓고 그사이 중간 단계도 해당자가 생기면 채운다. 현재 그 업무를 맡은 직원들의 개인 역량을 반영하지 말고 이상적인 상황을 가정해 칸을 채운다.

직무분석표는 시장의 흐름을 반영해 수정한다. 승급에 필요한 점수나 기준도 직원 수 10명일 때와 100명일 때는 분명 다를 테니 회사가 성장하면서 조정한다. 실무 부서의 목소리를 반영해 필요 직무와 승급 기준을 수정하기도 한다. 직무분석표는 공동창업자가 열람 가능한 대외비다. 구성원들은 본인, 자기 위 등급, 그리고 본인에게 보고하는 팀원 등급의 정보만 제공받는다. 직무분석표가 없으면 제대로 된 수행평가가 이뤄지지도 않겠지만 구성원 입장에서 보면 아무도 방향을 제시하지 않는 셈이다. 그럴 때는 대개 애먼 평가자가 욕을 먹는다.

평가는 목표관리와 역량개발 평가표로 준비한다

시중에서 구할 수 있는 평가표는 크게 두 종류다. 두 포맷의 측정 영역이 겹치지 않으므로 굳이 하나를 고를 필요 없이 둘 다 활용하는 게 바람직하다. 하나는 단순화한 목표관리MBO, Management By Objectives 포맷이다. 목표관리 방식은 전사 목표를 부서별로 나누고 부서장은 그것을 아래로 내려서 각 구성원이 세분화된 과업으로 수행하도록 만든다. 1954년 출간된 피터 드러커의 저서 『경영의 실제』가 그 출전이다. 상명하복의 경직성을 보완할 목적으로 조직의 목표에 더해 구성원들의 의견을 수렴해 부서와 조직의 목표로 재구성하기도 한다. 실무에서는 평가 기간의 시작 시점에 부서장과의 미팅에서 가장 중요하게 생각하거나 가장 시간을 많이 쓰는 과제 3~5개를 고르고 그 수행 결과를 당기 말에 평가받는다. 수행평가 준비를 하게 되면 이전에 정한 과제들이 어떻게 수행됐는지 기술하고 본인이 5점 반점에 스스로 점수를 매겨서 제출하는 것이 '본인 평가'가 된다. 여기에 평가자의 채점표가 더해지면 두 개의 문서를 기반으로 개선책도 모색하고 코칭도 하는 등 후속 조치가 시작된다.

또 다른 평가표는 회사원이라면 갖춰야 할 역량을 10여 개의 항목으로 적고 각 항목에 대해 본인이 생각하는 점수를 적어서 5점 만점 형식으로 기록해서 '본인 평가' 시 제출한다. 시중에서 흔히 구할 수 있는 이 표준 서식에는 업무의 질, 업무달성도, 책임감, 협동심, 근무 태도, 리더십, 직무적합성, 혁신 능력 등의 항목이 있다. 한글 포맷에는 잘 없는데 영문 자료를 보면 위의 내용에 추가해 해당 기간에 달성한 실적, 개선하고 싶은 영역, 자기계발 등을 서술하도록 돼 있다.

평소 인사 메모장에 기록하고 반기평가를 한다

평가자는 피평가자가 제출한 자료에 점수를 매겨 돌려주는 채점관이 아니다. 본인이 평소에 기록해둔 인사 메모장이 일단 기본 자료다. 큰 회사라면 전사적 자원관리ERP, Enterprise Resource Planning 소프트웨어가 대신해주겠지만 스타트업 부서장들은 매주 또는 격주로 직원들에 대해 메모해두는 업무기록장이 필요하다. 이런 메모장이 없다면 부서장은 최근 실적을 과대 반영하는 최신 편향 Recency bias 오류에 빠질 가능성이 크다.

연초에 정한 목표관리 평가표를 1년간 묵혀두었다가 연말에 평가하면 현실성 부족으로 효과가 떨어진다. 우선 6월쯤 반기평가를 하고 과제의 우선순위를 조정하거나 유명무실한 과제는 빼고 새로 받은 과제를 추가한다. 스타트업은 원래 과제가 자주 바뀐다. 반기

조정 미팅의 중간인 3월과 9월 말에는 중간 리뷰가 있다. 어떻게 진행되며 혹시 필요한 자원이나 지원은 없는지 확인하는 미팅이다. 이 파일들을 다 모아서 연말에 변화 과정을 리뷰하면 평가자와 피평가자가 한 팀이라는 느낌이 든다. 수행이 낮으면 평가도 낮을 수밖에 없지만 관리자 입장에서는 개입하기 싫어 상황을 방치하지는 않았는지 반성할 필요가 있다. 말 안 듣는 직원에게 누가 상사인지 가르쳐주고 싶은 마음은 알겠는데 결국 피해는 회사가 본다.

스타트업에는 평가자 교육을 받아본 적이 없는 신임 부서장들이 종종 있다. 부서장의 편견이 주요 직원들의 사기 저하나 이탈을 불러오는 사태를 막으려면 첫 1~2회의 정기평가는 인사부서나 경험 많은 차상위자와 공동작업을 하는 게 바람직하다.

평가에 미래를 설계하도록 방향성을 제시한다

스타트업 수행평가의 가장 큰 목적은 부서원이 현재의 본인 위치를 정확하게 인식하고 더 나은 미래를 설계하도록 방향성을 제시하는 데 있다. 그 작업을 통해 내적 동기가 발현되어 조직에 이바지하게 만든다.

평가 시작 시점에 부서장은 올해 부서가 목표로 했던 일들, 그 결과물, 그리고 조직 성장을 위해 우리 부서가 앞으로 해야 할 일들을 브리핑한다. 대부분의 회사가 당해 연도 수행평가와 신년 사업계획을 거의 동시에 진행한다. 이 세션은 부서장 계획 발표와 PM들의 의견 토론 형식을 취하는데, 회의록을 이메일로 정리해서 주면 팀원들이 개인 계획을 하는 데 참고할 수 있어 더 효과적이다.

일대일 고과 면담은 가벼운 환담icebreaker에 이어 평가표를 기반으로 피평가자에게 어떤 한 해였는지 들어보는 것으로 시작한다. 목표와 결과를 검토해 잘된 부분은 어떻게 해서 잘된 건지 들어보고 칭찬하며, 잘 안 됐던 부분은 어떻게 했더라면 다른 결과를 얻을 수 있었을지 물어본다. 성공과 실패를 겪는다고 항상 학습되지는 않는다. 통찰과 훈습이 있어야 오래 기억한다. 따라서 일이 잘못되는 과정을 제대로 이해하는지 확인하는 과정이 필요하다.

변명이나 반론이 제기되면 "아, 너는 그때 그렇게 생각했구나." 정도로 가볍게 받아주고 넘어간다. 윽박질러 마음을 상하게 해선 안 된다. 어차피 결과가 바뀌는 것은 없고 제딴에는 억울한 마음을 누군가에게 말하고 싶어서 한 것이다. 대화란 논리의 영역과 정서의 영역을 오가며 이뤄진다. 논리 기반의 제안을 농담처럼 뭉치고 넘어가거나 감정 케어를 원하는 신호에 정색하며 논리적 대응을 하면 둘 사이에 벽이 생긴다.

직무분석표를 기준으로 현재의 보직에 필요한 역량을 다 갖추었는지, 상위 직급에 필요한 기술과 역량은 어떤 과정을 통해 갖출 예정인지 확인한다. 원하는 교육 프로그램이 있으면 들어보고 최대한 반영한다.

큰 회사라면 본인 평가와 동료 평가에 기초해 직속 상사가 1차 평가를 하고 그 자료를 HR이나 인사위 등에서 취합해서 편차를 조정하는 절차를 거친다. 스타트업은 이렇게 풀 사이클을 돌릴 여유가 없어서 동료 평가 대신 "팀원 중에 누가 가장 도움을 주는가?" "누가 가장 배울 점이 많은 동료인가?" 정도로 정보를 취합한다. 다 모아보면 마치 학창 시절의 인기투표처럼 동료의 신망을 얻는 사람과 별로 도움이 안 되는 사람이 구별된다. 동료 평가와 부서장 평가가 매우 다르다면 시간을 내서 들여다봐야 할 이슈다.

스타트업은 평가 자료에 기반해 수행의 개선, 직무 조정, 스트레스 완화 작업을 주로 한다. 간혹 예외적으로 수행이 낮은데 본인은 아주 잘하는 줄 알거나, 말로는 알았다고 하면서도 개선이 안 되면 부서장 선에서 끝내지 말고 HR이나 차상위자의 평가를 요청한다. 부서장이 못 보는 걸 다른 사람이 봐줄 수도 있고, 나중에 문제가 되면 일대일 싸움이 아니라 문제 직원 대 조직 구도로 책임을 피할 수 있다.

평가와 보상은 분리해서 운영해야 한다

수행평가와 인접한 시기에 급여 조정과 성과보수 금액을 정하는 회사가 많다. 보상은 다음 장에서 다룰 텐데 대부분의 부서장은 해당 기간의 평가만 반영하지 말고 시장 상황을 고려해서 정하는 총액 개념으로 접근한다. 즉 '저런 수준의 사람을 새로 뽑으려면 얼마쯤 들까?'를 기준으로 삼는다. 스타트업에서 보상과 평가는 이미 분리되어 운영되고 있다. 이전 연도에 못 올려줬거나 아니면 과도하게 올려준 부분을 조정하고 올해 평가 결과도 일부 반영해 약간의 급여 조정은 있겠으나, 전체 보상에서 연봉이 차지하는 비율이 절대적이지 않다. 스톡옵션과 신규 창업 기회 등이 보상의 중심이다.

목표관리 방식이 과업 수행 정도만 측정한다는 한계가 있기에 추가로 각 개인이 가장 시급하게 개선해야 할 부분을 골라 구체적으로 교육 훈련 일정을 부여하고 모니터링하기도 한다. 아니면 좀 더 장기적인 관점에서 자기계발 목표를 부여하고 교육 훈련 기회를 제공한다. 탁월한 직원은 차세대 리더 후보로 별도 관리한다. 평가 면담에서 피평가자의 성장 의지와 방향은 반드시 이야기 나누어야 하는 주제다.

2

보상 체계 설계

창업자라면 누구나 직원들의 존경과 사랑을 받고 싶어 한다. 하지만 그런 행복을 누리는 창업자는 소수에 그친다. 미국의 통계를 보면 초기 스타트업의 첫 번째 실패 원인이 인적 요인이며 주원인은 보상 갈등이다. 창업자들이 가장 절망하는 순간은 함께 고생하던 동지가 이탈할 때다. 더 유망하고 대우 좋은 곳으로 옮겨 가면 다행이면서도 섭섭하고 지쳐서 좀 쉬겠다며 대책 없이 떠나면 미안하고 부끄럽다.

아무튼 직원은 떠난다. 요즘은 불경기가 덜하지만 몇 년 전처럼 극심한 구인난에 좋은 오퍼가 넘치는 시대라면 원하는 대로 다 해 줘도 떠날 사람은 떠난다. 사람이 나빠서도 아니고 돈만 밝혀서 그런다고 보기도 어렵다. 누구나 각자의 어젠다가 있고 그 우선순위에 따라 행동하는 것뿐이다. 직원들의 이직 통보에 창업자 멘탈이 나갈 필요는 없지만 아무 일도 아닌 것처럼 넘긴다면 곤란하다. 초기 스타트업에서 꼭 필요한 좋은 직원들이 떠나는 일이 잦다면 경영진은 그 문제를 해결해야 한다. 그래야 기업이 성장한다. 창업자들이 꾸는 꿈에 충분히 공감하지 못하거나, 그 꿈의 실현 가능성을 낮게 보거나, 설혹 그 꿈이 이루어진다 해도 본인에게 별 도움이 될 것 같지 않으면 직원은 떠난다. 앞의 두 문제는 조직문화 영역에서 해결할 문제이지만 마지막 문제는 보상 부분에서 풀어야 한다.

보상 체계를 어떻게 구축할 것인가

인사 실무에서 회사원의 임금 수준을 결정하는 요인은 대략 네 가지였다.

첫째는 그가 선택한 산업의 수익성이다. 유명 MBA 졸업생들은 투자은행이나 경영컨설팅 회사를 최우선으로 고려했다. 그건 비싼 수업료와 학업에 따른 기회비용을 복구할 고연봉 직장이기 때문이다.

둘째는 선택한 기업이 동종업계의 경쟁자들 사이에서 차지하는 위치다. 같은 소매은행이라 해도 인당 수익성이 높은 시중 은행이 지방 은행보다 보상 수준이 높다.

셋째는 직무가 다르면 같은 회사에서도 시장의 수요와 공급을 반영해 직무별 급여 기준이 다르다. 급여 수준이 전반적으로 낮은 비영리기관들의 전산 담당 직원은 파격적인 직책 수당으로 영리기업과의 차액을 보전해줘도 구할까 말까 한다.

마지막으로 그 회사 직원들의 이직률이다. 인사부서는 오퍼가 거절되는 비율이나 이직률을 모니터링해 '인력 유출 방어' 목적의

일괄 인상도 실행한다. 급여 수준을 어떻게 해야 할지 전혀 짐작이 안 되는 초짜 창업자라면 이 원칙들을 원용해서 큰 틀을 짠다. 그리고 동종업계의 선배 창업자들에게 각 회사의 직종별 급여 수준을 물어봐서 적당히 조정하는 것이다.

직원 보상 구성 원칙의 기초는 창업자의 보상 철학이다. 어느 사회적기업은 가족 숫자나 나이에 기반을 두어서 급여를 정하는 생활급 제도를 택했다. 어떤 스타트업 창업자는 초기 구성원 20명에게 끝까지 함께한다면 집 한 채를 살 돈은 챙겨주겠다고 약속했다. 어려운 시절에 입사한 이들이 좋은 조직문화를 만드는 데 기여할 인센티브를 제공했다. 물론 그 집의 소재지가 강남 3구인지 속초인지는 정하지 않았다. 잘한 사람은 후하게 챙겨주되 그냥 업혀 가려는 무임승차자는 급여를 동결해서 자진 퇴사를 유도하겠다는 정의로운 창업자도 보았다. 스타트업 중에는 각 부서장과 팀장은 끝까지 가야 하니까 주식으로 묶고 나머지 직급들은 드나듦이 심하니 업계 평균에 맞춰서 현금 보상만 하는 곳도 있다. 직급과 무관히 모두 스톡옵션의 대상으로 해 장기근속을 유도하는 경우도 있고 본부장급에게만 주는 것을 원칙으로 하기도 한다. 이렇게 어떤 기준으로 보상을 할지 큰 방향을 정하는 것은 필수 인력의 확보 가능성과 관련이 있다.

그다음은 시장 급여market-based pay가 기준이다. 시장을 이기는 선수는 없기에 보상 총액을 시장 급여로 맞춰 필요한 인재를 확보한다.

다음은 앞장에서 다뤘던 직무분석표를 꺼내어 포지션마다 추정 기본급을 적는다. 회사의 재무 상황과 채용의 긴급도를 반영해 스프레드를 어느 범위까지 확대할지 정한다. 예를 들어 마케팅 커뮤니케이션 매니저로 5년 차 내외를 뽑아 2년 뒤 팀장으로 승진시킬 계획이다. 기본급이 4,500만 원이고 스프레드가 +/-10% 허용된다면 급여 범위는 4,050만 원에서 4,950만 원이다. 기준을 정했어도 막상 이 금액으로 원하는 직원을 못 뽑는다면 채용 담당자는 경력 조건을 완화하든지 채용에 걸리는 기간을 더 늘리는 선택을 하려 든다. 모범답안은 기준 연봉을 올리는 것이고 차선책은 경력이 적은 후보를 찾는 것이다. 연봉이 낮으면서 좋은 사람을 뽑아보려 기다리겠다는 선택은 시간과의 전쟁을 벌이는 스타트업에 해당이 안 된다. 취업 의사를 지닌 적임자를 찾았다면 보상은 어떻게든 맞춰 주고 뽑는다. 제대로 뽑았다면 예산 초과 차액은 무시해도 된다.

직무분석표 칸을 다 메웠다면 각 포지션의 중요도를 비교한다. 원래 중요도를 적고 그것에 기초해서 급여를 환산하라고 배웠지만 내가 해보니 일단 경험치에서 오는 연봉을 먼저 적어 넣고 비교하는 것이 더 직관적이다. 기본 직무에 따르는 기본급을 채운 뒤 그 시기에 해당 직무에서 특별히 요구하는 직무나 스킬셋이 있으면 가점을 줘야 한다. 가점이 있으면 급여를 인상할 근거가 된다. 개발팀장 포지션도 극초기에 서비스를 기획해서 앱과 서버 개발까지 마쳐야 하는 단계와 이후 그 시스템을 유지 보수하는 단계는 차이가 크다. 인사팀장도 채용평가 위주로만 해본 사람과 보상급여 노무까지 해본 사람이 다르듯이 말이다.

가점까지 반영해 최종 급여를 만들면 이제 같은 레벨 포지션끼리 비교해서 약간 조정한다. 절대 이야기를 못 하게 해도 급여 정보는 새어 나간다. 기본급 테이블의 정확도를 높이기 위해서는 채용 시장의 현 시세를 미리 조사하고 반영하는 게 맞다. 그럴 시간이 없으면 채용 오퍼의 성공 비율이나 후보자의 카운터오퍼counter offer 금액으로 추정한다.

나중에 직원이 늘어 보상 업무를 다뤄본 전문가가 HR에 들어오면 레벨별로 기준 급여표를 만들고 직군별로 +/-를 반영해 매트릭스를 만들 것이다. 지금은 20~30명 이내일 테니 직무분석표에 칸을 추가해 기준 급여와 그것을 조정했던 시기와 이유를 적어서 보관한다. 나중에 채용과 연봉 조정 시에 유용하다.

보상 종류마다 각각 기능이 다르다

보상 항목을 아래 설명하는 네 가지 기업의 철학과 목적에 맞게 안배한다. 그 작업이나 결과물을 페이믹스Pay Mix라 부른다. 모든 보상은 회사의 손익계산서에 반영될 때는 비용 지출이지만 구성원 개개인에게는 각각 다른 방식으로 작용한다. 따라서 페이믹스 조정은 직원들에게 회사가 보낼 수 있는 가장 강력한 메시지다. 같은 금액을 쓰더라도 최대한 높은 생산성과 창의적인 분위기로 연결되도록 설계하는 것이 그 목표가 된다.

1. 기본급

대부분의 스타트업은 비용 대비 가장 높은 효율을 보이는 직무급을 기본으로 하며 약간의 성과급을 얹는다. 직무급은 어려운 직무를 수행하거나 인력 수요가 공급보다 높은 직군에 더 높은 보상을 하게 돼 있어 가장 시장 친화적이다. 불과 한 세대 전만 해도 대기업을 포함한 거의 모든 직장이 근속 연수에 기반한 연공급인 호봉제를 운용했다. 그런데 이제 민간은 모두 직무급으로 전환됐다. 가장 큰 이유는 직무급을 채택한 회사에서 일 잘하는 자원을 먼저 데려가 버리기 때문에 경쟁에 뒤처지지 않기 위해 앞다투어 바꿨었다.

기본급은 가계의 필수 지출을 책임지는 생계급의 성향을 띤다. 따라서 전 직장보다 낮은 기본급을 오퍼하면 협상이 깨질 가능성이 매우 크다. 이직 자체가 불확실성을 높이는 상황인데 생활 수준까지 낮추라 요구하면 받아들일 사람이 없다. 특히 기혼에다가 자녀가 있다면 전 직장과 최소한 대등하게 맞춰줘야 온다. 예외가 있다면 자녀가 대학을 마친 대기업 고위 임원 출신 정도다. 50대 중반의 급여노동자는 이미 정점을 지난 시기라 기본급을 낮추고 스톡옵션으로 대체해도 네고가 가능하다.

2. 단기성과급

흔히 연말 상여금으로 이해하는 단기성과급은 근로자 입장에서는 기본급과 전혀 다르지 않다. 금액의 다소는 있지만, 누구나 받을 거라 예상하기에 입금되기 전에 이미 지출될 용처가 정해져 있다. 쌀을 사는 돈은 아니나 차를 바꾸거나 대출 보증금이라도 일부 상환하는 데 쓰인다.

단기성과급의 효능은 회계연도 중간 한창 바쁜 시기의 퇴사를 만류해 다들 한가해지는 연말까지 지연하는 데 있다. 또한 잘못된 채용을 수습하는 2선 방어책이기도 하다. 참고로, 1선 방어책은 수습 기간이다. 일을 못하는 친구를 뽑았는데 기본급마저 높게 책정했다면 조직에 부담을 주면서 퇴사도 안 하는 최악의 상황이 된다. 이때 낮은 수행을 구실로 단기성과급을 동결하면 퇴사 동기로 작용한다. 7장의 해고와 퇴사에서도 언급되지만 문제가 있는 직원을 내보내기로 했다면 일관성 있는 태도를 보여야 한다. 사기 진작시킨다며 성과급을 평균 이상으로 지급하면 사소하게는 오해를 불러오고 크게는 분쟁 시 불리한 증거로 쓰일 가능성이 있다.

일반 기업은 단기성과급이 성과 연동성이 높다는 점에 착안해 실적에 연계해 지급한다. 하지만 스타트업은 그렇게 운영하기 어렵다. 전통 기업은 매년 비슷한 일을 하다 보니 다른 변수들이 거의 없고 개인의 노력이 결과로 연결된다. 스타트업에서는 특정 개인이 성과를 독점하기에는 너무 많은 변수가 작용해 공정성 이슈가 생긴다. 그래서 특정인이 높은 성과 보너스를 받았다면 동료들이 좌절감을 느낄 수 있다. 더 나아가 다음부터 그를 안 도와주는 상황이 발생할 개연성이 있다. 단기성과급은 사회 경력이 짧은 경우에 더 효과가 있다. 또한 구체적인 지급 이유를 본인이 알아야 한다.

3. 장기성과급

장기성과급은 일반적으로 3년 이후에야 실현이 가능한 보상을 지칭한다. 장기성과급으로 활용되는 수단은 스톡옵션(주식매수 선택권)이 일반적이며 스타트업은 지분의 20%를 직원용으로 열어놓고 시작한다. 스톡옵션은 퇴사하면 회사에 큰 손실로 연결될 핵심 인재의 이직 방지 수단이다. 입사 시점부터 약속을 받고 들어오는 경우는 현금 보상만으로는 스카우트가 불가능한 고연봉자 또는 연쇄창업자를 초빙하는 데 주로 이용된다.

운영 실무를 보면 스타트업에 입사하자마자 잘 감춰둔 주식을 대표가 찔러주는 방식은 아니다. 스톡옵션의 대상으로 인정받고 다음 펀딩 라운드가 잘 끝나고 주총을 열어서 특별결의로 통과시키는 데 최소 1년이 걸린다. 약속된 옵션 물량을 다 행사하려면 주총 통과 시점부터 회사 내규로 정한 기간을 근무해야 한다. 가장 신사적인 방법은 상법이 정한 최소 2년을 마친 시점에서 50%를 행사하고, 나머지 50%를 2년 분할해서 주는 4년짜리 계약이다. 미국 IT 기업들이 주는 양도제한조건부주식RSU, Restricted Stock Units도 대부분 4년 근무하면 100%를 받는 구조다. 차이가 있다면 미국은 입사일 기준 1년 만근자가 25%를 행사하지만 한국은 주총일로부터 최소 2년까지는 빈손으로 떠난다.

스톡옵션은 주는 이와 받는 이 사이의 체감 온도 차이가 매우 큰 보상 수단이다. 스톡옵션 대신 월급을 더 올려달라고 말하는 직원도 젊은 층에는 흔하다. 여기에서 경력을 쌓은 다음 큰 곳으로 옮기고 싶은데 대표가 월급 인상 대신 스톡옵션 이야기만 자꾸 하니 얼마나 당황스러울까. 회사가 엔젤이나 액셀러레이터 투자를 받았다면 이제 액면가 부여는 불가능하고 마지막 투자 평가액에서 약

4가지 비금전적 보상

개인의 성장	기대되는 미래	총 보상	긍정적인 근무 환경
• 학습 • 멘토링 • 피드백	• 회사의 가치 • 회사의 평판 • 개인의 성장	• 급여와 혜택 • 좋은 평판	• 일 자체 • 동료 • 상사

간 할인을 받을 뿐이다. 불과 몇 달 차이로 초기 멤버는 액면에 샀거나 공짜로 얻은 것을 자기만 프리미엄을 내고 사는 느낌이 든다. 부러움과 시기심은 갈등의 원인이다. 대표와 직원의 눈높이도 다르다. 대표는 조금만 더 달리면 회사가 1,000억 원 가치는 될 것 같은데 직원은 마지막 투자 라운드의 평가액인 100억 원에 많아야 두 배쯤 올랐으리라 생각한다. 대표는 5,000만 원이라 생각하고 주었는데 직원은 1,000만 원을 받은 느낌이다. 결과는 0원이 될 수도 있고 5억 원이 될 수도 있다. 어차피 시간이 해결할 오해지만 기다릴 여유가 없으니 동료들이 분위기를 바꾸어야 한다. 값어치가 불확실한 것이다 보니 한 방에 많이 준다고 해결될 문제는 아니다. 투자유치를 할 때마다 기여도를 반영해 최대한 여러 명에게 스톡옵션을 부여한다. 신앙심은 교우가 많을수록 돈독해진다.

4. 비금전적 보상

스타트업에서 가장 중요한 부분이다. 스타트업에 입사할 때 여러 가지 제도나 자원이 부족할 거라는 마음의 준비는 하고 온다. 하지만 이 비금전적 보상마저 인색하다면 회사에 다닐 동기가 사라진다. 앞의 표는 LA에서 HR 컨설팅 회사를 운영하는 퍼트리샤 징하임Patricia Zingheim 박사가 정리한 '회사가 돈이 없어도 할 수 있는 효과적인 네 가지 영역의 비금전적 보상non-monetary rewards'을 옮긴 것이다. 직원의 성장에 관심을 두고 지원하고 시간이 흐를수록 회사가 점점 성장하면서 그 덕택에 동반 성장하고, 급여 외에 평판까지도 보상 패키지를 구성하며 업무와 동료들이 좋으면 그것도 중요한 보상이라는 것이다.

급여보다 복지가 근로 의욕을 높인다

잘 설계된 복리후생은 채용에 기여하고 애사심을 고취하며 핵심 인재의 이직을 막는 효과가 있다. 2019년 게임 분야 구직자를 대상으로 게임잡과 잡코리아가 취업 선호도를 조사한 적이 있다. 결과는 넥슨, 카카오게임즈, 넷마블, 엔씨소프트 순이었다. 그 이유가 흥미롭다. 48%로 1위를 차지한 것이 '직원 복지제도가 우수할 것 같아서'였다. 이는 '연봉이 높아서(29%로 3위)'와 '성장성 높은 회사(16%로 6위)'를 압도했다. 구직자들이 능력을 검증받아야 받을 수 있는 불확실하고 고단한 느낌의 연봉보다 직원만 되면 받을 수 있는 공짜 느낌의 복지에 관심이 많음을 보여준다.

애사심 고취라 표현한 이유는 연봉을 공개하기는 어려워도 회사의 복지 혜택은 은근히 또는 명시적으로 비교할 기회가 잦기 때문이다. 흔히 청소년기의 특징으로 여겨지는 현시욕은 사회생활이 길어지고 실력이 쌓이면서 대부분 진정된다. 하지만 사람이라면 누구나 어느 정도 자기를 드러내고 싶은 욕망을 지닌다. 특히 젊은 직원이 많을수록 사무실에 가둬놓는 회사보다 사무실 근처 카페에서 회의나 근무를 할 수 있고 눈에 잘 보이는 신분증 목걸이나 필라테스 학원비 지원 같은 혜택이 잘 먹힌다. 주요 인재의 이직을 막고 장기근속을 유도하는 목적으로 복지 혜택을 쓸 때 법인 차량이 가장 일반적이다. 현행 세법에 운행일지 기록 의무 없이 연 1,500만 원까지는 비과세 손비 처리를 해준다. 그러다 보니 최고 기술책임자를 스카우트할 때 고급 승용차를 리스해서 주는 것도 가능하다.

복리후생비 지출은 직원들을 귀하게 여기는 스타트업 문화에도 맞고 최근 구인난마저 심해지다 보니 빠르게 증가하는 추세다. 업계에서 제공하는 복지 혜택을 나열해보면 대충 이렇다. 유연 근무, 월세 지원 또는 전세보증금 지원, 장비는 원하는 기종으로 듀얼 모니터, 자율 휴가, 3년 근속 시 리프레시 휴가 2~3주, 결혼기념일과 생일 휴가, 동호회 지원, 팀 회식비 지원, 인재 추천 리워드 몇백만 원, 교육비, 도서비, 통신비, 기타 문화비, 식사와 스낵바, 음료와 맥주 무제한. 이것은 원티드 사이트에 올라온 어느 스타트업 채용 공고에서 퍼온 내용이다. 좀 후한 회사들은 기본적으로 휴가 자율이고 복리후생비는 1년에 몇백만 원 한도로 용도 제한을 안 하고 스낵과 음료와 매끼 식사는 회사 비용으로 제공한다.

초기 스타트업이 이렇게 할 수 있겠는가 반문할 수 있다. 바로 할 수도 있고, 아니면 투자를 받고 도입하기로 약속하고 잠시 연기할 수도 있다. 복리후생비 지출은 비과세로 급여를 보전하는 효과가 있다. 앞에서 말한 비용 대부분이 실무에서 급여로 간주되지 않으면서 법인에서는 복리후생비로 처리할 수 있기 때문이다. 직원들 관점에서 돈만 주는 회사와 아직 펀딩을 못 받아 급여는 적지만 최대한 복지를 챙겨주는 회사 사이에 어느 쪽이 더 매력적일지 생각해보라. 그리고 급여보다 복지가 근로 의욕을 높인다는 점도 중요한 고려 요소다. 그래도 복지비는 왠지 추가 지출 비용 같은데, 예산을 잡을 때 미리 선반영하면 안 써도 되는 돈을 쓴다는 망상에서 벗어날 수 있다. 월급은 출근의 대가이고 복지는 직원들을 행복하게 만든다고 믿으면 편하다. 참고로 독일 대기업의 복리후생비는 임금 수준까지 올라갔다고 한다.

3

보상 제도 운용

금전적 보상은 내적 동기를 낮춘다. 5장 동기부여에서 언급한 자기결정성 이론의 주요 결론이다. 또 다른 연구에서는 대기업 최고경영자들의 실적과 고액 연봉 사이에 어떤 유의미한 상관관계도 없음이 밝혀졌다. 그래도 미국 대기업의 최고경영자 스카우트 전쟁은 몸값을 천정부지로 올려놓았다. 그럼 돈이라는 외부 동기는 채용에는 도움이 되지만 실적과는 무관하다고 일반화할 수 있을까? 설사 그렇다 해도 금전적 보상이 절대적으로 부족해 애인이 결혼을 거부하거나 아이를 학원에 못 보낼 정도가 되면 일이 손에 잡힐 리가 없다. 많고 적음이 모두 주관적 개념이라 답을 찾기가 참 어려운 숙제다.

금전적 보상이 속하는 외적 동기, 일의 재미, 성장, 가치관에 연동되는 내적 동기가 다른 영역에서 각자 기능하는 것은 확실해 보인다. 그럼에도 한 사람의 두뇌에서 작동하다 보니 이직 여부나 직무몰입도에 두 동기를 합친 총 동기도 관여한다. '회사가 어려운 형편에 이렇게 챙겨주니 고마워서라도 열심히 일해야겠다.'든가 '연봉 2,000만 원 더 준다는 곳에서 연락이 오고 있지만 아직은 우리 팀장에게 배울 것이 많으니 좀 더 다녀야겠다.'는 식의 복합적인 판단이 일어난다는 이야기다. 결국 스타트업의 보상 제도는 원칙을 훼손하지 않는 범위 내에서 다양한 응용 사례를 만들어내면서 경쟁하게 된다.

창업자와 직장인은 커리어를 대하는 태도에 차이가 있다

창업자와 직장인이 커리어를 대하는 태도에는 근본적인 차이가 있다. 직장인은 자신의 직업을 사랑해도 회사를 나서면서 머릿속 스위치를 끄고 퇴근한다. 창업자의 머릿속에는 연중 무휴 무정전 서버 컴퓨터가 돌아간다. 회사가 재무적으로 회복 불가능하거나 감당하기 어려운 일이 생기면 창업자는 몰입 수준을 넘어 아예 함몰되기도 한다. 창업자와 회사의 관계는 거의 공동운명체다.

엄밀하게 말하면 창업자는 회사 지분을 소유한 대주주다. 그러나 회사는 창업자에게 대주주 권리보다 더 큰 부담을 지운다. 지금은 나아졌지만, 회사가 망하면 이해관계인 보증인으로서 변제 의무도 있고 신용유의자로 분류되어 금융거래에 제약을 받기도 한다. 가장 결정적인 것은 퇴사 금지조항으로 퇴사가 불가능하다. 사람은 취소 불가능한 선택을 하게 되면 그 대상에 대해 긍정적 방향으로 인지 왜곡이 일어난다. 아무리 현실이 비루하고 성공 가능성이 작아도 망하지만 않으면 기회가 온다고 믿는다. 자기 회사는 잘될 거고 설사 잘 안 되더라도 일을 배웠으니 재창업이 가능하리라 생각한다.

반면 직장인은 언제나 퇴사가 가능하다. 일할 회사는 얼마든지 있기에 늘 기회비용을 생각하게 되고 더 머물 가치가 없으면 떠난다. 퇴사로 잃는 것이 크지 않다. 그러다 보니 회사를 평가하는 데 객관적인 시각을 유지한다. 이런 태도가 창업자에게는 매우 아쉽게 느껴진다. 분명히 같은 배를 탔다고 믿었는데 이 친구는 배에 물이 차면 내릴 준비가 돼 있고 실제로도 내린다. 직장인이란 인생을 걸고 게임을 하지 않는 사람들이다. 안정적 수입원으로서 직장의 역할은 사회적 안전망이 부실한 우리나라에서 큰 의미를 지닌다.

직원들도 스타트업을 지원한 사람이니 도전적이고 자기 주도적인 가치관을 지녔을 것이다. 그러나 가치관을 받쳐주는 높은 자존감도 재무 안정성에서 나온다. 보상 패키지를 협상하는 자리에서 존중받지 못한다는 자각이 생기거나 재정적으로 어려워지면 더 안전한 IT 대기업이나 유니콘 스타트업으로 옮겨간다. 그래 봤자 월급쟁이라며 비웃을 일이 아니다. 인류 역사에서 직업과 신분이 분리된 것은 불과 100여 년 전 일이다. 계급사회가 무너진 자리를 직업과 직장이 서열화되어 채웠다. 초기 스타트업 직원은 사무직 가운데 낮은 층위에 속한다. 자신이 다니는 스타트업의 성공 가능성이 작거나 로켓까지는 탔더라도 추진체의 땔감 역할로 끝난다면 굳이 머물 까닭이 없다.

창업자는 본인이 회사의 성공 가능성에 대해 편향된 시각을 지넜음을 인식해야 직원들을 이해하고 지휘할 수 있다. 처음부터 주관적 사고를 안 했다면 아예 창업할 용기도 못 냈겠지만 창업 후에까지 그 속에 계속 머무르면 인지 왜곡으로 인한 소통의 어려움으로 고립된다.

초창기에 S급과 A급 인재가 떠나지 않도록 챙겨야 한다

보상 체계 설계는 매뉴얼을 만드는 작업이다. 그러나 초기 스타트업의 현실은 매뉴얼대로 되지 않는다. 테이블을 만들었어도 핵심 멤버를 놓치지 않으려면 대안이 생길 때까지 얼마든지 예외를 두어도 괜찮다. 그럴 수밖에 없는 이유가 가격price이란 가치value에 연동되는 것이 아니라 시장에서 수요와 공급이 정하기 때문이다. 그리고 S급, A급 인재는 원래도 귀했지만 이제는 품귀 상태다. S급 인재 한 명이 창업하면 직원 풀은 -1이 되고 경쟁자는 +1이 돼 더 치열해진다고 설명하면 이해가 쉬우려나.

공동창업자 말고 일반 직원으로도 S급, A급 인재가 꼭 필요하다. 짐작하겠지만 이런 사람이 제 발로 찾아오는 경우는 없다. 직원이 열 명 가까이 되어서 회사 꼴을 갖춘 다음에야 큰 IT 기업이나 스타트업 경력이 있는 친구들이 들어온다. 그때까지는 취업 포탈에 광고를 내서 스타트업 경력이 없는 친구들과 갓 졸업한 신입을 가능성만 보고 뽑는다. 한동안 B나 C+레벨의 후보들이 입사하고 몇몇은 성장하지만 대부분 시간이 흐르면 업무가 버거워 제 발로 나간다. 직원 20인 이하의 이 혼란한 시기에 놓쳐서는 안 되는 친구들이 S급, A급 직원이다. 그들에게는 금전적 보상도 원하는 수준으로 맞춰주고, 다른 큰 회사에 가면 맡지 못하는 중요한 프로덕트 오너PO, Product Owner 포지션을 준다거나 대표가 중요한 외부 미팅에 데리고 다니는 등 비재무적 보상도 챙겨준다.

초창기에 구인이 어렵다는 것을 이해하고 걸어가야 한다

잡 포털에 공고를 내면 처음 들어보는 대학을 졸업한 친구들이 지원한다. 면접 날 안 오고 전화하면 취업이 됐으니 연락하지 말라고 하고 엉망이다. 이런 상황을 겪으며 심란해하는 창업자들이 있는데 흔들릴 필요가 없다. 입장을 바꿔놓으면 이름을 처음 들어보는 신생기업이라 관심이 없어서 그러는 게 금방 이해 간다.

벤처캐피털 투자 이전의 극초기 스타트업은 고용주로서 제공해야 할 안정성이나 현금 보상 능력이 낮아서 고용시장에서 거래 적격자도 못 된다. 그런데도 창업자의 꿈을 조금이라도 믿어주는 이가 있으니까 채용도 일어나고 투자도 받는다. 감정적으로 받아들일 일이 아니고 그냥 그런 시기를 겪어나가는 중이라 이해하고 뚜벅뚜벅 걷는다.

연봉 협상은 제로섬 대결이 아닌 동업자 사이의 대화다

연봉 협상은 밀당해서 덤 하나 얻는 장바닥 흥정이 아니다. 1년간 지은 농사 과정을 복기하고 내년에는 어떤 부분을 개선할지 상의

하는 자리에 가깝다. 태풍에 벼가 다 쓰러졌어도 밤을 새워가며 볏단을 묶은 덕택에 50%라도 건졌다면 공로를 인정받는다. 작황이 좋아도 농부가 별로 기여한 것 없이 날씨 덕택이었다면 그걸 공치사하지 않는다. 파이를 놓고 누가 더 먹는가의 제로섬 대결이 아니라 함께 키우는 동업자 사이의 대화다.

협상의 목표는 승리가 아니고 합의에 도달하는 것이다. 연봉 협상도 마찬가지다. 상대방이 나를 탐욕스러운 사람으로 느끼게 했다면 아무리 현란한 말발로 완전히 제압했어도 결과적으로 실패다. 인간관계는 반드시 장기적 시각을 유지한다. 회사를 대표하는 경영자이지만 동시에 상대방의 보스이니까 양측의 입장을 함께 고려한다.

일반적으로 직원은 연봉 협상을 전투나 승부라 여기지 않는다. 그래서 바라는 게 있더라도 합리적인 설명을 들으면 적당한 선에서 타협할 준비가 돼 있다. '이번에 이걸 관철하지 못하면 퇴사각이다.'라고 생각하는 사람이 없지는 않겠으나 드물다. 일단 협상하러 들어갈 거면 논리를 세워서 들어가는 게 예의다. "올해 회사가 감당할 수준의 평균 인상 폭과 팀이나 개인의 실적을 기반으로 환산한 수치가 몇 퍼센트다. 당신에게 원래 몇 퍼센트를 주고 싶었지만 올해는 이런저런 이유로 이 정도에서 했으면 좋겠다."라는 메시지가 있어야 할 것이다.

감정에 기반을 두어 결정을 내리고 사후에 논리를 빌려 정당화하는 그룹도 있다. 주로 마이어스-브리그스 성격유형검사MBTI의 F그룹인데 협상 테이블 위에서도 발언 내용보다는 상대방이 얼마나 진정성 있는 태도를 보이는가를 중요하게 여긴다. 직원들에게 일일이 MBTI를 묻는 것보다는 평소에 원하는 걸 얻기 위해 따지는 유형인지 부탁하는 유형인지를 봐두는 게 더 정확할 것이다. 따지는 유형은 위의 합리적 논리 전개 쪽이 더 잘 먹히고 부탁하는 유형은 그냥 "미안한데 나를 봐서 올해 연봉 협상은 이 정도로 정했으면 좋겠어."라는 말만으로도 끝난다. 그렇다고 상대방의 약점을 이용하라는 건 아니다. 논리 지향적인 사람과 관계 지향적인 사람을 구별해서 대응하면 말이 잘 통해서 편하다.

협상 시에는 명분과 실리 중의 하나를 줘야 한다. 보상을 기대 이상으로 올려줄 거면 요구할 것과 지적할 걸 다 한다. 반대로 못 올려줄 상황이면 상처 입을 지적은 하지 않는다. "일을 잘했는데 상황이 어려워서 못 올려준다. 미안하다."라고 말하면 된다. 트집 잡아 실컷 혼내고 월급도 동결이라고 하면 '아, 나에 대해 전혀 인정을 안 하는구나.'라는 생각에 이직 준비 모드로 바뀐다.

핵심 인재가 보상에 불만을 품고 퇴사하지 않도록 한다

퇴사자에게 퇴사해야 할 이유를 물어보면 당장 그만둬야 할 이유가 수북이 쌓인다. 다 듣고 나서 애초에 이 회사에 지원했던 이유를 물어보면 또 여전히 유효한 항목들이 남아 있다. 불만으로 내린 결정이지 논리로 내린 게 아니어서 그렇다. 양쪽을 저울에 달아봐도 한편으로 심하게 기울지 않는다.

실컷 이야기하게 두고 그다음 불편한 마음에 공감하는 반응을 보인다. 방법은 7장에 자세히 적었다. "아, 섭섭하셨군요."가 좋다. "회사가 잘못했네."처럼 가치판단이 실린 말을 하면 상황이 다시 타오를 수 있다. 화를 다 풀었으면 이제 차분하게 생각할 시간이다. 퇴사 이유가 무엇이었든지 보상이 바로 개선된다면 대부분 일정 기간 더 다니는 것을 고려한다. 그 이유는 이직을 고려하는 시점에는 옮기는 회사의 정보가 거의 없어서 불확실성이 최대에 달한다는 것이다. 중요한 숫자는 그쪽 회사가 제시하는 고액 보상과 현 직장 보상과의 차액이다. 한 손에는 그 차액을 놓고 다른 한 손에는 창업자의 개인적인 부탁, 스톡옵션, 현 직장에서 이미 자리 잡은 단단한 위치 등을 얹어 달아본다.

아닌 말로 1년 더 해보고 나간다고 그 정도 기회를 다시 못 잡을 것도 아니다. 나가지 말라는 게 아니라 1년만 더 다녀보고 결정하는 대가로 당근이 주어진다면 머물 수도 있다. 안 되면 6개월이라도 요청한다. 좀 없어 보이지만 그렇게 해서라도 공백을 메울 수 있다면 당연히 시도한다. 물론 핵심 인재의 경우다. 퇴사예정자가 옮겨 갈 회사에서 받아온 오퍼를 누를 만한 카운터오퍼를 해서라도 주요 직위의 공백을 최소화하면서 백업을 준비하는 것은 항상 옳다.

내부 고객인 직원의 불편함을 빠르게 개선해가야 한다

스타트업의 최대 강점은 고객의 불편함을 파악해서 빠르게 적용하고 개선하는 스피드다. 고객 지향의 철학은 내부 고객인 임직원에게도 적용된다. 스타트업은 대기업과 달리 규정을 핑계로 직원들의 뜻을 꺾지 않는다. 규정에 합리적 근거가 있고 더 좋은 조직문화나 높은 생산성으로 연결된다면 지키겠으나 상황이 변해서 득보다 실이 많다면 개정한다.

회사의 보상 수준이 적절한지 아는 방법은 가설을 세우고 적용하면서 반응을 확인하는 것이다. 채용 과정에서 급여 협상을 해보면 금방 느낌이 온다. 신규 채용뿐 아니라 오래 다닌 직원들까지 들썩거리면 급여 테이블 조정 시점이 확실하다. 사실 인력시장의 시세 파악이 어려운 게 아니다. 우리가 어느 수준까지 따라갈지 그리고 급여로 채우지 못하는 부분을 어떤 미래 가치로 제안할지 결정하는 과정이 더 어렵다. 최첨단 기술을 이용하는 회사의 비즈니스 모델로 어필할지, '아기상어'를 만든 더핑크퐁컴퍼니처럼 높은 자유도를 지향할지, 서로 존중하는 화목한 직장으로 할지, 기업 철학과 가치관으로 할지, 아무튼 뭐가 됐든 주제가 확실하면 흡인력이 생긴다.

지인끼리 공동창업했을 때 급여는 비슷하게 해야 한다

투자금이 들어오기 전의 보상은 창업하기 전 회사원일 때보다 많이 적어 생활급 수준이다. 비용 지출을 최대한 줄여야 하는데 공동창업자 급여가 큰 부분을 차지해서 그렇다. 투자금이 들어오면 형편이 나아질 것 같아도 액셀러레이터 투자 단계에서는 별 차이가 없다. 시리즈A에서 몇십억이 들어오면 그 시점에 어느 정도 현실을 반영한다. 그다음부터는 장기전이니 너무 졸라매기만 할 일은 아니다. 연봉은 요즘 시세로 벤처캐피털 투자 이전은 6,000만 원 가량이고 투자 이후는 8,000만 원에서 1억 원 사이가 무난하다. 즉 C레벨 공동창업자의 보상은 가장 잘 받는 직원보다 대충 20% 정도 적게 시작했다가 투자유치를 하고 나면 정상화된다. 가까운 지인끼리 공동창업했을 때 지분은 달라야 하지만 급여는 비슷한 수준으로 가는 게 스트레스를 덜 받는다.

동료의 급여가 높다는 것을 알면 의욕이 떨어지게 된다

왜 그런 짓을 하는지 짐작도 안 되는데 동창 모임 같은 곳에서 연봉을 공개하는 이들이 있다. 묻지도 않았는데 혼자 밝히고 나서 다들 말하라고 보챈다. 그 떼를 들어주면 이후 전개가 어떻게 될지 예상된다. 1~2등을 제외한 나머지는 기분이 상하고 "'돈 많이 버는 사람이 술 사라.'라는 볼멘소리가 듣기 싫어 안 나오는 친구도 생긴다. 외국 논문이지만 이런 심리를 설명하는 사례가 있다.

하버드 경영대학원의 조 컬른Zoë Cullen 교수와 UC버클리 하스경영대학원의 리카르도 페레즈 트루글리아Ricardo Perez-Truglia 교수가 모 다국적기업의 동남아시아 국가의 지사에서 2,060명을 대상으로 했던 실험이다. 이 논문의 요약문에는 두 가지 결론이 있다. 우선 본인보다 윗사람이 생각보다 많이 받는다는 걸 알게 되면 더 열심히 일한다. 설사 자신이 그 위치에 올라갈 가능성이 없어도 상사가 많이 받는다는 사실은 부정적인 영향을 주지 않는다. 그러나 자신과 같은 레벨이라 생각했던 동료가 예상했던 것보다 많이 받는다는 정보를 들으면 오히려 일을 열심히 하지 않는다. 근로 의욕과 생산성이 저하되고 퇴사율도 올라간다. 시기심의 대상은 언제나 아는 사람이다.

지금까지 우리는 돈을 누가 더 받는가를 논하는 분배 공정성보다 합리적이고 투명한 기준으로 승급과 보상이 이루어지는가를 보는 절차공정성이 더 중요하다는 걸 확인했다. 아무리 나이가 어려도 뛰어난 성과를 내는 직원을 공개적으로 치하하고 상응하는 타이틀과 직급을 부여하는 것에 시비를 걸 사람은 없다. 스타트업의 활력을 잃고 싶지 않다면 입사 순서, 나이, 경력보다 실적, 조직 기여도, 조직 내외의 평판을 우선으로 승진과 보상을 해 공식화한다. 대표가 조직 내 위화감을 핑계로 공개적인 승진은 안 시키고 급여만 올린다면 사람들은 특정인을 편애한다고 비난한다. 아무리 단속해도 한국인은 비밀 유지 개념이 DNA에 없는 민족이라 급여 정보는 새어나간다. 정정당당하게 총애받는 사람은 차세대 리더로 인정받고 특정인의 편애 대상은 사내정치에 희생될 가능성이 크다.

스타트업 보상 체계 설계의 목표는 핵심 멤버 유지다

모든 멤버가 만족하는 보상 체계를 만드는 일은 불가능에 가깝다. 아마도 6개월가량 만족할 타협안을 만들 수는 있겠으나 시간이 흐르면 새로운 역동이 평화를 흔들게 돼 있다. 불만 촉발 요인에는 헤드헌터의 연락, 유니콘 스타트업의 파격적인 인센티브 소식, 집주인의 보증금 인상 같은 외부 변수가 많다. 퇴사자로 인해 갑자기 늘어난 업무량이나 새로 영입한 인력이 할 일은 제대로 못하면서 일으키는 내부 분란도 요인이 된다.

창업자에게 사람 문제는 항상 있는 것이다. 매출이 잘 나오거나 사용자 증가세가 견고하다면 대부분 문제가 수면 아래로 가라앉는다. 하지만 초기 창업자에게 그런 행운은 거의 안 찾아온다. 초기 스타트업 보상 체계 설계의 첫 번째 목표는 핵심 멤버의 유지다. 그들을 놓쳤을 때 자금마저 말랐다면 바로 망한다. 다행히 아직 실탄이 남아 있다면 새로운 인력이 들어와 궤도에 오를 때까지 사업 진행이 지연된다. 성공 가능성이 반 이하로 줄어든 스타트업은 자금 유치가 어려워지고 나머지 멤버의 이탈이 시작된다.

도대체 언제까지 공동창업자나 직원들에게 끌려다녀야 할까를 생각하면 답답할 것이다. 하지만 회사가 성장하면서 시리즈A만 유치하면 일단 특정인에 대한 의존도가 대폭 낮아진다. 창업자에게 벤처캐피털 투자의 의미는 자금 흐름이 좋아져서 산적한 문제들을 돈으로 풀 수 있음을 뜻한다. 창업자를 제외한 주변인들에게 투자 소식은 전문가 그룹이 인정하고 돈을 태웠으니 망하지는 않겠다는 느낌으로 다가온다. 벤처캐피털 펀딩을 받으면 채용이 훨씬 쉬워지고 그동안 간만 보던 지인들도 합류 결심을 한다. 이제 경영진에 힘이 실린다. 투자 라운드 횟수가 증가하면 주도권이 창업자와 주변 핵심 멤버 쪽으로 완전히 넘어간다.

복지 혜택은 모든 직원에게 고르게 전달되지만 페이믹스는 개인화가 가능하다. 다만 손이 많이 가다 보니 스톡옵션 위주로 구성되는 그룹과 현금 보상 그룹, 둘 다 챙겨줘야 하는 그룹, 그냥 나가려면 나가라 그룹 등으로 갈리게 된다. 모범답안을 갖고 시작해도 사람마다 느끼는 갈증의 원인과 무의식이 다 달라서 개인화가 불가피하다. 형평성이 걱정된다거나 실무에서 번잡스러워할까 봐 단순화할 필요는 없다. 초기 스타트업에서 핵심 인력을 놓치면 회사가 휘청대거나 최소 6개월은 날아가니 주문하는 대로 맞춰준다. 생각해보자. 대표가 자기만을 위해 보상 패키지를 설계해주면 얼마나 신날까?

관계에서의 갈등 관리

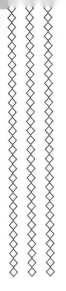

1
직원 이해하기

이번 장의 제목을 어떻게 정할지 고민을 많이 했다. 스타트업에서 ER Employee Relations은 정말 중요한 개념인데 우리말로 번역하면 '노무관리'가 제일 먼저 뜬다. '노무'가 임금 단체협상이나 노동쟁의에 등장하는 제조업 기반 단어라 스타트업 현실을 반영하지 못하기에 그냥 ER로 쓴다. 그리고 창업자 대상으로 쓴 책이라 '직원 이해하기'라는 설명을 달았다.

인사 관련 자료들을 읽어보면 직원과의 관계를 구축하는 ER에는 네 가지 과제가 있다. 조직 내의 '열린 소통 open communication', 윗사람들이 보이는 '감사의 표현 show gratitude', 발전을 위한 '꾸준한 피드백 consistent feedback' 그리고 성장을 위해 '직원에게 투자 invest in employee' 하는 것이다. ER을 제대로 못하면 일차적으로 직원들의 애사심과 직무몰입도가 낮아진다. 요즘은 덜하지만 구인난 시기에는 귀한 직원들을 경쟁사에 잃을 가능성이 높아진다. 심하면 정상 궤도에서 탈락한 채 방치되는 직원들이 생긴다.

부정적 기운을 뿜어내는 언행으로 조직 사기를 떨어뜨리는 직원은 창업자를 힘들게 만든다. 분명히 누군가가 회사에 기여할 인재라 생각해서 뽑았을 것이다. 그런데 관리자의 무관심, 부정적 자극, 개인 특성까지 겹쳐 빈폐 캐릭터로 자리 잡았다. 입사 초기라면 채용 면접관 책임이라 하겠지만 온보딩부터는 ER의 영역이라 이후 문제 상황을 인지하지 못했거나 했더라도 수습하지 못했으니 ER의 실패다.

본부장급 이상은 ER의 철학과 원칙을 실천해야 한다

말 나온 김에 인사 업무를 교과서 방식으로 세분화해보자. 인적자원관리HRM, Human Resource Management는 채용, 배치, 평가, 보상, 승진 등을 담당한다. 인적자원개발HRD, Human Resource Development은 교육, 훈련, 경력 개발, 조직문화 등을 맡는다. 인적자원관리가 주로 지금 당장 공장을 돌리는 데 필요한 제도와 정책의 영역이라면, 인적자원개발은 미래를 준비하는 영역이다. 이 두 영역은 모든 회사에 필수로 다 있어서 타 회사의 좋은 점을 베껴 시행해보며 우리 회사에 맞는 답을 찾아가는 게 가능하고 그런 식으로 많이들 진행한다.

ER 또는 LR Labour Relations은 원래 노조나 노사협의회, 취업 규칙 등의 법률 준수 여부, 직원 고충 처리, 부서장과 팀원의 관계 등만 챙긴다. 하지만 우리는 스타트업 HR이니까 그것보다 훨씬 많은 일을 한다. 스타트업에서 ER은 직원과 회사의 관계가 처음 시작되는 채용부터 시작된다. 인적자원관리 관점에서의 채용이 역량과 적극성을 주로 본다면, ER의 관점은 후보자가 동료나 회사와 호흡을 잘 맞출지를 본다. 온보딩도 커리큘럼은 인적자원개발 관점에서 구성하지만, 입사 전 준비, 환영 회식, 각종 지원은 ER에서 챙긴다. 동료들 사이의 갈등 상황, 직원의 일탈이나 크고 작은 위법 행위 발생 시 이의 수습 또는 퇴사도 ER의 영역이다. 직원들이 좋아하는 음료가 뭔지 조사하고 코로나19 상황에서 마스크 준비, 백신 정보 제공, 최고경영자에게 재택근무 조언 등도 ER이 한다. 평화 시에는 직원의 안녕을 챙기다가 만약 직원이 동료와 회사에 폐를 끼치면 그를 분리해서 회사와 직원들을 지키는 역할도 이들의 몫이다.

스타트업에 ER 담당자가 따로 있기는 어려우니 공동창업자나 HR이 그 역할을 맡는데 ER 모자를 쓰는 순간에 다음과 같이 변신해야 일이 수월하다. 시작은 동료들에게 관심을 갖는 것이다. 특정인에 편향되지 않고 균형 잡힌 시각과 정직함이 요구되는 일이다. 혼자서 여럿을 대해야 해서 피로가 쌓이고 모든 사람이 ER을 좋아하는 것은 아니니 스트레스도 잘 견뎌야 한다. 세상을 옳고 그름으로 가르는 사람보다는 모든 것이 각자의 선택이며 그 결과 또한 그들에게 귀속된다고 생각하는 사람이 잘 맞는다. 어떤 사건을 대할 때 "나쁜 놈이네!"라고 하기보다는 "나쁜 선택을 했네."라는 시선이다. 회사 업무와 관련된 사실적 지식과 절차적 지식, 갈등 관리 경험이 없다면 약간의 시행착오가 불가피하다. 그런 면에서 사람 경험이 적은 젊은 관리자들로 구성된 스타트업이 불리하다. 족집게 과외라도 받았으면 좋겠는데 회사 내부 갈등 이슈라 외부에 들고 나가서 물어보기도 어렵다. ER 분야에 경험이 많은 사외이사, 고문, 선배에게 정기적으로 멘토링을 받고 개별 이슈에 대해서도 조언을 받으면 빠르게 성장 가능한 분야다. 회사 환경에서 발생하는 케이스가 그렇게 다양하지 않으니까 몇 년만 하면 금방 터득한다. 공동창업자나 본부장급 이상은 ER의 원칙과 철학을 항상 실천해야 한다. 늘 '소통'하고 '감사'하다고 말하며 '피드백'을 주는 게 원래 윗사람들이 해야 하는 일이다.

심리적 계약위반은 개인과 조직 간 신뢰관계를 깨뜨린다

심리적 계약이란 회사와 직원 사이에서 언어나 문서로 약정되지 않은 기대 사항을 말한다. 문서로 정리된 고용계약서와 근무 규정의 여집합이다. 원래 서구에서는 문서로 만들지 않은 구두 약속의 불이행을 지칭했으나 우리는 말로 안 한 것까지 포함해서 더 광범위하게 잡는다. 그래서 '계약위반'이라는 법률 용어보다 "약속을 지키지 않았다." "실망시켰다."라는 광의의 표현이 주로 쓰인다.

여기서 약속이란 직급이나 급여처럼 고용의 중요 부분인 경우도 간혹 있겠지만 그보다는 "입사하면 부하 직원을 뽑아주겠다." "업무 관련 내용으로 논문을 쓰도록 해주겠다." 정도의 구두 약속이 대부분이다. 주요 조건은 그래도 문서에 적으니까 오히려 논란이 적다. 남에게는 사소해 보이지만 "생각보다 야근이 너무 많다." "점심을 회사에서 안 사준다." "전 회사에는 이러저러한 복지가 있었는데 여기는 정말 월급이 전부였다."와 같은 억울한 마음도 포함한다.

심리적 계약위반 상황에서 개인은 조직에 대한 신뢰를 잃으면서 불만이 싹트고 이직 의도가 강해진다. 마음은 떠났어도 아직 이직할 타이밍이 아니라는 판단이 서면 조직몰입이 어려워지고 업무에 소극적이며 지시에도 형식적으로 응한다. 한꺼번에 이 모든 일이 진행되는 것은 아니고 횟수와 정도에 따라 진도가 나가면서 상황이 악화된다. 뜻밖에 좋은 점을 발견하면 플러스 점수로 작용해서 불만이 줄어든다. 신규 입사자가 처음 직면하는 시련이 대개 심리적 계약위반이라 첫 번째라고 표현했지만 오래 다닌 사람에게도 나타난다. 예를 들어 초기 구성원이 스카우트되어 들어온 신입 부서장에게 공격수 자리를 빼앗기고 골치 아픈 고객서비스cs 부서를 맡을 때의 서운함 같은 걸 말한다. 조직이 커지면서 파벌 싸움이 벌어졌을 때 편을 안 들어주는 창업자에 대한 섭섭함도 여기에 들어간다.

심리적 계약위반을 줄이려면 계약의 투명성을 높일 필요가 있다. 실리콘밸리에서 보안 소프트웨어 스타트업에 취업했을 때 HR에서 받은 계약서가 30페이지가 넘었다. 인트라넷에 들어가면 401K, 의료보험, 생명보험 같은 추가 정보도 있었는데 퇴사할 때까지 다 못 읽었다. 지금 내가 다니는 스타트업얼라이언스는 한 장짜리 계약서를 쓰고 있다. 민망한 일이다. 아무튼 정보를 많이 받을수록 오해가 덜 생긴다.

말을 듣기 좋게 전하려다 모호해지는 일이 생기지 않도록 신경 쓴다. '못 하게 하는 건 아닌데 아무도 한 적이 없는' 정황을 단순하게 '할 수 있다.'는 식으로만 말하지 않아야 한다. 추가로 계약위반에 특히 예민한 이들이 있음을 이해한다. MBTI 식으로 설명하면 현실주의자인 SJ보다 논리적인 NT들이 더 불쾌하게 받아들인다. 힘들게 이야기를 꺼냈더니 대표가 "넌 뭘 그까짓 걸 갖고 그러냐?"라며 꼼주면 그 직원은 두 번 죽는 셈이다.

가족적인 직장 분위기는 심리적 계약위반으로 인한 이직 의도를 낮아지게 한다는 논문이 있다. 같은 상황이라도 회사와 자신을 거래관계라고 인식하는 사람들의 이직 의도가 더 높았다. 이 말은 끈끈한 관계를 맺은 초기 멤버의 경우, 회사 측의 심리적 계약위반을 견뎌내는 힘이 더 높다는 것이다. 그걸 악용하는 것은 그렇지만 그들의 노고에 상응하는 보상을 해주면서 부탁하면 되지 않을까?

창업자가 단독으로 채용을 결정하면 여러 문제가 생긴다

심리적 계약위반 문제를 다루다 보면 창업자이자 최고경영자가 일방 당사자로 등장하는 경우가 현저히 많다. 공동창업자가 식언한 것은 대충 넘어간다. 하지만 창업자는 상황을 변경할 권한이 있는 결정권자라서 그가 했던 구두약속을 직원들은 쉽게 포기하지 않는다. 애초에 창업자가 같이 일하자고 제안하면 누구라도 웬만한 부탁은 다 들어주리라 기대하고 입사한다.

그런데 창업자가 디테일에 둔한 비저너리 성향이다 보니 상대방이 어떤 생각을 하는지에는 별 관심이 없고 그 친구가 회사에 어떤 도움을 줄지에만 꽂혀 있다. 감언이설로 꾀어놓고 기대에 미치지 못하면 본인이 했던 말을 먹어버린다. 비저너리가 모호한 커뮤니케이션을 즐기는 점도 상황을 악화한다. "입사하면 스톡옵션 준다면서요?"와 "잘하면 당연히 주지. 그런데 아직 제대로 보여준 게 없잖아."가 평행선을 그린다.

대표가 누군가를 영입한다고 하면 비저너리보다는 현실적인 오퍼레이터나 프로세서 성향의 공동창업자가 함께 만나 딜이 깨지지는 않을 정도로 조심스럽게 현실을 말해주어야 한다. 아무리 높은 포지션이라고 해도 창업자 최고경영자가 단독으로 채용을 결정하게 두는 것은 여러 가지 문제를 일으킨다.

직원이 불만족 상태에 빠지면 네 가지 행동을 보이게 된다

경영자가 원하는 것은 구성원들의 직무몰입이지만 학자들의 연구는 대부분 직무만족을 대리지표로 측정한다. 그래도 괜찮은 이유는 높은 직무몰입도가 직무 자체에 대한 만족과 관계가 있다는 연구가 많고, 몰입보다 만족이 기복이 덜해 장기적으로 도움이 된다. 근로자가 불만족 상태에 빠지면 보이는 행동은 크게 네 종류가 있으며 각 단어의 첫 글자로 만든 EVLN이라는 이름으로 불린다.

E(exit, 이탈)

회사가 싫으면 퇴사하거나 부서장과 갈등하면 부서 이동을 하는 그룹. 불만이 누적돼야만 일어나는 게 아니고 일회성 사건으로도 일어날 수 있다. 직장 동료가 심각한 질환을 얻거나 직원들의 주먹

앨버트 허시먼의 EVLN 모델

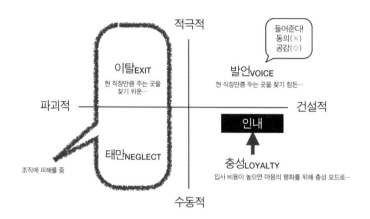

다짐처럼 감당할 수 없는 사건이 일어날 때 이직이 가능하다는 점에서 가장 능력 있는 그룹이고 따라서 큰 손실이다.

V(voice, 발언)

변화를 요구하는 목소리를 내는 그룹. 목소리를 내는 자체는 나쁘다, 좋다를 말하기 어렵다. 선을 지켜가며 긍정적인 결과를 추구하면 건설적이고, 정도를 넘어서 질서를 흔들면 부정적으로 본다. 사안에 대한 동의 여부는 경영진이 판단할 문제이지만 의견 제시에 대해 "당신은 그렇게 생각하는군요."라는 정도의 공감은 필요하다.

L(loyalty, 충성)

시간이 해결하거나 누군가 문제를 풀어주리라 생각하며 인내하는 그룹. 충성스러운 그룹일 수도 있고 윗사람들과 직면하는 것을 두려워하는 성향도 있다. 이직할 정도의 개인 경쟁력은 없고 못 견딜 정도로 예민한 편도 아닌 이들이 주로 속한다.

N(neglect, 태만):

일을 대충 하고 근태가 좋아지지 않는 그룹. 장기근속자가 보이는 소극적인 저항은 과거 유사 사례에서 개선에 실패했던 무기력의 학습 결과일 수도 있다. 회사와 동료들에게 가장 피해를 주는 그룹이다.

각 개인이 각자 성향에 따라 선택한다고도 볼 수 있겠지만 그룹의 행동 패턴을 읽는 것도 가능하다. 구인난이 심할 때 회사에 안 좋은 일이 생겼다면 퇴사를 선택하는 이가 많은 게 자연스럽다. 시장이 뜨거운 데도 퇴사자는 적고 항의하는 목소리 유형만 많다면 현재의 보상 수준이 높거나 조직에 애정과 기대를 가진 이들이 많다고 본다. 조용한 퇴사는 사분면에서 '태만'에 속한다.

직원에게 불만이 생기는 시점에서 실제 가시적인 반응을 보일 때까지 시간 지연이 있다는 점도 고려해야 한다. 존경받던 공동창업자가 퇴사한 후 그 여파가 다 나타나려면 최소 몇 개월부터 연말연시를 한 번 넘기는 기간이 걸린다. 불만이 생겼어도 바로 업무가 나빠지기보다는 조용히 옮길 곳을 알아보면서 업무는 전과 같이 잘하는 경우가 많다.

초기에는 공동창업자가 ER을 생활화해 직접 챙겨야 한다

ER이 제 역할을 하면 합리적이고 예측 가능한 환경이 조성된다. 각자 자기 일을 하고 동료들과 협업하며 혹시라도 갈등 요인이 생기면 조직이 개입해서 공정하게 해결할 것이라 믿는다. 초기 스타트업은 공동창업사가 ER을 생활화해 직접 챙긴다. 대부분 해본 적 없는 업무겠으나 예의 있게 잘 들어주고 공정하며 일관성 있게 행동하면 된다.

회사의 구성원은 달성 가능한 현실적 목표하에서 책임 맡은 직무를 정확히 파악하고 업무 수행에 필요한 도구와 지식을 갖춘 이후에 직무에 투입된다. 큰 회사라면 상급자가 이런 준비 상황이나 이후 진척도를 모니터링한다. 하지만 초기 스타트업은 직무가 중복되지 않고 각자 고유 업무를 하므로 옆 사람이 뭘 하는지 잘 모른다. 알아서 잘해주면 아무 잡음 없이 잘 굴러간다. 하지만 진도가 예상보다 늦거나 커뮤니케이션이 부실할 경우 동료들과 갈등하는 상황에 처한다. 윗사람은 자신도 바빠서 도울 여력이 없는데 문제가 생기면 책임을 져야 하는 스트레스가 있다. 당사자는 못하겠는데 도와주지도 않으면서 깨기만 하는 섭섭함이 있다. 목표 설정이 과욕이었다, 처음 하는 직무다, 거래처에 대한 지식이 없어서 지연되고 있다, 컴퓨터 지식이 부족하다와 같은 교육 훈련 이슈면 코칭으로 푼다. 직접 도와주기도 하고 학습에 필요한 시간을 부여하기도 한다. 부서장에게 지시해서 그 직원을 돕는 행동을 회사가 부여한 과업으로 공식화한다.

원인이 눈에 잘 안 들어올 때도 있다. 결과물이 별로인데 본인은 잘했다고 착각하기도 하고 동료에게 도움을 청하라고 했는데 굳이 혼자 하다가 망치는 식으로 이해가 잘 안 가는 상황이다. 이럴 경우는 답을 확실히 모르기 때문에 혼을 내는 걸로는 개선이 안 되고 본인이 답을 찾아내도록 깊게 질문해 들어간다. 결과물이 잘됐다 안 됐다를 판단하는 권한이 누구에게 있는지, 만약 도움을 청했다면 어떤 안 좋은 일이 예상됐는지 등의 질문을 해본다. 비합리적인 신념 체계를 가진 건지, 본인의 실력 부족이 부끄러워서 우긴 건지, 그냥 회사가 싫어서 어깃장을 놓은 건지 등 숨은 원인이 있을 것이다. 설사 답을 금방 찾지는 못해도 그런 진지한 대화는 관계를 두텁게 하고 직원의 성장을 돕는다.

창업자가 직원을 대하는 관점은 언제나 치어리더다

직원과의 접점은 다양하게 이뤄진다. 고과 미팅처럼 자료와 논리를 준비해서 만나는 자리가 있고 업무 진도를 점검하는 가벼운 잡담 시간이 있다. 직원 자리에 찾아가서 한두 가지 확인이나 질문을 하거나 사무실을 떠나 카페에서 음료를 두고 환담을 하기도 한다.

어느 상황이든 창업자와 직원과의 관계는 변하지 않아야 한다. 회식 자리에서 긴장이 풀어질 수 있고 동생처럼 여겨져서 말을 놓는 경우도 있겠지만 상대방을 대하는 관점은 항상 같아야 한다. 친한 척하느라 "아, 사업 진짜 힘들어."나 "이번에 투자 못 받으면 어떡하지?"와 같은 말을 하면 분위기상 맞장구를 치면서 넘기겠지만 대표가 왜 저런 말을 하는지 납득이 안 가는 직원은 절망회로를 돌리게 된다.

창업자가 직원을 대하는 관점은 언제나 격려하는 치어리더다. 직무 수행에 필요한 준비가 돼 있는지, 동료들의 도움은 받고 있는지, 혹시 회사 내부의 도움으로 해결할 수 없고 전문가의 도움을 받아야 하는지 등을 챙기는 사람이다. 직원은 회사의 필수 업무를 나눠서 맡은 용사로서 전투에 임하며 언제나 가장 취약한 고리가 뚫린다. 창업자는 그 취약한 고리의 전투력을 강화하는 데 항상 관심을 가져야 한다.

직원을 대화 상대로 인정해야 문제를 발견할 수 있다

병을 키우면 고치기도 어렵고 예후도 안 좋다. 직원의 어려움도 초기에 인지하고 개선에 들어가면 훨씬 쉽다. 문제가 생길 때마다 쪼르르 보스에게 달려오는 것과 수습하지 못할 지경으로 망가뜨린 다음에 오는 것을 양극단으로 보고 적당한 중간 위치를 잡아준다.

대부분의 보스는 주간 회의 때마다 예상 진도를 뽑아내지 못한 직원들을 적당히 깨다가 몇 주째 진척이 없으면 그제야 따로 부르고 상황이 어려워진 걸 확인한다. 스타트업에서 이렇게 몇 주씩을 낭비하면 전체적으로는 상당히 지연된다. 그럴 여유가 없다.

아무래도 일을 잘하는 이들이 창업도 하고 C레벨도 되다 보니 직원들에게 지시하면서 본인처럼 잘할 수 있으리라 편하게 생각한다. 일이 틀어졌다는 소식을 들으면 '별로 어렵지도 않은데 그걸 왜 못하지?' '마음이 떴나? 그만두려고 하나?'라며 의도부터 의심한다. 평범한 이들이 절차적 지식을 습득하는 과정을 이해하지 못해서 그런 착각을 한다. 모든 준비가 다 갖춰져도 실수를 여러 번 하면서 배우는 게 일반적인 학습 과정이다. 그리고 일을 못하는 직원은 이직도 잘 못한다. 본인이 일을 잘 못해서 자존감이 바닥을 친 상황이라면 에너지 레벨이 낮아 이직 생각도 크지 않다. 그 무렵에는 자기도 잘해서 인정받고 싶은 마음과 다 포기하고 쉬고 싶다는 생각 사이 어딘가에 갇혀 있다. 그러니까 방향을 못 잡고 엉뚱한 시간 낭비를 하는 구성원에게는 "나랑 같이 해봅시다."라고 하며 붙들고 가르쳐줘야 한다.

캘린더에 있는 태스크 기능을 이용해서 본인에게 보고하는 위치에 있는 모든 직원과 최소 월 1회 뚜렷한 목적 없는 미팅을 한다. 티타임 갖기, 같이 식사하기, 외부 미팅에 동반하기 등 형식은 아무래도 상관없고 가벼운 대화 상대가 되어준다. 일 이야기만 할 필요도 없고 일 이야기를 피할 이유도 없다. "당신의 업무는 회사의 성공에 중요하며 당신의 성공을 돕는 것이 나의 업무다. 크든 작든 문제가 있으면 내게 알려서 같이 해결하자."가 기본으로 전할 메시지다.

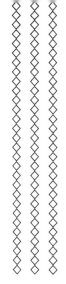

2

면담

직원과의 대화를 부담스러워하는 이들이 있다. 남자 보스가 여성 직원을 불편하게 느끼는 경우도 많다. 아들만 셋을 둔 기자 친구가 있는데 부서 내 여자 기자와의 면담이 쉽지 않다고 농반진반으로 말했다. 남자 후배들은 뭔 생각을 하는지 느낌도 오고 대화의 전개가 복잡하지 않아 결론이 바로 나는데 여자 후배들이 보이는 반응은 해석이 잘 안 된다고. 그 친구 말고도 50대 남자 부서장 가운데는 젊은 여자 팀원과 대화가 안 되는 이들이 흔하다. 그러거나 말거나 나를 포함해서 직장생활이 다들 얼마 안 남았으니 걱정은 하지 않기로 하자.

창업자 중에도 비슷한 고민을 하는 이들이 있다. 스타트업은 IT 기술 기반이기에 공대 출신들이 많다. 이들이 대화에 좀 취약하다. 컴퓨터처럼 언제나 정직하고 예측할 수 있게 사람들이 대화하면 얼마나 좋을까. 사람들은 다양한 성향을 지녔고 게다가 각 개인이 구사하는 변환 모드도 여러 가지다. 직원들과 대화를 하면 왠지 상대방의 요구가 많아질 것만 같다. 직급은 본인이 위지만 말발은 상대방이 고렙이라 대화에서 얻을 것이 없다고 생각한다. 그럴 리가 없다고 할 수는 없지만 그런 경우는 일반적이지도 않고 그렇다 할지라도 대화로 잃는 것보다는 얻는 것이 훨씬 많다. 간단하게 답을 달자면 대표에게 하고 싶은 이야기를 풀어놓은 직원은 스트레스가 낮아져서 이전보다 즐겁게 직장생활을 한다. 그러니 간혹 대표를 갖고 노는 직원을 만나더라도 만남이 문제를 제공한 걸로 생각하지 말고 확률 통계상 가끔 등장하는 예외 케이스로 간주하고 계속 직원들과 만나야 한다.

면담의 목적은 열심히 일해서 인정받고 잘되게 하는 것이다

사람들의 행동은 사회적으로 합의된 형식을 따른다. 한 시대를 풍미했던 역할이론이 퇴색하기는 했으나 여전히 사람들은 그 시대에 사회적으로 통용되는 규칙에 따라 행동한다. 물론 개인마다 약간씩 차이를 보이기는 하지만 비슷한 연령대cohort라면 행동도 비슷하다. 예를 들어 1990년대 직장인은 아무리 전날 부서 회식으로 상태가 메롱이라도 일단 출근한 다음에 사우나에서 오전을 보내는 것이 묵시적으로 합의된 규칙norm이었다. 2020년대 스타트업 직원은 과음을 했으면 슬랙이나 잔디에 메모를 남겨 못 나간다고 말하지 굳이 무리해서 출근하지 않는다.

사회적 규약이 덜 형식적인 방향으로 변했다. 그럼 윗사람과의 관계는 어떻게 변했을까? 부서장이 직원들과 자주 술을 마시고 충성을 요구하던 시절은 분명히 끝났다. 복종의 대가로 특정인을 편애하는 방식이 작동되지 않는다면 직원을 대하는 직장 상사는 예전의 조폭 보스와는 다른 모습을 띠게 될 것이다. 상사의 성향에 따라 다르겠지만 리더 스타일, 교사 스타일, 코치 스타일, 삼촌 이모 스타일 등으로 다양한 모습이 관찰된다. 어느 경우든 잦은 면담은 상사가 직원의 프로젝트에 관심을 보이는 것이고 성장에 도움을 주려는 긍정 신호로 인식된다.

면담의 목적은 직원이 지닌 다양한 페르소나 가운데 '열심히 일해서 인정받고 잘되고 싶은' 면을 불러내고 유지하는 것이다. 입사 전형을 통과하던 시점에 면접관들은 직원에게 바람직한 면이 있음을 확인했다. 그 덕택에 선발이 되었으나, 이후 다양한 내외부 요인에 의해 그런 모습 대신 바람직하지 않은 다른 면을 보이기 시작했다. 사람이 변한 것 같다고 쉽게 말하지만 외상 후 스트레스 장애PTSD도 아니고 사무실 환경에서 몇 달 사이에 그렇게 변하지 않는다. 직원이 지니고 있는 여러 모습 가운데 상황에 맞을 만한 것을 골라서 보여주었을 것이다. 감당하기 벅차게 일로 몰아붙이면 '만만히 보이지 않으려고 날을 세운 사람'이 되고, 일은 안 힘든데 투자도 못 받고 성공 가능성이 없어 보이면 '오래 다닐 회사가 아니기 때문에 적당히 자기계발이나 하다 떠나는' 상태로 들어가는 식이다.

사람들은 각자가 지닌 다양한 모습 가운데 어느 것을 보여줄지 If A then B 로직으로 결정한다. If '대표가 똑똑해서 배울 게 많고 종종 내 이야기를 들어준다면', then '그를 실망시키고 싶지 않고 더 있으면서 배우고 싶다.'가 모범답안이다. If '대표가 똑똑하고 아이디어도 많은데 몇몇 초기 구성원과만 대화하고 나머지 직원은 소모품으로 여긴다면', then '이곳은 오래 다녀봐야 뒤통수 맞는 곳이니 떠난다.'가 된다면 큰 문제다. 창업자 대표의 행동에 따라 정반대의 두 로직 가운데 하나를 골라 보여주는 게 직원이다. 이는 너무도 자연스러운 자기보호 반응이다.

부정적 피드백의 주어는 사람이 아니라 행동 또는 습관이다

직원과의 일대일 대화는 시점에 따라 두 가지로 나뉜다. 하나는 매월 1회 이상 갖는 정기적인 티타임 또는 진행 상황 점검 자리다. 별문제가 없는 직원이라면 말 그대로 티타임이 돼 사적인 이야기도 나눈다. 당장 개선할 건이 있다면 진행 상황 리뷰에 집중한다. 또 다른 대화 시점은 비정기적이다. 긍정적 코멘트와 부정적 지적, 이 두 가지 피드백이 상황에 맞춰 수시로 전달된다.

스타트업에 다니는 사람들은 공동창업자 몇을 제외하면 모두 최근에 만난 사이다. 서로에 대한 정보가 부족해서 커뮤니케이션에 오해가 발생할 가능성이 크다. 또 다른 특이 사항은 모든 직원이 창업자가 제시하는 방향을 보고 달리는 중이다. 누구도 예전에 가봤던 길이 아니다 보니 이 길이 맞는지, 자기가 잘하는지 늘 의심한다. 그래서 대표는 직원들과 수시로 커뮤니케이션을 해야 한다. 회사에서는 이심전심 같은 모호한 방식이 있을 수 없다. 스타트업 커뮤니케이션은 과도하게 느껴질 정도로 반복해서 전달하고 계속 피드백을 부탁해야 비로소 기본을 채운다.

사소한 일에 칭찬하면 버릇 나빠진다던 옛날 꼰대들에게 배워서 그런지 칭찬에 인색한 관리자들이 많다. 문제가 많은 직원이 하나 잘했다고 칭찬하면 그걸 기화로 의기양양해지는 꼴이 보기 싫다는 이도 있다. 맞는 말이지만, 칭찬할 때는 칭찬하고 잘못할 때는 놓치지 말고 바로 말을 해야 한다. 긍정과 부정 중에서 하나만 하면 원래 그런 말을 하는 사람으로 치부되어 효과가 감소한다. 그렇다고 기계적으로 반반 균형을 맞추기에는 부정적 피드백의 여파가 너무 강력하다. 아무리 좋게 돌려서 말을 해도 창업자 대표이사에게 부정적 피드백을 들으면 이 회사를 더 다녀야 하는지 고민하게 된다.

그래서 부정적 피드백의 주어는 절대 사람이어서는 안 되고 특정 행동이나 습관이어야 한다. "OO 님은 이메일 쓰는 방법도 모르고 입사했어요?"가 아니고 "OO 님 이메일에서 맞춤법 부분을 개선해야 할 것 같습니다."라고 한다. 그다음은 그것이 문제인 이유를 설명해야 한다. "친구들 사이라면 맞춤법 정도는 별것 아니겠으나, 비즈니스 관계에서는 좀 더 격식을 요구하기 때문입니다." 그런 다음에 목표 내지는 해결 방법을 제시한다. "한 가지 방법은 메일을 보내기 전에 맞춤법 검사 사이트에서 한번 돌려보고 자주 틀리는 부분은 포스트잇에 적어서 모니터에 붙여놓는 것이 효과적입니다. 저도 그렇게 합니다."

긍정적 피드백에서 가장 중요한 것은 타이밍이다. 자주 가볍게 하는 것이 좋다. 말은 쉽지만 칭찬이란 걸 별로 못 받아보고 큰 사람은 연습이 필요한 작업이다. 협업툴이나 회의석상에서 남들이 좋은 말을 할 때 따라 해 버릇하면서 타이밍을 익힌다. 칭찬은 구체적일수록 바람직하며 의지와 노력이 개입한 부분에 대해서만 한다. "역시 잘생긴 사람은" "말을 워낙 잘하니까"라는 식으로 노력 없이 얻은 부분을 칭찬하는 관습은 듣는 이에게 칭찬 효과도 없고 부담만 준다. 시도 과정과 노력을 칭찬하는 게 우선이고 상황을 잘 모르면 결과에 대해 고맙다고 하면 된다. "그 어려운 걸 해냈네요. 고맙습니다."라고 하면 충분하다.

회사에 영향 줄 일반적이지 않은 상황을 목격하면 반응한다

조직의 리더가 회사나 직원들에게 영향을 끼칠 수 있는 일반적이지 않은 상황을 '목격했다면 반응을 보이는 것When you see it, say it'이 원칙이다. 윗사람이 봤다는 것을 장본인이 아는데 아무 반응 없이 지나가는 것은 아무 의견도 안 내는 것이 아니라 묵시적인 동조로 받아들여진다. 토픽의 범위는 직무 관련, 동료와의 관계, 외부 이해당사자와의 관계 등이 주로 될 것이다. 참조로 돼 있어 보게 된 이메일의 맞춤법이 틀리거나 회사를 대표할 수준이 아니면 피드백을 주고 개선책을 찾아야 한다. 민망해할까 싶어 말을 안 하는 것은 회사를 위해서도 그 직원을 위해서도 바람직하지 않다.

반면 눈에 너무도 잘 보이고 한마디 얹고 싶어도 참아야 하는 주제가 개인의 취향, 교양, 문화 영역에 있는 것들이다. 자기 자리에서 화장하는 직원에 대해 의견이 있을 수 있겠지만 그것은 사규가 관여할 일이 아니라 개인 교양의 영역이니 말을 얹지 않는 게 맞다. 근무를 마치고 동료들과 피시방에 게임을 하러 가는 일, 회사로 온갖 택배를 받는 일, 출근 패션, 식습관이나 다이어트 등은 당사자가 당신의 의견을 구하지 않는 한 코멘트가 불필요하다. 일종의 시대 흐름인데 사회 전반에 엄숙주의가 퇴조하면서 예전에 사무실에서 용납되지 않던 일이 지금은 대수롭지 않게 수용되는 추세다.

상담은 감정과 행동의 변화를 이끌어 성장하도록 이끈다

개인적으로 아주 가깝지 않다면 부서장과 팀원의 대화는 주로 코칭의 형태다. 팀원이 최상의 수행을 할 수 있도록 돕는 작업이다. 코칭은 대부분 팀원의 행동 변화를 통해 문제 해결을 꾀한다. 바람직한 행동이 어떤 것인지 찾는 과정에서 "어떻게 하면 될까요?"라는 질문을 많이 하고 적절한 답을 찾지 못하면 코치가 지시하듯이 제안을 하기도 한다. 전문적으로 교육을 받지 않은 부서장이 코칭을 하면 그의 개인적 경험 기반으로 진행될 가능성이 크다. 만약 부서장조차 사회 경험이 많지 않다면 팀원과 함께 가설을 세워 시행착오를 통해 답을 찾아가는 방식이 가능하다.

코칭은 문제 해결에 주력하지만, 문제라는 게 대부분 원인이 아니라 증상들이다. 원인까지 해결하는 것이 비용을 지급할 고용주의 이익과 일치하지 않기에 회사는 증상만 없애달라고 코치를 고용한다. 예를 들어 직원들 앞에서 분노를 표출하는 부서장을 코치해달라고 요청받았다면 코치는 "화가 나더라도 직원 면담을 바로 하지 말고 다음 날로 약속을 잡으라."라고 조언한다. 아무래도 감정이 고조된 위기 상황에서 직면하는 것보다 하루 묵히면 발언 강도가 낮아질 테니 이는 긍정적인 변화를 초래한다. 그러나 코칭은 부서장이 왜 화가 나는지 그 뿌리를 찾아내어 해결할 의지까지는 없다. 이건 비용과 자원의 문제이고 인사정책에 달려 있다. 회사가 직원의 직무 향상을 위해 일주일짜리 교육은 보내줘도 MBA 비용까지 낼 생각은 없는 것과 비슷하다.

상담은 코칭보다는 인간적 신뢰가 더 높은 관계에서 진행된다. 상담을 통해 문제를 해결하는 과정을 보면 대부분 팀원의 감정 변화가 행동의 변화를 낳고 그로 인해 타인과의 관계까지 개선되는 성장 스토리가 일반적이다. 상담은 직장생활에 부정적 영향을 끼치는 역기능의 존재를 본인이 인지하고 개선을 원할 때 시작된다. 상담 교육을 받은 적이 없는 부서장은 전문적인 상담자 역할은 어렵겠지만, 하고 싶은 말을 실컷 하도록 잘 들어주고 적절한 타이밍에 공감해준다. 비논리적인 신념이나 생각이 발견되면 왜 그런 생각을 하게 됐는지 꾸준히 물어봐준다. 그렇게만 해도 상황이 개선된다. 원래 치료가 필요한 수준이 아니고 일상생활을 하던 이가 스트레스를 받아 잠깐 실족한 상황이다. 부축해서 일으킨 다음 발을 닦아주고 깨끗한 양말로 갈아신기면 회사로서는 할 만큼 했다.

예를 들어 어느 팀장이 근태가 안 좋은 직원에게 과민하게 반응한다고 치자. 이 스타트업의 조직문화는 결과만 잘 내면 되지 나인

투 파이브9 to 5로 자리에 앉아 있는 것을 원하지 않는다. 이 팀장이 불필요한 긴장을 조성하고 있는 것이다. 팀장을 상담한다면 '근태를 중요하게 여기는 이유'에 관해 물어볼 생각이다. 그에게 '성과가 안 좋거나 갑자기 퇴사하던 친구들이 대부분 근태가 안 좋더라.'라는 부정적 기억이 있거나 '자기가 젊었을 때는 근태를 잘 지켰는데 요즘 젊은 친구들은 게으르다.'라는 시기심이 있다고 가정하자. 요즘은 근태가 안 좋아도 성과를 얼마든지 잘 내는 신세대가 등장했다는 점과 팀장의 역할은 개인적인 감정으로 팀원들을 불편하게 하는 게 아니라 잘 격려해서 팀 성과를 내는 것이라는 점을 깨닫게 한다. 그러려면 '팀장의 역할' '직원들이 좋은 결과를 내게 만드는 방법' 등을 물어볼 것 같다. 이렇게 상담은 문제를 해결하기보다 문제로부터 영향을 덜 받는 방법을 찾는 작업이다. 그러니까 팀원은 계속 근태가 안 좋을 테지만 상담 이후에 부서장은 그 정보를 처리하는 인식과 해석 체계가 결과를 내는 게 중요하다는 것으로 바뀌기에 스트레스를 덜 받는다.

스타트업 최고경영자들에게는 전문가의 코칭이 도움이 된다. 성공적인 창업자일수록 모험적이며 지능이 높고 자아가 비대하다. 이는 종종 변덕스러움과 고집스러움으로 연결된다. 게다가 사회 경험이 부족하기에 커뮤니케이션과 사람에 대한 이해 부분에서도 어려움을 겪는다. 이런 어려움을 겪는 창업자는 그와 접점이 많은 중간관리자를 힘들게 하고 그들의 이탈과 불협화음으로 다시 창업자가 힘들어지는 악순환에 빠진다.

면담의 성공은 적극적 경청과 이해로만 가능하다

면담의 성공은 경청, 그것도 적극적 경청에 달렸다. 상대방이 발언하는데 논박할 거리를 찾느라 생각을 분산하지 말고 몰입해서 듣는다. 저절로 나오는 반응을 자제할 필요까지는 없으나 방청객이 아니니 추임새나 맞장구는 안 넣어도 된다. 상대방의 입장을 최대한 정확하게 이해하는 것이 면담의 가장 큰 목적이다. 질문을 굳이 한다면 상황을 명확하게 이해하는 데 필요한 정도에서 멈춘다. 대화 중에는 시선을 맞추고 몸도 뒤로 젖히지 말고 개방적이고 수용적인 분위기를 조성한다.

적극적 경청에 자신이 붙으면 직관적 경청을 시도한다. 표면적인 진술에만 머물지 말고 간혹 비치는 욕구나 감정을 읽어서 숨은 의도를 파악하는 단계로 넘어간다. 이야기를 들으면서 대충 그림이 그려질 경우 당신의 가설을 검증하는 질문도 하게 된다. 논박을 위한 것이 아니라 상황을 정확하게 이해하고 싶어서 묻는 것이다.

공감은 상대방의 입장에 서보는 것이고 연습하면 는다

공감은 상대방의 입장에 서보는 것이다. 상대방의 말을 들으며 그가 느꼈을 어려움, 불편함, 기쁨 등을 상상해보는 것이다. 공감 능력도 일종의 근육 같은 것이라 연습하면 더 잘하게 된다. 상대방에게 쉽게 공감하면 그의 논리에 말려들어 싫은 소리를 못 하게 되는 게 아닌가 하고 오해하는 이도 있다. 첫째로 공감은 상대방의 논리에 동의하는 것이 아니다. 둘째로 싫은 소리를 못 하게 되는 게 아니라 더 완성도 높게 하도록 만든다. 하나씩 설명하겠다.

논리에 말려드는 이들은 대답을 "그렇군요." "맞네요."라고 한다. 공감은 "(당신의 생각이, 감정이, 상황이) 그랬군요."라고 하지 "그러네요."라고 말하지 않는다. 같은 사건을 목격해도 사람들은 각자의 주관적인 해석을 개입해 조금씩 다르게 이해한다. 상대방이 그렇게 '해석'을 했다는데 "아니요. 당신은 그렇게 해석하지 않았어요."라고 말하는 것도 웃기고 비논리적이다. "맞네요. 당신의 해석이 옳아요."라고 말하는 것도 문제 해결에 도움이 되지 않는다. 가치 중립적인 "그랬군요."라는 대답을 좀 더 풀어쓰면 "당신이 해석은 나랑 달랐군요. 거기에서 차이가 생겼네요." "당신은 그렇게 생각해서 속상했군요." "그렇게 느껴서 마음이 아팠군요."라고 하며 상대방에게 공감하는 반응들이다.

싫은 소리를 못 하게 된다는 추측은 아마도 '그가 지닌 어려움을 알았으니 앞으로 심하게 말하기는 어렵지 않겠는가.'라는 논리 같다. 그렇지 않을 거라고 대답하는 데는 두 가지 근거가 있다. 첫째로 그 직원이 어떤 자극에 특히 취약한지를 알게 됐으니 동일 메시지를 전하더라도 취약 부분을 자극하지 않는 방법을 택한다. 둘째로는 신뢰관계가 구축된 상사로서 장기적인 관점에서 그 직원이 취약점을 극복하도록 도울 수 있다. 불편한 상황에 서서히 노출하되 곁에서 격려하고 지지하는 방식이다. 싫은 소리 하기 불편해서 모른 체하면 그 직원은 직장생활에 부적응자가 돼 커리어가 망가진다. 그걸 알기에 (싫은 소리를 해서라도) 더 열심히 돕게 된다. 어떤 직원의 행동이 유치하다고 느껴질 때는 혼을 내기보다 왜 그랬는지 물어보고 "아, 그래서 그랬군요."라고 공감한다. 그런 다음 제대로 된 해법을 함께 찾아서 그가 어려움에서 스스로 빠져나오게 한다.

면담 때 생각을 주입하거나 설득하려고 하면 실패한다

세상에 설득당하는 것를 좋아하는 사람은 없다. 설득의 약발이 떨어지고 제정신이 돌아왔을 때 주머니에 아무것도 없기 때문이다. 반면 기회의 유혹에 넘어갈 준비가 돼 있는 사람들은 좀 있다. 그 기회가 돈일지 승진일지 아니면 좋은 관계일지 그건 사람마다 다르다. 자신의 이야기를 들어주기를 바라는 사람은 아주 많다. 특히 상대방이 윗사람이라면 하고 싶은 말들이 많다. 그래서 직원을 설득하려는 태도로 면담을 하면 반드시 실패한다. 그 결과가 지금 나타나는가 아니면 몇 달 뒤에 나타나는가의 차이가 있을 뿐이다. 설득이 잘되는 직원은 어차피 다른 기회가 없어서 수긍하는 척하는 것일 가능성이 아주 크다.

직원을 움직이게 만들 메시지는 직원 스스로 찾아야 한다. 대표가 자기 생각을 직원에게 주입하는 방식은 힘이 없다. 상황을 설명하고 그가 어떻게 기여할 수 있는지 물어본다. 그의 역할이 무엇인지 물어본다. 그래도 답이 안 나오면 이렇게 해보면 어떻겠냐고 제안을 해본다. 사람마다 눌리는 스위치가 다 다르다. 어떤 사람은 자발적으로 기여하고 싶어 하고 어떤 사람은 원한 것이 아니라고 해도 주어진 역할이라면 책임을 다한다.

문제 행동을 구체적으로 정의한 다음 독립된 가장 작은 단위를 골라 하나씩 서서히 고쳐나간다. 아주 다양하게 무례한 사람일지라도 처음에는 '사무실에서 동료에게 반말하지 않기' 식으로 달성하기 쉬운 도전을 정한다. 하나라도 고칠 수 있다면 주변의 긍정 반응과 본인의 자기존중감이 증가해 다음 도전이 쉬워진다.

부정적 피드백을 줄 때는 1인칭 '나'를 주어로 선택한다. "입사한 지 좀 되었는데 당신은 아직도 업무 파악이 안 됐다."는 힐난이고 공격이다. 그 말을 들은 상대방은 방어 상태로 전환되거나 쭈구리가 되면서 무기력해진다. "지금 진행하는 일 내가 도와줄 건 없나요?"가 맞다. 지나치게 돌려 말하는 것 같아서 다른 예를 하나 더 들자. "당신 말투가 너무 공격적이다."는 싸우자는 거고 "네가 하는 말을 듣고 내가 깜짝 놀랄 때가 있다."는 상대방을 미안하게 만드는 표현이다. "당신 이어폰 음악 소리가 너무 커요."보다는 "내가 청력이 예민해서, 미안한데 음악 소리 조금만 줄여줄래요?"가 분쟁을 줄인다. 면담 상황에 국한하지 않고 일상에서도 활용할 수 있다. 윗사람이 "당신은"으로 문장을 시작하면 누구라도 긴장한다. 그런 사람들이 득세하던 시절은 이제 끝났다. 권한이 있는 사람일수록 부드럽게 대화한다.

3
해고와 퇴사

스타트업은 저성과자에 대해 어떤 기준과 해법을 갖고 있어야 할까? 개선될 거라는 희망을 품고 교육 훈련을 하는 것과 포기하고 정리 절차로 들어가는 두 선택은 결과만 놓고 보면 극과 극이다. 하나는 어떻게든 기능하는 존재로 태어날 테고 다른 하나는 회사 부적응자로 낙인 찍혀 떠나게 된다. 그러나 막상 경영자가 볼 때는 보낼 사람과 남길 사람의 차이가 그리 크지 않아서 판단이 쉽지 않다.

경영진 사이에도 접촉 빈도에 따라 또는 보는 관점에 따라 의견이 갈린다. C레벨은 "포텐셜이 크니 어떻게든 사람을 만들어보라." 라고 요청하는데 팀장은 "대화 자체가 너무 피곤해요."라며 자기는 포기하겠다고 말한다. 반대로 "어리바리해서 실수만 하니 정리하라."라고 위에서 조언해도 "그래도 이 친구니까 남들 하기 싫어하는 이 업무를 하는 거예요."라며 버티는 부서장도 있다. 경험에서 말하면, 누군가 책임지겠다는 사람이 있다면 회사에 남는다. 그러니까 회사를 등 떠밀려 나가야 하는 사람은 일만 못하는 게 아니라 상사의 마음도 얻지 못했을 가능성이 매우 크다.

커트라인 위를 걷는 저성과자의 생사는 당사자의 학습, 개선 의지, 긍정적 결과의 교집합 여부에 달렸다. 의지는 있는데 성과가 안 난다면 수준에 맞는 회사로 이직할 수 있도록 돕는다. 의지도 없고 성과도 없으면 공식적으로 헤어지는 절차에 착수한다. 의지는 없는데 성과는 잘 나오는 경우는 해고와는 전혀 상관없는, 업무 할당이 잘못된 경우이니 더 도전적인 프로젝트를 찾아준다.

일을 못해서 내보내야 할 때도 아름답게 헤어질 수 있다

인재를 확보했어도 운이 없어 판이 일그러지는 경우가 스타트업에는 흔하다. 프로젝트가 경쟁력을 잃었거나 규제로 엎어졌거나 IT 대기업이 진출했거나 하면 사업을 접어야 하고 그러면 고급 인력이라도 허공에 뜬다. 다른 보직으로 전환할 수도 있겠지만 그 사람의 커리어가 망가질 수도 있으니 서로 이야기를 잘 해서 결정한다. 커리어를 포기하고 회사에 남아 다른 업무를 하겠다면 문제가 없지만 걸어온 경력을 살리고 싶다면 일단 헤어지고 나중에 기회가 되면 다시 만난다. 일본 진출을 목표로 뽑은 전문가를 일본 지사를 닫는다고 중국 시장 개척 멤버로 보내지는 않는다.

일을 못해서 내보내야 할 때도 아름답게 헤어질 수 있다. 인간적인 신뢰가 충분히 구축된 좋은 동료라면 그의 노고가 존중받지 못하는 빡센 회사에서 꼬리 역할을 하기보다 신생 창업팀 같은 곳에 합류해서 인정받으며 다니라고 보낸다. "창업자 대표가 너를 인정 안 하는데 회사를 오래 다닌다고 얼마나 기회가 있겠나. 스톡옵션을 제대로 주겠나 아니면 급여를 넉넉히 주겠나. 미래를 생각한다면 이직이 맞다."라고 얘기를 해주고 대화를 나눌 수 있는 부서장이 있으면 가능하다. 이런 경우는 이직에 시간이 걸리니까 6개월 정도 약정을 하고 시작한다. 금방 나가야 하는 건 아니니 여유를 갖고 알아보도록 업무 부담을 덜어준다. 적당한 기회가 보이면 소개도 하고 장단점을 다 알려주면서 판단하게 한다.

권고사직을 하게 될 때는 상처받지 않게 타협점을 찾는다

권고사직은 법에서 정한 형식이나 용어가 아니다. 통상 기업이 제안한 퇴사 권유를 근로자가 수락하는 방식의 합의 퇴사를 말한다. 법적으로는 근로자가 스스로 사표 내는 것과 차이가 없다. 윗사람이 불러 사표를 내라 하고 등 떠밀려 나간다는 점에서 해고로 오해받는데 아니다. 성인이 본인의 법익을 포기한 것까지 법에서 보호하는 것은 아니라서 해고로 인정 안 하는 것이 일관된 대법원의 판례다.

해고가 아니니 해고예고 수당의 지급 의무도 없다. 다만 정규직의 보호막을 벗어 던지게 하려면 근로자로서도 그럴 만한 이유가 있어야 한다. 그렇다고 금융권의 명예퇴직 프로그램처럼 푸짐한 보상을 줄 정도는 아니다. 사람을 귀하게 여기는 스타트업이 나가라고 등 떠밀 때는 스스로 문제가 있음을 알기 때문에 타협점을 찾는 것이 그렇게 어렵지만은 않다.

첫째로 이직 과정에 편의를 봐주는 것이다. 지금 다니는 스타트업을 떠나도 다시 찾는 직장이 스타트업일 가능성이 매우 높으니 평판 조회가 들어왔을 때 나쁜 이야기를 안 하기로 약속한다. 업계가 바닥이 좁다 보니 안 좋은 평판이 돌면 입사가 어렵다는 것쯤은 구직자들도 안다. 우리 회사에 안 맞는 직원을 다른 회사로 보내는 결정이 상도의에 맞느냐는 질문이 있을 수 있다. 그런데 스타트업도 워낙 다양해서 작은 스타트업이 안 맞으면 큰 회사로 가고 큰 회사가 안 맞으면 작은 회사로 간다.

둘째로 바로 구직을 하지 않고 좀 쉬고 싶다고 할 경우 실업급여 신청이 가능하다. 권고사직은 중대한 잘못을 저지른 게 아니기 때문에 해고가 아니며 그렇다고 자발적으로 그만둔 것도 아니라서 실업급여를 받을 수 있다. 법이 그렇게 돼 있어도 사업주가 협조해야 받을 수 있다는 걸 다 알기 때문에 실업급여가 협상 카드로 기능한다.

권고사직을 고려할 때 가장 중요한 점은 권고가 곧 통보가 아니라는 점이다. "경영진에서 그렇게 하기로 결정했으니 너는 따라주었으면 좋겠다."라는 태도는 상황을 악화할 수 있다. 본인이 부족한 것은 알지만 의견 한 번 구하지 않는 일방적 통보에 자존심이 상한다. 동료를 그렇게 대하는 것은 도의적으로 옳지 않고 그가 퇴사 권고에 협조할 생각이 없다면 상황은 그 순간부터 청룡열차를 타게 된다.

왜 그런 결정을 내리게 됐는지 상황을 최대한 친절하게 설명하고 당장 결정하라는 식으로 몰아붙이지는 않는다. 비록 이 회사와의 인연은 여기서 접지만 나는 당신이 앞으로 계속 연락하고 지낼 사람이었으면 좋겠다고 말한다. 인간은 상처받기를 원하지 않기 때문에 메시지 내용이 고통스럽다면 메신저의 진지한 태도에 위안을 받으며 스스로 인지 내용을 재구성한다. '그래 내 시간이 소중하지. 잘 안 맞는 곳이면 빨리 새로 출발하는 것도 나쁘지 않아. 이 사람들도 나 때문에 맘고생 했으니 서로 힘들게 하지 말자.'라는 생각이 들도록 진심으로 대한다.

안 좋았던 추억을 덮고 조용히 나가도록 성의를 표시한다

회사가 성의를 조금 보여야 할 상대라면 최소 두 달 치 정도 위로금을 주며 헤어지는 방법도 있다. 두 달 치면 적지도 많지도 않은 금액인데 어차피 해고해도 한 달 치는 줘야 한다. 실업급여는 본인이 냈던 보험금에서 받는 거고 회사가 주는 게 아니지 않느냐며 항의할 만한 상대가 여기 해당된다. 서로 안 좋았던 추억을 덮고 조용히 나가게 부탁하는 최소한의 선물이다.

참고로 권고사직으로 처리하지 않고 실업급여를 받는 방법에는 계약 종료가 있다. 단, 계약직으로 2년 이상 재직했다면 계약 갱신 사유로 실업급여를 받지 못한다. 매년 또는 6개월에 한 번씩 계약을 갱신했어도 2년을 넘기면 소위 무기 계약직으로 신분이 변해 계약종료를 인정하지 않는다.

경력자 채용 시 수습기간을 보통 3개월로 계약하는데 저성과 등의 사유로 정규직으로 전환하지 않았을 때도 실업급여 수령을 도와줄 수 있다. 물론 실업급여 신청 시의 공식 사유는 계약 종료다. 실업 급여 신청 조건에 180일 근무 조항이 있는데 경력직은 대개 그 이전 직장에서 90일 이상 근무한 경력이 있어서 조건을 충족한다. 다들 좋은 회사를 그만두고 스타트업에서 꿈을 펼쳐보려 온 건데 문화가 안 맞는 등의 판단 착오로 무릎이 한 번 꺾인 셈이다. 실업급여를 받으면서 생각을 정리하는 것도 나쁘지 않다.

민폐 캐릭터나 저성과자는 법에 따라 해고 카드를 쓴다

면담을 깊게 해보니 자발적으로도 권고사직으로도 퇴사할 의도가 없음이 확인된 경우다. 동료들이 너무 불편해하는 공격적이거나 민폐 캐릭터, 아니면 전혀 개선이 안 되는 실수투성이의 저성과자라면 해고 카드를 쓴다. 미리 말하지만, 저성과를 이유로 해고하는데에는 기간도 오래 걸리고 노무사의 컨설팅도 필요하다.

해고의 시작은 우선 인사 고과에서 낮은 평가를 주는 것이다. 그리고 잘못된 수행이나 행동에 대해 항상 서면으로 직무경고를 남긴다. 굳이 폼을 만들 필요 없이 이메일도 법정에서 증거 능력이 있으니 메일로 보내고 인사 파일에 잘 보관한다. 주의할 점은 저성과, 즉 근무 능력이나 근무 성적 사유로 해고를 결정해놓고 도중에 유화책을 섞으면 나중에 법정에서 불리한 증거로 쓰일 가능성이 크다. 그러니까 이메일을 보낼 때 빈말로라도 칭찬을 하지 말고 구체적으로 모든 잘못을 상세하게 기술한다.

법은 저성과자에게 실질적인 개선 기회를 제공하도록 요구한다. 기업이 패소하는 판결을 보면 교육 훈련과 배치 전환 같은 기회를 안 주었거나 주기는 했는데 개선을 기대하기에는 그 기간이 너무 짧았음이 지적된다. 대기업들이 최하등급을 받거나 직무경고를 받은 저성과자를 대상으로 흔히 PIP라고 하는 역량 향상 프로그램Performance Improvement Plan을 돌리는 까닭이다. 스타트업은 그럴 여유가 없으니 매일 업무 보고 일지를 작성하라 지시하고 부서장의 집중 관리를 받게 한다. 다행히 문제가 개선되고 수행이 가능한 업무가 있으면 업무 재배치로 수습하고 추이를 본다. 문제가 반복되고 이후 정기 고과에서 다시 최저 점수를 받는다면 해고를 하게 된다. 공정을 기하기 위해 경영진 외에 직원도 참여하는 인사위를 열어 결정하도록 한다. 노무사와 계약을 맺고 절차적 흠결이 없도록 조언을 들으며 진행한다.

대기업과 달리 스타트업은 현금 보상이 크지 않다. 대부분의 경력 이직자가 이전 회사에서 받던 연봉을 깎거나 수평 이동을 해서 스타트업으로 온다. 인사 고과가 안 좋아 현금 인센티브와 스톡옵션을 못 챙긴다면 부당해고를 입증한들 소송의 실익이 없다. 더구나 해고된 후 다른 회사라도 다닌다면 부당해고 승소로 배상금을 받더라도 옮긴 새 회사에서 받은 급여(중간수입)를 부분 공제하는 불리함도 있다. 해고된 직원이 '내 인생을 날려서라도 너를 괴롭히겠다.'라는 각오로 작정하면 못 할 바는 없다. 그러나 회사 측은 변호사가 대리하고 자료는 운영지원팀장이 준비할 테니 창업자 개인이 괴로울 일은 별로 없다.

해고는 30일의 예고 기간을 갖는다. 즉 오늘 해고를 통지하면 30일 뒤가 마지막 출근일이다. 하루면 인수인계하니까 30일 치 급여에 해당하는 해고예고수당을 지급하고 바로 퇴사시키는 게 사무실 분위기에 도움이 된다. 이 30일간의 해고예고 기간을 지킬 필요가 없는 경우는 입사 후 3개월이 안 되었거나 근로기준법 시행규칙 제4조의 별표에 열거된 행위를 저질렀을 때다. 납품업체에서 뇌물을 받았거나 회사 차를 남에게 운전시켜 교통사고를 낸 경우, 회사의 기밀이나 정보를 경쟁사에 제공해서 지장을 가져온 경우, 그 외에 공금 착복, 횡령, 인사 회계 직원의 문서 조작, 기물 파괴 등이 해당한다.

이들 문제 직원의 경우, '해고예고' 의무가 없다는 것이지 저런 행동이 바로 해고의 정당성을 보장하는 것은 아니다. 그러니 "당장 내 눈앞에서 사라져!"와 같은 드라마 장면을 연출하면 나중에 부당해고 건으로 소송이 들어온다. 실제로 회사 공구를 빼돌려 벌금형을 받은 직원도 나중에 부당해고로 소송 걸었더니 징계 사유에는 해당하나 해고는 과도하다는 승소 판결을 받았다. 그러니까 범죄 현장을 잡은 직후 분위기가 뜨겁고 본인도 수치심이 최고조에 달했을 때 바로 사표를 받아야 한다. 각종 판례나 위원회의 결정을 보면 본인이 사표를 제출했는가의 여부를 가장 중요하게 본다. 일단 사표를 받은 후에 사안의 경중에 따라 변상을 하게 하고 다시 기회를 주든지 그대로 수리하든지 판단한다.

직원들이 스트레스받지 않도록 해야 퇴사율이 낮아진다

HR에서는 직원의 퇴사로 발생하는 비용을 최소 6개월 치 월급과 비슷하다고 본다. 계산 근거는 모르겠지만 채용에 몇 달 걸리고 온보딩, 교육훈련비, 리크루터에게 주는 수수료 아니면 광고비 등을 더한 것일 것이다. 만약 퇴사할 마음에 마지막 몇 달 동안 일을 건성으로 했거나 새로 채용한 직원이 예전 직원만 못하다면 손실은 더 크고 지속해서 발생한다.

스타트업은 담당자 공백에서 오는 사업 지연을 최소화할 여유 인력이 없다. 평소에 별 존재도 없던 친구라도 막상 퇴사하면 동료들에게 부정적 영향을 미친다. 그러니 스타트업에서 직원의 퇴사는 최소화하는 것이 맞다. 특히 잘하는 선수는 신줏단지처럼 잘 모셔야 한다. 일 잘하는 직원을 매년 월급 한 달 치를 더 줘서 머물게 할 수만 있다면 그렇게 하는 것이 합리적인 결정이다.

그러나 보상 문제는 회사원의 퇴사에 직접적으로 작용하는 동기는 아니다. 퇴사 이유 1위는 누구라도 짐작할 수 있듯이 '상사·동료와의 갈등'이다. 2020년 4월 잡코리아 발표는 '퇴사자들이 회사에 밝히지 않았던 퇴사 사유' 1위로 '상사와 동료 문제(66%)'를 꼽았다. 2020년 9월 매킨지 보고서는 직업 만족도를 결정하는 원인에서 '인간관계'가 39%로 1위이다. 구체적으로는 상사가 86%, 직원이 14%를 차지해서 직장생활은 결국 윗사람과의 관계에 달려 있음을 보여주었다. 그러니까 윗사람이 직원들을 얼마나 덜 힘들게 하는가에 직원들의 근속 여부, 더 나아가 회사의 명운이 달린 셈이다.

정리하면 관리자는 생산성 향상과 개인 성장으로 연결되도록 적절한 수준의 피드백을 주되 직원들이 퇴사할 정도로 스트레스를 주면 안 된다. 이 요구는 언뜻 들으면 이중구속double bind으로 들릴 정도로 어렵게 느껴진다. 스스로 이런 질문을 한번 해보라.

"나는 직원들과의 대화가 _____."
　　1. 항상 어렵다.
　　2. 쉬운 경우도 있고 어려운 경우도 있다.
　　3. 전혀 어렵지 않다.

1번을 고른 이가 상황 개선을 바란다면 코칭이나 상담을 받아보면 좋을 것 같다. 3번을 고른 이가 속한 부서가 실제로 팀워크도 좋고 퇴사자도 없다면 이상적이다. 하지만 그렇지 못하다면 부서장의 역할을 이해하지 못한 것이다. 대부분이 속하는 2번은 대화에 어려움이 없는 직원들이 많이 있고, 의사 전달이 제대로 안 되면서 의견이 자주 어긋나는 직원이 한두 명 있는 경우다.

2번에 속한 평범한 관리자가 대화가 잘 안 되는 직원의 '태도'를 교정하려 시도할 때 문제가 생기는 일이 잦다. 일을 잘하는 직원은 자신의 방법이 있고 고집이 있다. 관계 성향에서 친밀도가 높은 직원이라면 자신의 방법을 설득하려 먼저 다가오겠지만, 거리 유지를 선호하는 유형은 그런 시도를 하지 않으니 윗사람으로서 불편감이 생긴다.

상사나 부하가 아니라 동료라고 여기고 잘하길 기대한다

독립적으로는 각자 잘 기능하던 두 사람이 회사에서 만나 작동하지 않는 관계를 형성할 수 있다. 문제가 '관계' 자체에 있는 것이고 사람이 고장 난 것이 아니기 때문에 잘 안 고쳐진다. 억압적인 관계라면 직원이 윗사람에게 맞추겠지만 스타트업이고 일 잘하는 직원이라면 그러지 않는다. 처음 작은 갈등이 생겼을 때 본인의 행동이 상대방의 문제행동에 대한 반응이라고만 생각하지 상호호환적이라는 이해가 없어서 관계가 점점 안 좋아진다. 윗사람이 비난을 하면 직원은 무시와 경멸로 대응하고 방어가 시작되면서 관계가 차갑게 변한다.

서로 의견이 다름을 인정하고agree to disagree 상대방을 존중하며 최소한의 관리 모드로 대하는 것이 가장 바람직하다. 상사와 부하직원이라는 생각을 버리고 대등한 동료로 여긴다면 그에게 기대하는 것이 '맡은 역할을 잘하는 것'으로 명확해진다.

자발적 퇴직일 때 억지로 퇴사일을 늦추려 하지 마라

직원이 퇴사 의사를 표현하면서 통상적인 기간보다 일찍 떠나고 싶어 하는 경우가 있다. 쌍방이 합의한다면야 오늘 사표 내고 내일부터 안 나와도 전혀 문제없다. 사표를 받고 결재하면 끝이다. 인수인계 날짜를 고려해서 2~3주 더 출근하겠다고 하면 받아주는 것이 상식적으로 맞을 것이다.

퇴사 일자가 합의가 안 되면 법을 들여다봐야 한다. 매월 특정일에 급여를 받는 기간급 근로자는 통보한 다음 달 말이 지나야 효력이 개시된다. 11월 10일 사표를 냈는데 추운데 어디를 가느냐면서 날씨나 풀리면 가라고 대표가 억지를 부리면, 법적으로 1월 1일이 돼야 도비는 자유의 몸이 된다. 안 쓴 휴가를 넣어서 마지막 출근 일자를 앞으로 당기면 12월 초중 순이 마지막 출근일이다. 통상적으로 말하는 한 달 통보와 대충 맞는다.

간혹 "후임을 뽑아놓고 나가라."라고 하는 막무가내 대표가 있다. 근로자가 해고 예고를 30일 전에 했는데 후임자도 안 정하고 새로 뽑아서 인수인계하고 나가라며 지연하는 것은 합법적이지도 않고 별 실익도 없다. 억지로 붙들어도 한 달이면 떠나는 것이니 잘 협의해서 미리 보내주고 나중에 후임을 채용하면 하루 정도 와서 일을 봐달라고 하는 게 낫다. 대부분의 회사가 인사 규정에 퇴직 통보를 30일 전 또는 2주 전에 하도록 정한다. 퇴직은 직원의 통보로 성립하는 법률 행위이고 다만 효력이 발생하는 데 시간이 걸릴 뿐이다. 이를 지연하려는 시도는 저항을 불러와 관계만 악화할 뿐이다.

퇴사 후에는 옛 동료로 예우하며 새 관계를 정립한다

네트워킹 기반으로 지연과 학연을 많이들 활용하지만 커리어에서 가장 도움이 되는 인연은 회사연이다. 스타트업 업계는 유입 자금이 많고 성장세가 꺾이지 않아서 전직은 활발해도 업계를 떠나는 이들은 거의 없다. 그러니 퇴사를 해도 도움을 주고받는 관계로 다시 만나게 된다. 이미 알겠지만, 이 업계는 오래 있었고 나이가 많다고 성공하는 것이 아니고, 아이템을 잘 잡고 좋은 팀에 들어가면 순식간에 역전이 가능하다. 대표가 예전 직원 밑에서 일하는 일이야 잘 안 생기겠지만 대표보다 직원이 더 부자가 될 가능성은 언제나 열려 있다.

퇴사 그 자체는 그리 바람직하지 않은 에피소드나 그것이 곧 퇴사 이후 관계를 결정짓지는 않는다. 섭섭하게 헤어졌더라도 나간 뒤에 더 잘 풀리면 재직 중일 때보다 관계가 나아지기도 한다. 물론 반대의 경우도 얼마든지 발생한다. 상대방이 어떻게 생각할까를 혼자 상상하지 말고 옛 동료로 예우하면서 새로운 관계를 정립해나가면 된다. 직원 입장에서도 친정이 안 좋게 되기를 바랄 이유는 없다.

후기

첫 회사를 매각했을 때는 아직 머리카락이 많이 남아 있던 30대였다. 큰돈을 벌지는 못했어도 한두 해 정도는 쉬어도 될 것 같아 상담심리대학원에 입학했다. 상담가가 되려는 생각까지는 없었고 위계 구조에 순응하기를 거부했던 강퍅한 내 성격의 뿌리가 궁금해서였다. 두 번째 학기에 들었던 '대상관계'와 '자기 성장' 수업에서 '돈오돈수頓悟頓修' 수준의 답을 찾(은 것 같)아서, 취업 비자도 없이 이삿짐부터 부치고 미국으로 떠났다. 무식이 그렇게 위험하다. 지식의 밑천이 적다 보니 작은 자극에도 충동적인 결정을 내리고, 그렇게 해서 10년을 이민자로 살았다.

두 번째 회사, 아니 호텔을 매각한 것은 그로부터 7년 뒤의 일이다. 돈이 몇 푼 생기면 학교로 돌아가는 습성이 있어서 잠시 귀국해서 심리상담대학원에 복학했다. 수업은 생각보다 재미없었다. 나의 결핍도 그사이에 진화했는지 수강하는 마음이 당사자에서 관전자 모드로 바뀌었다. 한 학기만 다니고 미국으로 돌아가 노년학대학원으로 옮겼다. 인생의 정리 모드에 들어간 노년의 시각에서 바라보는 삶은 현업에서 뛸 때와 다른 차원의 이해도였다.

미국의 시인, 랠프 월도 에머슨Ralph Waldo Emerson의 말 중에 '콴툼 시무스 수무스Quantum scimus sumus'라고, 영어로는 'We are what we know.'로 번역되는 격언이 있다. 스타트업 업계에 있으면 '아이디어'보다 '실천'이 중요하다는 말을 자주 듣는데, 사람과 관련된 부분은 실천도 중요하지만 지식도 그에 못지않게 중요하다. 우리나라에서 남자 중고와 공대를 졸업한 뒤 미국에서 동일 전공으로 대학원을 마친 경험으로 말하자면 우리 교육 과정은 인간관계에 대해 배울 기회가 너무 적다. 상황을 정확히 이해할 배움을 미리 갖추었다면 직장 스트레스도 덜하고 파국을 부르는 수준의 갈등도 한결 줄어들 것이다.

책을 시작할 때는 창업자들이 곁에 두고 늘 참고할 만한 좋은 책을 쓰고 싶었지만 그런 행운은 일어나지 않았다. 잘 쓰지는 못했으나 중간에 포기하지 않고 끝을 보았으니 '존버'가 숙명인 초기 창업자들은 이해하지 않을까? HR 책을 쓰는 줄 알았는데 마감을 하고 보니 인간관계에 관한 책이 나왔다. 창업자 대상의 책이라 인사 실무의 기능 부분까지 다룰 필요는 없을 것 같고, 또 내가 스타트업에서 HR 실무를 해본 기간이 몇 년 되지 않아 자제했다. 노파심에서 말하자면 활자로 인쇄됐다고 진리가 될 수는 없다. 이 책은 주관적 경험이 많이 개입된 글이니 마중물 삼아 본인에게 맞는 방법을 만드는 데 이용하기 바란다.

마지막으로 HR 전문가로서 리뷰해주신 최정호 님, 옛 동료인 정다연 님, 본 프로젝트의 PM인 차여경 님, 개정판 작업을 도와준 윤민혜 님, 클라우드나인 출판사 모두 고맙습니다.

나쁜 보스는 되고 싶지 않지만 직원들이 잘했으면 좋겠어요

초판 1쇄 인쇄 2025년 1월 21일
초판 1쇄 발행 2025년 1월 31일

지은이 이기대
펴낸이 안현주

기획 류재운 **편집** 안선영 김재열 **브랜드마케팅** 이민규 **영업** 안현영
디자인 표지 정태성 본문 장덕종

펴낸 곳 클라우드나인　　**출판등록** 2013년 12월 12일(제2013-101호)
주소 우) 03993 서울시 마포구 월드컵북로 4길 82(동교동) 신흥빌딩 3층
전화 02-332-8939　　**팩스** 02-6008-8938
이메일 c9book@naver.com

값 20,000원
ISBN 979-11-94534-05-1　03320

* 잘못 만들어진 책은 구입하신 곳에서 교환해드립니다.
* 이 책의 전부 또는 일부 내용을 재사용하려면 사전에 저작권자와 클라우드나인의 동의를 받아야 합니다.

* 클라우드나인에서는 독자 여러분의 원고를 기다리고 있습니다.
  출간을 원하시는 분은 원고를 bookmuseum@naver.com으로 보내주세요.

* 클라우드나인은 구름 중 가장 높은 구름인 9번 구름을 뜻합니다. 새들이 깃털로 하늘을 나는 것처럼 인간은
  깃펜으로 쓴 글자에 의해 천상에 오를 것입니다.